U0635492

杨国荣 著 作 集　｜ 增订版 ｜

# 王学通论

## ——从王阳明到熊十力

杨国荣◎著

华东师范大学出版社

·上海·

**图书在版编目（CIP）数据**

王学通论：从王阳明到熊十力/杨国荣著. —增
订本. —上海：华东师范大学出版社，2021
（杨国荣著作集）
ISBN 978－7－5760－1270－5

Ⅰ.①王… Ⅱ.①杨… Ⅲ.①王守仁（1472－1528）
—哲学思想—研究②熊十力（1884－1968）—哲学思想—研
究 Ⅳ.①B248.25②B261.5

中国版本图书馆 CIP 数据核字（2021）第 046895 号

杨国荣著作集（增订版）

**王学通论**
**——从王阳明到熊十力**

著　　者　杨国荣
责任编辑　朱华华
责任校对　赵航艺　时东明
装帧设计　卢晓红

出版发行　华东师范大学出版社
社　　址　上海市中山北路 3663 号　邮编 200062
网　　址　www.ecnupress.com.cn
电　　话　021－60821666　行政传真 021－62572105
客服电话　021－62865537　门市（邮购）电话 021－62869887
地　　址　上海市中山北路 3663 号华东师范大学校内先锋路口
网　　店　http://hdsdcbs.tmall.com/

印 刷 者　上海雅昌艺术印刷有限公司
开　　本　700×1000　16 开
印　　张　19.5
字　　数　241 千字
版　　次　2021 年 5 月第 1 版
印　　次　2021 年 5 月第 1 次
书　　号　ISBN 978－7－5760－1270－5
定　　价　79.80 元

出 版 人　王　焰

（如发现本版图书有印订质量问题，请寄回本社客服中心调换或电话 021－62865537 联系）

# 目 录

# 序

　　《王学通论——从王阳明到熊十力》一书是杨国荣同志的博士论文。在进行论文答辩时,几位前辈专家曾给以肯定的评价,给他许多鼓励。部分内容在有关杂志发表后,也引起了学术界的注意。现在经作者修改后正式出版,相信它是会受到读者欢迎的。

　　作为他的导师,我对杨国荣同志在研究这一课题时所花的辛勤劳动和其中的甘苦是了解的;对他的实事求是的治学态度和独立研究能力,有信赖感;对他最后取得的成果,即这本著作,也是满意的。

　　我以为他这本著作有一些显著的特色:一、从考察王学的二重性入手,对它的内在结构及其在后学中的历史展开过程,作了深入的分析,从而揭示了王学融合普遍之理与个体意识及其肯定本体(良知)与工夫(致良知)之统一这一极为重要的理论特质。二、由对王学体系的内在矛盾的揭露,进而说明王门后学的分化,着重考察了志(意)知之辩的演进,李贽把王学引向异端,黄宗羲完成对王学的自我否定,并在"历史的余响"的标题下讨论了王学在中国哲学近代化中的双重作用等。这一系统的有条不紊的考察,比较好地贯彻了逻辑方法与历史方法的统一,因此许多论断显得很有说服力。三、作者比较充分地掌握了第一手资料,参考了前人和时贤,包括海外学者的大量研究成果,加以评析、折衷,提出自己的见解,因此本书既具有较广的理论视野,又能在许多环节上作深入的微观考察,是一部既有广度又有深度的理论著作。

当然,我说本书有这些特色,并不是说它完美无缺。在答辩时,已经有专家指出,"天泉问答"引起的纷争未及细论,是不足之处。但尽管有这样那样的缺点,一个青年人能写出这样水平的著作,已可使人赞叹"后生可畏"了!

不过,我还想在这里就王阳明在中国哲学史上的独特贡献问题,谈一点个人看法,对杨国荣同志这本书,也可算是一点补充。

王阳明用"致良知"三字来概括他的全部学说。致良知说,我们可以不赞成,但其中包含有很有价值的见解,即关于工夫和本体统一、把真理了解为过程的思想,那是不能忽视的。用王阳明自己的话说,良知是本体,致良知是工夫,即本体即工夫,本体在工夫中展开为过程。这意味着:本体论和智慧学说是统一的,而本体和智慧并非固定不变的东西,应把二者的统一了解为动态的统一,了解为过程。虽说"心一而已"、"理一而已"、"性一而已",但理(或心或性)有一个发展过程,就如婴儿发育、树木发芽成长一般,最初的本原(胎儿、萌芽)虽具体而微,但要经过若干发育阶段,才能充分展现。这种以本体与智慧展现为过程的思想,是王阳明的独特贡献。它把中国哲学的思辨水平提到了一个新的高度,是富于生命力的。虽然王阳明的学说本身包含有矛盾,因而使得王门后学展开了关于工夫与本体关系的争论,但到黄宗羲提出"心无本体,工夫所至,即是本体"的论点,王夫之又以天人交互作用来阐明"性日生而日成"的学说,他们便把哲学的思辨水平更向前推进了。

王阳明从他的本体与工夫统一、真理展开为过程的理论,还引导出两方面的推论,产生了重大影响:一、从人类的历史和文化的发展来看,"道"在历史过程中展开,被记载在典籍中。由此,王阳明提出一个很重要的论断,即"六经皆史"。儒家的经典都被看成是一定历史条件下的产物,这就大大降低了经学的权威。这一论断后来为浙东史学所发展,一直影响到近代。近代学者用历史主义态度来批判经学独断论,正是发端于"六经皆史"的思想。二、从个人的成长发育来说,人的精神发展有个过程,德性、知识和才能的发展都要经历许多阶段,因而从教育理论来说,一定要"随才成就",因材施教,根据不同的人、不同的情况进行培养、教育。特别是对于儿童,王阳明强调不应该有所束缚,而应任其自由发展,让他们像草木在时雨春风中那样日长月化。从这样的观点,便可引导出李贽的"童心说"。而近代人要求个性自由解放的思想,在这里也已有了萌芽。

所以,从哲学的历史发展来看,王学是个很重要的环节,它的影响是深远的。但有一个时期,我国理论界由于"左"的思想影响,对整个传统文化采取否定态度,对王学给予尤为不公正的待遇。"左"的思想实际上是类似于经学的东西,只不过它是以马克思主义的词句代替了"子曰"、"诗云"。王阳明并不盲目崇拜经学的权威,他要求人们进行自由的思考,培养了一种生动活泼的学风。我们今天要克服教条主义,正需要发扬这种学风。因此,研究王学,不仅有重要的理论意义,而且有重要的现实意义。而杨国荣同志这本著作,我相信,在推进王学研究和提高哲学思辨水平方面是会发挥一定作用的。

冯　契

1988 年 3 月

# 引 论

在中国哲学史上,王学曾经留下了难以抹去的历史轨迹,对此,已很少有人加以怀疑。然而,从认识发展的逻辑行程来看,王学究竟提供了哪些环节?它何以能取代正统理学(程朱理学)而蔚为一代思潮?为何在王阳明以后,王学又展开为一个"一本而万殊"的演进过程?它何以在清代一度沉寂以后,又能再度复兴于近代?尽管对王学的历史回溯一再地指向上述问题,但似乎很难说,这些问题已完全解决。

王学的产生既有其深刻的社会历史根源,又以理学的演变为其理论前提。滥觞于宋初的理学,发展至朱熹而臻于大成。朱熹在使正统理学系统化的同时,又使其内在的偏向与理论困难进一步突出。后者首先受到了陆九渊的责难。但陆九渊在批评朱学时,本身又走向了另一个极端，从而陷入了新的理论困境。经过朱陆之争，理学开始了其分化、演变的过程。从南宋末年到明代初叶，立场各异的理学家从不同的侧面对正统理学作了修正，但最后或者不越朱学的轨辙，或者援陆入朱，从一个片面走向另一个片面。这一演变过程一方面表明徘徊于朱陆在理论上已无出路，另一方面又为理学的转向提供了若干新的思路并积累了必要的思想源：王学——王阳明的心学体系便形成于这样一种理论背景之下。

王阳明以心立言，又以良知释心，心（良知）构成了王学的基石。王阳明在以理为良知的内容的同时，又赋予良知以吾心（自心）的形式。这种包含二重性的良知既不同于朱熹的超验天理，亦有别于陆九渊的吾心，它在一定意义上表现为天理与吾心在过程中的融合，后者以思辨的形式触及了个体性与普遍性的关系。正是从良知的二重性规定出发，王阳明一方面注意到了个体在是非判断与价值（善恶）评价中的能动性，突出了主体意志的专一、坚毅与自主性等作用及行为的自愿原则，肯定了豪杰（狂者）的独立人格，并主张以"成己"为德性培养的目标；另一方面又强调以普遍之理规范主体的思维、意向等活动；这里既有反对相对主义、意志主义及注重自觉原则的一面，又有以天理抑制主体的自由思考及把主体意愿限制在正统纲常之中的一面，后者集中地表现在其"无我"的整体主义原则之上。

王阳明将吾心与普遍之理融合为一，旨在将天理的外在强制转化为良知的内在制约。良知对主体观念与行为的制约，在逻辑上以主体对良知本身的自觉意识为条件。这样，如何致良知便成为王学的又一核心问题。王阳明认为，良知虽然天赋于人心，但它最初只具有本然（自在）的性质，只有通过后天的致知工夫，才能使之转化为自觉之知。主体对良知的这种体认工夫，并不是一次完成的，它在本质上是一个"未有止"的过程，后者具体表现为知与行的动态统一，正是在这一过程中,理性的自觉与德性的升华达到了内在的统一。这种过程论思想既不同于朱熹的"一旦豁然贯通"则"无不明"之说,亦有异于陆九渊的直指本心、一了百了论,它在中国哲学史上有其不可低估的意义。然而,王阳明的致知过程论同时又以良知的先天性为其理论预设,这就决定了它不可避免地包含着内在张力:一方面,良知作为先验之知,其内容不仅是通过天赋而一次完成的,而且具有终极的性质;另一方面,达到良知(对良知的自觉把握)又必须经历一个"未有止"的过程;"致"突出了过程性,而良知的天赋性又排斥了过程性,正是这种张力,从另一个侧面赋予王学以二重性。良知与致良知说包含的二重性,不仅贯穿于王阳明的心学体系之中,而且导致了王学的分化并具体展开于后一过程。

就致良知说的演变而言,在王门后学中,以王畿与泰州学派为代表的现成派,对先天本体(良知)的作用作了较为细致的考察,但同时却由强调本体的见在性(当下呈现)及夸大见在(现成)本体的制约性而表现出取消理性工夫的倾向,并由此模糊了自觉与自发的界线,从而导向了非理性主义。归寂派肯定了致知工夫的必要性,并强调本体非见在(现成)、明觉非自发,但由此却割裂了寂然之体与后天的感应过程,从而走向了主静归寂、反观内听的神秘主义。工夫派则从不同方面对工夫的作用及致知过程作了深入的考察,将致知活动理解为工夫和本体相互作用的动态统一过程,而这一过程既表现为个体认知的深化,又表现为类的认识之历史进展。通过各派的互相诘难、争论,王门后学在德性培养的内在根据与修养习行、致知过程中已有的意识结构与体认活动、个体学问工夫与类的认识过程等关系上提出了值得注意的见解。

在王阳明那里,良知的二重性在意志与理智的关系上具体表现为志知之辩。王阳明注重并强调意志的作用,但同时也肯定了普遍的理性对个体意志的制约。王门后学从不同侧面对志知之辩作了进一步的考察。其中,泰州学派将个体之意(志)提到了突出地位,强调"造命由我"与"意为心之主宰"。这些看法固然具有消解理性专制及抑制天命论的意义,但同时又表现出某种唯意志论倾向。黄绾、胡直反对"惟意而出"、"自恣轻外",主张以普遍之道限制个体之意,这种观点对泰州学派的意志主义趋向无疑具有纠偏的意义,但在"道"的普遍制约中"意"如何得到合理的落实,这依然是晚明王学所面临的问题。多少是基于对如上问题的意识,刘宗周提出了"意蕴于心"与"知藏于意"的命题,以此对意志与理智的统一作了总体上的肯定,从而在一定程度上较好地解决了志(意)之辩。明中叶以后志(意)知之辩的如上进展,可以看作是良知内在两重性的历史展开。

王阳明赋予良知以个体性(吾心)与普遍性(天理)双重品格,从而有别于片面强化普遍天理的正统理学。不过,在良知的双重规定中,王阳明在总体上更突出普遍性这一面。后者既有限制意志主义与相对主义之意,又有将主体的独立思考及内在意愿纳入天理框架的一面。在王阳明以后,李贽通过突出良知中的个体性规定与剔除其中的普遍天理而将良知说引申为童心说;从童心说出发,李贽进而提出了"天生一人,自有一人之用"的命题,强调性情不可强求一律,反对以孔子之是非为是非,从而空前地突出了个体性原则并相应地把王学引向了异端之学。作为王学的逻辑展开,以个体性原则为内核的异端思想在晚明产生了多方面的影响。

可以看到,良知的二重性与致良知的内在矛盾,导致了王学向不同方向的演化。其中,工夫派、刘宗周及李贽等已从各个侧面表现出偏离或越出王学的倾向,这种倾向预示着王学将在理论上走向自我否定。到了明清之际,以剧烈的社会震荡与普遍的历史反省为背景,这种自我否定终于完成于黄宗羲。黄宗羲从心与物、工夫与本体、个体与整体等关系上,对王学作了多方面的批判反思,并进而展示了新的理论视域。这种批判反思和理论推进既是王学本身演变的逻辑结果,又可以视为在更广的理论背景上对王学的突破:一方面,王学之中具有原创意义的思维成果(构成认识史一定环节的因素)经过扬弃而被纳入了哲学发展的新的过程;另一方面,其内在张力(包括个体性与普遍性、先天本体与后天致知过程等)在一定程度上得到克服。如果说,明清之际剧烈的社会变动与实学思潮的兴起,使王学失去了继续演进的历史前提,那么,黄宗羲对王学的以上反思、突破,则使王学失去了进一步发展的内在根据:在历史与逻辑的双重制约下,王学作为明代理学的一个流派,已不可避免地走向了自己的终点。当然,尽管作为一代思潮和哲学流派,王学最后终结于明清之际,但这并不意味着其思想影响也就此告终,事实上,王学对尔后的哲学思想的发展,特别是对中国近代哲学,仍有其不可忽视的制约作用。

在清代一度沉寂以后,王学又在近代表现出某种复兴之势。除了严复等对王学有所批评之外,从魏源到康有为、谭嗣同、梁启超、章太炎,再到现代新儒家梁漱溟、熊十力等,几乎无不推崇王学。与东渐的各种西方思潮彼此激荡、交织,王学对中国近代哲学产生了颇为复杂的影响。这种影响具有二重性:一方面,王学对认同、接受近代的某些观念、思想,具有一定的引发与触媒作用,而它所包含的若干积极因素,也在这一过程中逐渐融合于其间;另一方面,王学的消极内容又作为沉重的历史负担而对中国近代哲学的演进产生了无可讳言的负面作用。这种二重性在一定意义上可以看作是王学本身固有的二重性在近代的进一步展开,它同时又为我们今天如何对待王学提供了历史的借鉴。

# 第一章

# 王学的兴起

王学作为一种哲学思潮，崛起于明代中叶。它的产生，以明中期的社会历史状况与理学的逻辑演变为其双重前提。

## 第一节　王学形成的历史前提

### 一、天理的困窘

1449 年土木之变以后，明代社会开始由盛向衰转化，明初潜伏的各种社会问题逐渐显露。首先是土地兼并日趋严重。皇室、宦官与勋戚凭借政治上的特权大规模地侵占土地，是这一时期土地兼并的显著特点。据《明史》卷七十七记载，弘治二年（1489），仅畿内五处皇庄所占土地，即达一万二千八百余顷。1508 年，明武宗继位后第一个月，即设皇庄七处，继而又增至三百余处。① 明代皇庄之多，超过了以往历代。皇室勋贵之外，官僚地主及地方豪族也相率掠夺民田。以明代中叶的福州为例："郡多士大夫，其士大夫又多田产，民有产者无几耳。"②土地的高度集中，由此可见一斑。

随着土地兼并的加剧，农民的地租、赋税也日见其重。江南某些地区的租率，甚至高达百分之八十五。繁重的土地赋役，使农民的生活日渐恶化，"有今日完租，而明日乞贷者"。面临土地日蹙、赋税日重的双重逼迫，大批农民被迫远离家园，或入野垦荒，或上山采矿。正统以后，流民遍布全国，其总数约有六百万，几乎占在籍人口的十分之一。流民问题的突出，标志着明代社会矛盾（主要是农民与封建统治者的矛盾）已空前激化。后者最终导致了农民的揭竿而起。明代中期，农民起义几乎连绵不断。其中规模较大的有正统十二年（1447）叶宗留领导的闽赣流民、矿徒起义，正统十三年（1448）邓茂七领导的福建农民起义，天顺八年（1464）刘通（刘千斤）等领导的荆襄流民起义。更值得注意的是正德年间杨虎与刘六、刘七领导的河北农民大起义，它不仅在声势上超过了以前各次（纵横八省，历时二年），而且明确提出了"重开混沌之天"③的口号，后者可以看作是对封建统治秩序的公开否定。

烽火相连的农民起义不仅在政治上震撼了封建统治的基础，而且标志着被明王朝尊为官方哲学的正统理学——程朱理学已面临严重挑战。农民的起义和反抗，从某种意义上可以看作是一种武器的批判，它的锋芒不仅直指封建统治秩序，而且针对已成为正统意识形

---

① 《食货志》，《明史》卷七十七。

② 《欧阳铎传》，《明史》卷二〇三。

③ 《平河北盗》，《明史纪事本末》卷四十五。

态的程朱理学。当起义农民要求"重开混沌之天"时,实际上也表示了对被程朱理学奉为至上主宰的天理的蔑视。它表明,以天理作为外在的强制,往往将招致普遍的反感,正统理学对人们的思想与行为的禁锢作用,已经开始动摇。如何将人们的行为有效地纳入以纲常等形式出现的社会规范,以摆脱日渐严重的社会危机?这已成为明代中叶的统治阶级,特别是其中的思想家所无法回避的问题。

明中叶的社会危机同时又来自统治阶级内部。宦官专政是明代的突出问题。王振、曹吉祥、汪直、刘瑾的相继干政,使政治一片昏乱和黑暗,而内阁制的确立,又使官僚之间的倾轧愈演愈烈。更引人瞩目的是皇室与藩王之间的冲突。燕王(后来成为明成祖)的靖难之役,开了藩王反叛的先例。此后,汉王朱高煦、安化王朱寊镭、宁王朱宸濠相继叛乱,给明王朝的统治带来了严重的威胁。凡此种种,与正统理学的规范是格格不入的。但具有讽刺意味的是,这些彼此倾轧的统治阶级成员,在形式上几乎无不是程朱理学的信奉者。以武力从建文帝那里夺得帝位的明成祖朱棣,登位以后,即特令撰修以程朱理学为主干的《性理大全》;而投身于权臣石亨之下,"自称门下士"的吴与弼,同时又是笃守程朱的著名理学家。在成化年间,"汪直用事,至使卿佐伏谒,尚书跪见"①,这些跪伏于宦官之下的卿佐,大多是理学名臣。这种情况表明,外在的天理对统治阶级本身也已开始失去实际的约束力。

总之,农民的武器批判与统治阶级本身的沦落在从不同侧面危及封建统治秩序的同时,又暴露了官方哲学——程朱理学思想钳制的失当。从理论上看,程朱理学将天理(正统规范的形而上学化)与

① 于慎行:《阉伶》,《谷山笔麈》卷六。

主体视为对立的二极,强调"他(天理)为主,我为客"①。这样,天理实际上是作为外在的绝对命令而宰制主体的行为。深刻的社会危机与程朱理学在避免与挽救危机上的无力,促使当时的思想家在天理的外在强制之外另辟蹊径。王阳明即是对此作自觉探讨的思想家。

王阳明的一生,是在明代中叶度过的。衰颓的现实,使他产生了一种深重的历史失落感:"今天下波颓风靡,为日已久,何异于病革临绝之时!"②他曾数次率兵镇压农民起义与少数民族的起义,对农民起义军敌视天理的外在强制这一点有直接的感受;他还曾遭受宦官的打击、权臣的谗毁,并平定过宁王叛乱,对外在天理不足以约束统治阶级本身的行为这一点也有较深切的认识。在他看来,天下所以不治,其主要原因即在于学术不明:"今夫天下之不治,由于士风之衰薄,而士风之衰薄,由于学术之不明。"③所谓学术不明,涵义之一便是没有在理论上解决普遍之理与个体意识的关系。进而言之,社会危机的产生,与人的行为和天理脱节相关,而天理之所以未能成为制约人们的实际规范,并不在于天理本身不合理(对天理的正当性,王阳明亦予以了肯定),而在于它没有与吾心(个体意识)融为一体。普遍之理只有与吾心结合起来,转化为内在的道德意识,才能有效地规范主体的行为。如孝亲等活动,即是"那诚孝的心发出来的条件。却是须有这诚孝的心,然后有这条件发出来"④。所谓"诚孝的心",也就是与天理为一的主体意识,后者又称良知。按王氏之见,作为天理与吾心之统一的良知,既内在于个体之中,又构成了普遍的规范:"夫良

---

① 《朱子语类》卷一。以下简称《语类》。
② 《答储柴墟》,《王文成公全书》卷二十一。以下简称《全书》。
③ 《送别省吾林都宪序》,《全书》卷二十二。
④ 《传习录上》,《全书》卷一。

知之于节目时变,犹规矩尺度之于方圆长短也……良知诚致,则不可欺以节目时变,而天下之节目时变不可胜应矣。"①即一旦诉诸内在的良知,则主体一切言行将无不合乎正统纲常的矩矱。如果说,正统理学着重于向个体颁布外在的普遍道德律令,那么,王阳明则试图将这种道德律令与个体的内在道德意识融合为一。

概而言之,以合心与理为一的良知取代超验的天理——这就是王阳明在外在天理面临双重挑战的历史条件下为解决"病革临绝"的社会危机而提出的救世之方,王学本身首先也是围绕这一主题而展开的。

二、社会变迁的折射

随着社会生产的发展,明代的商品经济开始出现了一些新的特点。据徐一夔《织工对》中记载,明初的杭州,已可看到初期的手工工场:"有饶于财者,率居工以织……且过其处,见老屋将压,杼机四五具,南北向列。工十数人,手提足蹴。"②众多的织工在"饶于财者"的雇佣之下,集中于手工工场从事生产,这是相当典型的早期雇佣劳动的生产方式。不过,在明代初叶,这种手工工场还是一种零星的、偶发的生产单位。至王阳明所处的明中叶,商品经济得到了进一步的发展。以江南吴江县的绫绸业为例,"绫绸之业……成弘以后,土人亦有精其业者,相沿成俗。于是盛泽、黄溪四五十里间,居民乃尽逐绫绸之利,有力者雇人织挽"③。从这一记述中可以看出,明代中期已出现了专门的手工业市镇,而在这种市镇中,"雇人织挽"的雇佣劳动

① 《传习录中》,《全书》卷二。
② 《织工对》,《始丰稿》卷一。
③ 《生业》,(乾隆)《吴江县志》卷三十八。

方式逐渐为更多的工场主所采用。除了手工业之外,农业也开始受到上述生产方式的影响。在正德年间的苏州,即可看到农业中的雇佣关系:"农人最勤而安分,四体焦瘁,终岁不休。若无产者,赴逐顾(雇)倩受直而赋事,抑心殚力,谓之忙工。"①这种无产而受雇于人的忙工,也就是农村中的雇佣劳动者。总起来看,明代中叶的商品经济和雇佣劳动发展程度虽然还不及晚明,但它毕竟已成为社会经济结构中一个不可忽视的因素。

　　社会经济生活中的以上变迁,不能不对整个社会生活及意识形态产生潜移默化的制约作用。首先受到影响的是传统的纲常名教。顾炎武曾通过历史考察,对明代中期歙县的风尚变化作了如下追述:"寻至正德末、嘉靖初则稍异矣,出贾既多,土田不重。操赀交接,起落不常;能者方成,拙者乃毁;东家已富,西家自贫;高下失均,锱铢共竞;互相凌夺,各自张皇。于是诈伪萌矣,讦争起矣,芬华染矣,靡汰臻矣。"②在这里,商品经济的发展,已将温情脉脉的宗法礼让关系抛在一边,代之而起的是"操赀交接"、"锱铢共竞"的冷冰冰的金钱利害关系与纷华靡汰的风尚。这种竞利求富的世风,同样波及上层士大夫。生活于明中叶的何良俊在谈到当时社会状况时曾说:"宪孝两朝以前,士大夫尚未积聚……至正德间,诸公竞营产谋利。"③更为严重的是,竞相争利不仅出现于"营产活动"中,而且构成了政治生活的准则。周顺昌曾对明代的官场作了这样的描述:"入仕者如往市中贸易,计美恶、计大小、计贫富、计迟速。"④这种朝市争利的现象,是以前未曾有过的。它表明,商品经济的发展与经营方式的变化,已开始影

　　① 《风俗》,(正德)《姑苏志》卷十三。
　　② 《天下郡国利病书·歙志风土论》。
　　③ 《四友斋丛说》卷三十四。
　　④ 《与朱德什孝廉书》,《周忠介公烬余集》卷二。

响正统的纲常伦理。

作为传统纲常的卫道者，王阳明比较敏锐地注意到了上述现象，并对此深感不安。他曾忧心忡忡地说："盖至于今，功利之毒沦浃于人之心髓。"①如何破"功利之见"？王阳明认为，以封建规范为内容的天理，一开始即天赋于主体之中，并与吾心（个体意识）融合为一，这种统一体也就是前文所说的良知。主体一旦自觉到先天良知，则非外在的功利所能动。但是，在"欺天罔人，猎取声利"的后天环境中，天赋良知往往为习染所蔽，从而无法对主体的行为起内在的制约作用。这样，如何破功利之见的问题，自然即归结为如何达到先天良知。用王氏的话来说，也就是："使天下之人皆知自致其良知，以相安相养，去其自私自利之蔽。"②按王阳明的看法，正统理学那种泛观一草一木的穷理方法，显然不能使人返归自觉的道德意识："先儒……且谓一草一木亦皆有理，今如何去格？纵格得草木来，如何反来诚得自家意？"③唯一的出路即是引入习行，"讲之以身心，行著习察，实有诸己者也"④。习行即是主体的实际践履（主要是道德践履）。在这里，致良知即表现为一个通过身体力行而真正达到固有之良知（实有诸己）的过程。正如以吾心与天理合一的良知取代超验的天理旨在避免正统规范与主体行为的脱节一样，致良知说要求通过与行合一的致知过程，以复归心与理一的本来状态，从而克服功利之见的蔽染。

商品经济的发展所带来的另一后果，即是人身依附关系的某种松弛。在具有雇佣劳动性质的手工工场中，雇工与雇主之间基本上是一种劳动力买卖关系。这一点，在《织工对》中已有所反映："顷见

---

① 《传习录中》，《全书》卷二。

② 同上。

③ 《传习录下》，《全书》卷三。

④ 《传习录中》，《全书》卷二。

有业同吾者,佣于他家,受直(值)略相似。久之乃曰:吾艺固过于人而受直(值)与众工等。当求倍直(值)者而为之佣。已而他家果倍其直(值)佣之。"①这里,劳动力的买卖具有自由的形式:被雇者可以自主地选择出价较高的雇主,而并不固定地隶属于某一家。同时,劳动力的价格是按劳动者的熟练程度来确定,而并不是通过超经济的强制来硬性规定。手工业中的这种关系,在某种意义上也影响了明代的工匠制。明初,对工匠实行轮班制(定期轮流服役)与住坐制(定居京师或京师附近)。轮班工匠虽比元代工匠为自由,但他们的劳动仍带有强制性质,因而其劳动生产率远较雇佣劳动为低。这种情况不能不引起统治者的注意。在商品经济的冲击与工匠反抗的压力下,明政府遂于成化二十年(1484)与弘治十八年(1505)两次下令:凡不愿服役者,均可纳银折代。最后,在嘉靖年间,终于完全废除了轮班制。轮班制的废除,标志着大批手工业者(工匠)开始摆脱封建的人身依附关系。

与手工业中的雇佣劳动相似,农业中的雇工与雇主的关系,基本上也是一种有别于强制劳动的商品交换关系。雇主一般以银支付雇工的劳动力价格,如有些地区"长年一名,工银三两"②。明中叶以后,雇工的地位逐渐提高,以致雇主"非酒食不能劝"③。一般说来,他们在人身上是比较自由的,雇期一满,就可以自由地从事其他生产活动。

具有人身自由的手工业者与雇工,加上早期的市民阶层(包括初步运用雇佣劳动等方式的工商业主),逐渐汇成了一股新的社会力量。尽管他们在整个社会中所占的比重还不很大,而且当时也尚未

---

① 《织工对》,《始丰稿》卷一。

② 《沈氏农书》。

③ 同上。

出现像晚明那样的大规模的民变,但他们毕竟通过其在社会经济生活中的作用而宣告了自己的存在。在这种新的历史条件下,片面地以天理作为异己的力量压抑个体,显然已不合时宜了。如果仍然完全漠视个体的意愿,那就不能不引起初步摆脱人身依附关系的主体与传统的道德体系的冲突。事实上,在雇工"非酒食不能劝"这种社会现象的背后,即已掩藏着尊重主体意愿的要求。王阳明当然绝非新的社会力量的同情者,但是,作为统治集团中较有眼光的思想家,他又不能无视上述事实。如何保持社会道德秩序的稳定性?在王氏看来,这里重要的是避免以传统的规范绝对地排斥个体的意愿。他曾对其学生说:"圣人之学,不是这等捆缚苦楚的,不是妆做道学的模样。"①所谓"捆缚苦楚",即是把道德规范作为一种禁锢个体的力量,它除了招致敌视与抵制之外,并不能带来其他结果。明智的方式是在肯定个体各自的特点与意愿的前提下,进行教化:"圣人教人,不是个束缚他通做一般:只如狂者便从狂处成就他,狷者便从狷处成就他。"②对个体性原则与主体意愿的这种肯定,可以看作是从一个侧面对明中期新的社会状况的折射。从一定意义上说,也正是这种折射,使王学能够在商品经济进一步发展的晚明流传不衰。

## 第二节　理学的演变与王学的产生

王学是理学的分支,后者作为宋明时期的哲学主流,有其相对独立的演变过程。因此,要了解王学产生的根源,就不仅应当分析明中叶的社会历史状况,而且必须对理学的逻辑演变作一考察。

① 《传习录下》,《全书》卷三。
② 同上。

一、朱熹：正统理学的系统化及其理论偏向

　　理学滥觞于宋初，形成于北宋五子，至朱熹而趋于大成。朱熹以二程的思想为主干，吞吐各家，兼糅众说，对正统理学的基本观点作了系统的发挥，从而一方面使理学取得了空前完备的形态，另一方面又将其固有的理论缺陷进一步凸显出来。

　　朱熹首先对理学的核心范畴——"理"作了更具体的规定："至于天下之物，则必各有所以然之故与其所当然之则，所谓理也。"[1]"所以然"即是决定某物之所以为某物的内在本质或规律，"所当然"，则是规范人的活动的各种准则（主要是道德准则）。作为所以然与所当然的统一，理具有"同"的品格："同者，理也，不同者，气也。"[2]所谓同，主要与普遍性相联系。就具体事物而言，每一对象都一无例外地受普遍之理的制约；就人的行为而言，主体的每一举止，均必须遵循表现为纲常的当然之则。基于这一看法，朱熹反对把理（道）等同于具体的器、物："将物便唤做道，则不可。""若便将形而下之器作形而上之道，则不可。"[3]这里所说的器、物，都是指特殊的现象。在朱熹看来，把道与器、物等量齐观，即意味着将普遍之理降低为特殊的现象，而佛学正是犯了这样的错误："佛家所谓作用是性，便是如此。他都不理会是和非，只认得那衣食作息，视听举履便是道……更不问道理如何。"[4]朱熹这种肯定理（道）的普遍性，并要求把普遍之理与特殊现象区别开来的见解，显然有其合理性。理（道）作为同类事物的共同本质或必然法则，具有不受特殊时空限制的特点。它存在于分处

---

[1]　《大学或问》，《四书或问》卷一。
[2]　《语类》卷一。
[3]　《语类》卷六十二。
[4]　同上。

不同时空的各个对象或对象的相互作用之中,并不随个别现象的生灭而消亡。这种不受特殊时空限制的特点,构成了理(道)的普遍性品格,而后者又为科学预见及实践活动提供了现实基础:正由于理(道)不仅存在于此时此地,而且对彼时彼地的同类现象同样起作用,因而主体能够知往察来,由此及彼,并以此为实践活动提供指导。在朱熹以前,唐代的禅宗从自心是佛的观点出发,主张"以作用见性",将主体的一切个别的、偶然的动作均视为道:"行住坐卧,无非是道。"①这种观点固然旨在反对以烦琐的佛理来束缚自性,但同时又或多或少忽视了道(理)具有不同于特殊现象的普遍性。从这一历史前提来看,朱熹以空前自觉的形式突出理(道)的普遍性,不仅在理论上包含着合理的因素,而且在认识发展史上也有其不可忽视的意义。

然而,所见与所蔽往往难分难解地纠缠在一起。朱熹在肯定理(道)具有不受特殊时空限制的一面,因而不能将它混同于个别现象的同时,却忽视了,理(道)虽然不能归结为某一特殊现象,但它并不外在于具体对象:它或者作为事物的共同本质而内在于所有的同类现象中,或者作为客观法则而表现为事物之间内在的、必然的联系。由强调理与具体对象的区别,朱熹走上了割裂二者的道路:"若以物便为道,则不可……物只是物,所以为物之理,乃道也。"②在这里,理(道)与物被划分为两个序列:物只是物,而道(理)则外在于物而又决定物。从这一观点出发,朱熹又进而赋予理以超验的性质:"要之,理之一字,不可以有无论,未有天地之时,便已如此了也。"③"且如万一山河大地都陷了,毕竟理却只在这里。"④依此,则理既存在于万物

---

① 慧海:《顿悟入道要门论》。

② 《语类》卷五十八。

③ 《答杨志仁》,《朱文公文集》卷五十八。

④ 《语类》卷一。

未生之前,又兀立于万物既陷之后,换言之,理不仅不受特殊时空的限制,而且超越于一切时空。

作为超时空的实体,理也就是所谓"形而上者"。在朱熹看来,理正是作为形而上者而构成了生物之本:"天地之间,有理有气。理也者,形而上之道也,生物之本也。气也者,形而下之器也,生物之具也。是以人物之生,必禀此理,然后有性;必禀此气,然后有形。"①理提供形式,气提供了质料,二者分别构成了事物形成的形式因与质料因。不少论者往往以此作为朱熹肯定理与气、理与物之联系的根据,这固然不无道理;但应当着重指出的是,这种联系是以理的超验性为前提的。所谓理为生物之本,从另一个角度看也就是超验之理从外部赋予物以存在的根据。这一点,在朱熹的理一分殊说中表现得尤为明显:"自其末以缘本,则五行之异本二气之实,二气之实又本一理之极,是合万物而言之,为一太极而已也;自其本而之末,则一理之实,而万物分之以为体。"②一理散为万物而万物又本于一理,理并不是作为客观的本质或规律内在于万物之中,而是作为超验的本体显现于万物之上,恰似一月而印于万川。不难看出,世界在这里实际上被二重化了:一方面是形而上的理世界,它净洁空阔而超然于万物:"若理,则只是个净洁空阔底世界,无形迹。"③另一方面则是形而下的物质世界,它有形有迹而依存于理。朱熹虽然力图以理散为物、物本于理来沟通二者,但由于他一再强调理的超验性,因而始终未能真正在理论上把这二重世界统一起来。正是这一点,在一定意义上构成了朱熹理学体系的致命痼疾。

① 《答黄道夫》,《朱文公文集》卷五十八。
② 《通书解·理性命章》。
③ 《语类》卷一。

理作为形而上的本体,同时又是认识的对象。如何把握形而上之理? 朱熹提出了格物致知说。就其方式而言,朱熹所说的格物大致包括两个方面: 其一,即物穷理:"而今只且就事物上格去……端身正坐,以观事物之来,便格它。"①所谓"端身正坐,以观物来",即是通过静观对象以穷理。它的理论前提是理一分殊: 同一超验之理既显现于万物之上,又印于人心之中,因而通过观照外物,即可唤醒心中所印之理。其二,参研推究:"须是子(仔)细参研方得,此便是格物穷理。"所谓参研,即是通过比较分析以把握理:"学问须严密理会,铢分毫析。"②朱熹的这种格物说,无疑接触到了认识过程的某些环节。他所说的即物穷理,含有对事物作广泛考察之意,这一点,只要看一下朱熹的如下议论即可了然:"若其用力之方,则或考之事为之著……以至天地鬼神之变,鸟兽草木之宜,自其一物之中,莫不有以见其所当然而不容已,与其所以然而不可易者。"③这种以博考为"用力之方"的看法,显然不无见地。特别值得注意的是,朱熹把分析的方法提到了突出的地位,认为只有经过"铢分毫析",才能把握理,这与禅宗在强调"一念返照,全体圣心"④的同时,又撇开了理性分析这一致思特点,恰好形成了一个对照,它在理论上多少纠正了后者夸大整体顿悟的直觉主义偏向。

然而,从总体上看,朱熹的格物致知说本身又有其内在的缺陷。这不仅在于朱氏所说的致知无非是唤醒印于人心(天赋于人心)之理,而且突出地表现在朱熹始终把格物穷理限制在"知"的范围之内。不论是端身正坐,静观对象,还是仔细参研,分析推究,都不超出知的

---

① 《语类》卷十五。
② 《语类》卷八。
③ 《大学或问》,《四书或问》卷二。
④ 马祖语,见《古尊宿语录》卷一。

领域。换言之,在朱熹看来,主体可以在行之外,仅仅通过知而达到对天理的自觉。他虽然也肯定知与行有相互联系的一面:"知行常相须,如目无足不行,足无目不见。"①但这种"相须"仅仅是在以下双重意义上说的:一方面,知要付诸行:"为学之功,且要行其所知。"②另一方面,行要遵循知:"穷理既明,则理之所在,动必由之。"③在这两种情况下,知(穷理)的过程都是在行之前完成的。对此,朱熹直言不讳:"故圣贤教人,必以穷理为先,而力行以终之。"④以知为先,实质上也就是离行言知。而把行排斥在知之外的结果,即是泛滥于经籍书册,从而很难避免支离之弊。朱熹强调泛观博览,铢分毫析,固然有注重博学和分析的一面,但同时又多少表现出烦琐哲学的倾向。他主张对"一草一木,一昆虫之微",都要"逐一件与他理会过",这在某些方面与欧洲中世纪的经院哲学颇有相通之处。朱学的这种支离烦琐之弊,在朱门后学中得到了进一步的发展,如朱的再传弟子董梦程、黄鼎、胡方平等,便由朱熹的泛观博览而流为训诂之学,甚至朱的裔孙朱小晦,也埋头于经纂考释。可以说,正是这种烦琐的学风,使正统理学在认识论和方法论上逐渐失去了生机与活力。

在朱熹那里,天理同时又是当然之则,穷理的目的,归根到底也就是在把握天理之后,进而以理规范主体的行为。"要须是穷理始得,见得这道理合用恁地,便自不得不恁地。"⑤不得不恁地,亦即自觉地按理而行事。朱熹在此处实际上肯定了道德行为应当是自觉的,而这种自觉性则来自理性的认识。这一看法注意到了道德具有高于

① 《语类》卷九。
② 《答吕道一》,《朱文公文集》卷四十六。
③ 《答程允夫》,《朱文公文集》卷四。
④ 《答郭希吕》,《朱文公文集》卷五十四。
⑤ 《语类》卷二十二。

个体的感情欲望的特点,从而将道德行为与出于本能的冲动区别开来。康德曾指出:"纯粹实践理性……一面使我们窥见自己超感性的存在的崇高性,一面又从主观方面在人心中产生了对于自己高级天性的敬重心。"①从某种意义上说,道德的崇高与尊严确实与自觉地以理性制约感性的欲望与本能冲动相联系,一旦放弃了理性的制约,则道德的调节功能也将随之丧失。这一点,先秦的儒家已经注意到了,而作为理学集大成者的朱熹则进一步将它突出了。

但是,与强调理的超验性相应,朱熹又赋予当然之则以外在的性质:"说非礼勿视,自是天理付与自家双眼,不曾教自家视非礼,才视非礼,便不是天理;非礼勿听,自是天理与自家双耳,不曾教自家听非礼,才听非礼,便不是天理。"②在这里,理实际上作为超验的主宰而支配着主体的行为,对主体来说,它表现为一种异己的、外在的规范。作为外在的、异己的规范,天理具有"自不容己"的特点:"君臣、父子、夫妇、长幼、朋友之常,是皆必有当然之则,而自不容己,所谓理也。"③"自不容己"含有必然之意,把纲常这种当然之则归结为自不容己者,意味着将当然等同于必然。事实上,当然之则虽然要以必然之理为依据,但二者又有本质的区别:当然之则是主体行为的准则,在是否遵循某种规范、准则这一点上,主体具有一定的自主性。一旦把当然与必然混为一谈,即势必否定主体能够按内在的意愿对行为加以自主的选择。朱熹的结论正是如此:"仁者,天之所以与我而不可不为之理也;孝悌者,天之所以命我而不能不然之事也。"④命我带有强制

① 〔德〕康德:《实践理性批判》,关文运译,北京:商务印书馆,1960 年,第90 页。

② 《语类》卷一一四。

③ 《大学或问》卷二。

④ 《论语或问》卷一。

的意味，认为当然之则通过"命"而规范主体(我)的行为，实质上即把它等同于外在强制。一般说来，普遍的道德律令只有与主体的内在意愿结合起来，才能真正转化为有效的行为规范。朱熹把作为当然之则的理归结为天之所命，强调主体必须绝对地服从天理，这就决定了他不可能克服天理对主体的异己性、外在性，从而相应地也无法解决如何以当然之则有效地调节主体行为的问题。天理与主体的这种对峙，可以看作是朱熹把世界二重化的逻辑结果，它构成了朱熹理学体系的又一理论困难。

## 二、陆九渊对朱学的诘难与陆学之弊

与朱熹同时的陆九渊，在某种程度上已注意到了朱学的理论缺陷。他曾致书朱熹，对朱的理气(道器)观提出质疑："至如直以阴阳为形器而不得为道，此尤不敢闻命。易之为道，一阴一阳而已……今顾以阴阳为非道，而直谓之形器，其孰为昧于道器之分哉？"①这实际上就是批评朱熹把道(理)归结为超验的实体。在陆九渊看来，道与事(器)是不可分割的，道并不存在于事之外，"道外无事，事外无道。"②这一看法多少否定了朱熹把世界二重化的运思倾向。在方法论上，陆九渊认为朱熹"揣量依放"，安于节目："晦翁之学自谓一贯，但其见道不明，终不足以一贯耳。吾尝与晦翁书云：'揣量模写之工，依放假借之似，其条画足以自信，其节目足以自安。'此言切中晦翁之膏肓。"③以节目自安，即是停留于繁枝细节而不能从总体上见道。在赴鹅湖之会途中所作的一首诗中，陆九渊更以"支离事业竟浮沉"相

---

① 《与朱元晦》，《象山先生全集》卷二。以下简称《象山集》。
② 《语录上》，《象山集》卷三十四。
③ 同上。

讥,这显然是针对朱熹烦琐的治学特点而发。此外,陆氏还反对把天理与人欲绝对对立起来:"天理人欲之言,亦自不是至论,若天是理,人是欲,则是天人不同矣。"①陆九渊在这里强调的,并不是人欲的正当性,而是天(理)与人(主体)的统一,它以曲折的形式,对朱熹将天理与主体视为对峙之二极的观点提出了责难。如果说,在博大庞杂的体系掩盖下,朱熹哲学的内在缺陷往往隐而不彰,那么,陆九渊的上述批评则掀开了朱学的帷幔,将其内在缺陷作为一个必须加以正视的问题提了出来。

但是,陆九渊在批评朱学的同时,自身又走向了另一极端。他反对把理(道)归结为外在于形器的超验实体,但却又将这种道(理)安置于"心"之中:"人皆有是心,心皆具是理,心即理也。"②此处所说的心即理,无非是心与理的直接合一,而其基点则是此心(理具于此心),它实质上在抽象同一的形式下,将理销溶于此心。这一点,只要看一下陆九渊的如下议论即不难了然:"天下之理无穷……然其会归,总在于此。"③正是在上述前提下,陆九渊又进而以心囊括万物:"心之体甚大,若能尽我之心,便与天同。"④值得注意的是,陆氏在此处明确地把心规定为"我之心",而所谓我之心,也就是完全由自我支配之心:"人之于耳,要听即听,不要听则否,于目亦然,何独于心而不由我乎?"⑤这种"由我"之心,实质上也就是仅仅具有个体性品格的"吾心"(小我),与此相应,当陆九渊说"能尽我之心,便与天同"时,即意味着以"吾心"涵盖万物。事实上,在陆九渊那里,类似下面的断

① 《语录上》,《象山集》卷三十四。
② 《与李宰》,《象山集》卷十一。
③ 《语录上》,《象山集》卷三十四。
④ 《语录下》,《象山集》卷三十五。
⑤ 同上。

论几乎随处可见:"此理岂不在我?"①"吾心便是宇宙,宇宙便是吾心。"②这样,陆九渊即由强调理绝对同一于此心进而将自我视为第一原理。后者在陆氏的弟子杨简那里表现得尤为明晰:"天地,我之天地;变化,我之变化……天者,吾性中之象;地者,吾性中之形。故曰:在天成象,在地成形,皆我之所为也。"③这里的唯我论色彩已相当浓厚了。

与抬高吾心相应,陆九渊在认识论和方法论上提倡简易工夫:"学无二事,无二道,根本苟立,保养不替,自然日新,所谓可久可大者,不出简易而已。"④作为一种方法论原则,简易工夫主要包含两方面的内容。其一,与辨析相对的"石称丈量":"急于辨析,是学者大病。虽若详明,不知其累我多矣。石称丈量,径而寡失,铢铢而称,至石必谬,寸寸而度,至丈必差。"⑤所谓辨析,即是朱熹所主张的"铢分毫析",石称丈量,则是从整体上把握。陆九渊以后者否定前者,实际上即把认识活动归结为一种离开具体分析而顿悟整体的过程。这种排斥分析而片面突出洞见整体的原则,实际上为陆氏强调理与吾心的抽象合一提供了方法论的根据。它同时又使陆学不可避免地陷于空疏之境。其二,直指本心:"不专论事论末,专就心上说。"⑥它既是指以本心为认识的终极目标,又含有以吾心为绝对真理之意。正是基于这一观点,陆九渊提出了六经皆我注脚论:"学苟知本,六经皆我注脚。"⑦这种方法论思想虽然有限制六经之至尊性这一面,但同时又

---

① 《与赵然道》,《象山集》卷十二。
② 《杂说》,《象山集》卷二十二。
③ 杨简:《家记一·己易》,《慈湖遗书》卷七。
④ 《与高应朝》,《象山集》卷五。
⑤ 《与詹子南》,《象山集》卷十。
⑥ 《语录上》,《象山集》卷三十四。
⑦ 同上。

以自我的意见作为最高准则,因而带有明显的主观独断的性质。

由强调直指本心,陆九渊进而提出了"自作主宰"论。所谓自作主宰,首先意味着摆脱外部对象的制约,完全听命于自我:"夫权皆在我。若在物,即为物役矣。"①在陆氏看来,一旦洞见本心,以自我为主宰,即可以进入从心所欲、行辄合理的境界:"收拾精神,自作主宰。万物皆备于我,有何欠阙? 当恻隐时,自然恻隐,当羞恶时,自然羞恶,当宽裕温柔时,自然宽裕温柔,当发强刚毅时,自然发强刚毅。"②这种观点,与禅宗的"触类是道而任心"前后相通,表现出显而易见的直觉主义倾向。如果说,朱熹在突出自觉原则的同时忽视了主体的内在意愿在行为中的作用,那么,陆九渊则抽象地夸大了主体意识的能动作用。

总体来看,陆九渊从各个方面对朱熹理学体系作了相当尖锐的揭露,并力图在理论上纠朱学之偏。然而,由于陆氏在批评朱熹的同时,又倒向了片面的另一极,因而不仅未能真正克服朱学之弊,而且本身陷入了新的理论困境。不过,从理学演变的历史行程来看,经过朱陆之争,朱学与陆学各自的缺陷毕竟被初步揭明,这就在客观上促使理学后人从不同角度对二者加以修正。

### 三、理学从宋末到明初的演变与王学的崛起

在理气(道器)关系上,南宋末年的朱门后学陈淳已开始将侧重点转到理在气中,理气不可分:"理与气本不可截断作二物,去将那处截断,唤此作理,唤彼作气,判然不相交涉耶?"③即使作为至理的太

---

① 《语录下》,《象山集》卷三十五。
② 同上。
③ 《北溪先生全集》四门卷十八。

极,亦同样不外于气。"太极只是至理,理不外乎气,若说截然在阴阳五行之先及在阴阳五行之中,便成理与气判为二物矣。"①这种看法与朱熹颇相异趣。朱熹虽然也讲理作为生物之本而构成了物的形式,但其含义无非是一理印于万物。换言之,理与物之相关,是以理先于并超然于万物为前提的。恰恰是对朱熹的这一前提,陈淳在以上论述中明确地提出了质疑。更值得注意的是,陈淳由肯定理气不可断作二物,进而提出了理"在中为之主宰"之说:"天所以万古常运,地所以万古常存,人物所以万古生生不息,不是各各自恁地,都是此理在中为之主宰,便自然如此。"②即理虽然是万物之主宰,但它不是作为外在的实体支配万物,而是内在于万物而决定其变化发展。这与朱熹把理支配气比作"如人跨马",其意味相去甚远。可以说,陈淳在这里已多少赋予理以内在性的特点,后者在一定程度上偏离了朱熹的理气观。

不过,在肯定理(太极)与气(物)不可分的同时,陈淳又重复了朱熹关于理为至尊者的观点,强调"天下莫尊于理"。基于这一看法,陈氏进而认为太极"立乎天地万物之表,而行乎天地万物之中"③。立于万物之表,显然含有超然于万物之上之意。这就表明,陈淳虽然力图以理的内在性限制其超验性,但最终并没有完全摆脱理在气(物)上的正统理学观点。

与陈淳主要在理气观上修正朱学不同,朱熹的另一些后学更多地探讨了如何把作为外在规范的天理与主体的内在意愿结合起来的问题。在这方面,真德秀与许衡的看法有一定的代表性。真德秀指

---

① 《北溪先生全集》三门卷八。
② 《太极》,《北溪字义》卷下。
③ 同上。

出："道者，理也，器者，物也，精粗之辨固不同矣。然理未尝离乎物之中，知此则知'有物有则'之说矣。盖盈乎天地之间者莫非物，而人亦物也，事亦物也，有此物则具此理，是所谓则也。"①这里包含如下涵义：理作为事物之则，即存在于物之中，而人本身亦是对象性的存在（人亦物也），故作为则的理同样不外在于人。而所谓在人之理，无非即是内在于主体的当然之则。这样，真德秀实际上即把被朱熹规定为外在强制的天理，化成了主体的内在规范。在真氏看来，这种内在之则的特点，即是与主体浑融无间："盖道只是当然之理而已，非有一物可以玩弄而娱悦也。若云所乐者道，则吾身与道各为一物，未到浑融无间之地，岂足以语圣贤之乐哉。"②吾身与道各为一物，意味着天理作为外在的强制而与主体对峙，"浑融无间"，则含有当然之理与主体意识融合为一，从而摆脱其异己形式之意。根据真氏的观点，只有在后一种情况下，才可能使行为出于主体的内在意愿，从而达到"圣贤之乐"。

真德秀的上述思想，在许衡那里得到了更明确的阐述。许衡首先对"所以然"与"当然"作了区别，"所以然者是本原也，所当然者是末流也；所以然者是命也，所当然者是义也"③。如前所述，"所以然"与"所当然"本来是朱熹对理作的二重规定。在朱熹那里，二者完全是合一的，所当然同时也就是所以然，亦即"必不容己者"（必然的强制）。许衡则对二者作了不同的界说：所以然与命相联系，所当然则表现为义。按许氏的看法，"命"是一种"不由自己"的外在强制，而"义"的特点则是"由自己"，"凡事理之际有两件：有由自己底，有不

---

① 《天性人心之善》，《大学衍义》卷五。
② 《宋元学案》卷八十一。
③ 《宋元学案》卷九十。

由自己底。由自己底有义在，不由自己底有命在。"①就是说，一方面，外部必然性是不以主体的意志为转移的（不由自己）；另一方面，主体的行为则应当出于自身的内在意愿（由自己）。正是基于这一观点，许衡主张把道德教育的侧重点放在培养和启发主体的内在良知上："圣人是因人心固有良知良能上扶接将去。他人心本有如此意思，爱亲敬兄，蔼然四端，随感而见。圣人只是与发达推扩，就他原有底本领上进将去，不是将人心上原无底强去安排与他。"②认为人心中生而具有良知良能，这无疑是先验论的观点，但许氏要求尊重人的内在意愿，反对片面地以天理"强去安排"，却又多少表现出把外在的天理与主体的内在意愿沟通起来的倾向。这种沟通，可以看作是纠朱熹忽视自愿原则之偏的一种尝试。

然而，在总体上，真德秀与许衡仍把自觉原则放在高于自愿原则的突出地位。真德秀说："从容游泳于天理之中，虽箪瓢陋巷，不知其为贫，万钟九鼎，不知其为富，此乃颜子之乐也。"③游泳于天理之中，亦即自觉地以天理约束自己，而"乐"则属于自愿的品格。真氏以为一旦做到自觉地服从天理，便可达到乐的境界，这仍是以自觉取代了自愿。同样，许衡也赋予天理以至上的性质，强调以天理支配人的一切行为，认为"一理可以统万事"④。在这方面，真德秀与许衡都未能完全跳出朱学的樊篱。

元代的不少哲学家在推进理学发展上表现出新的趋向，即通过会通朱陆以纠二家之偏。其中，吴澄与郑玉的尝试各带有典型意义。

---

① 《语录》，《鲁斋遗书》卷一。
② 同上。
③ 《宋元学案》卷八十一。
④ 《语录》，《鲁斋遗书》卷二。

吴澄认为,朱陆之学本质上是相通的。据此,他在奉朱学为正宗的同时,又引入了陆九渊之说:"道之为道具于心,岂有外心而求道者哉?……盖日用事物,莫非此心之用。"①从道(理)与万物均不外于心的观点出发,吴澄反对把道归结为与物相离的超验实体。"道器虽有形而上形而下之分,然合一无间,未始相离也。""理在气中,原不相离。"②这实际上在道(理)与器(气)统一于心的前提下,扬弃了道(理)的超越性。但是,由强调道(理)具于心,吴澄又突出了自我的地位,以为一己之心即是万物之主宰,并表现出某种唯我论倾向:"在天则为中,在人则为心,人能不失此初心,反而求之,何物非我?"③这就在一定程度上重蹈了陆九渊与杨简的覆辙。

与吴澄着重在理气(道器)关系上援陆入朱不同,郑玉主要试图在认识论与方法论上对朱陆加以沟通。在道统上,郑玉仍然宗朱,以为周敦颐、二程重倡孔孟绝学,而朱熹则集其大成。不过,与吴澄一样,郑玉也反对把推崇朱学等同于以朱排陆。在他看来,陆学在理论上同样包含着值得肯定的见解:"陆子静高明不及明道,缜密不及晦庵,然其简易光明之说,亦未始为无见之言也。"④在肯定朱陆之学的同时,郑氏又从致知方法的角度,对二家之弊作了分析:"二家之说,又各不能无弊。陆氏之学,其流弊也,如释子之谈空说妙,至于卤莽灭裂,而不能尽夫致知之功。朱子之学,其流弊也,如俗儒之寻行数墨,至于颓惰委靡,而无以收其力行之效。"⑤从形式上看,郑氏似乎对陆学的空疏与朱学的支离烦琐作了不偏不倚的批评,但是,与赞赏陆

---

① 《宋元学案》卷九十二。
② 同上。
③ 《邓中易名说》,《吴文正公集》卷四。
④ 《宋元学案》卷九十四。
⑤ 同上。

九渊的"简易光明"之学相联系,他在实质上更倾向于陆九渊的思想。如果看一下郑氏的如下议论,即不难窥见这一点:"为学之道,用心于支流余裔,而不知大本大原之所在,吾见其能造道者鲜矣。"①这无非是以陆九渊"先立乎其大"的简易工夫否定了朱熹的格物说。正是对简易工夫的偏爱,决定了郑玉虽然在某种程度上注意到了朱陆之弊,但并未能在理论上克服二家的缺陷。事实上,郑玉在兜了一长串圈子之后,最终又回到了他一度批评过的陆学:"又以吾身而论之。心者,易之太极也……如此则近取诸身而易无不尽,虽无书可也。"②这种以近取诸身否定读书的主张,显然较陆学更为空疏。

由元入明以后,明初的思想家在"述朱"的同时,又力图继南宋末年及元代的理学家之后,从不同侧面进一步救正统理学之弊。首先应当提到的是薛瑄。在理气观上,薛瑄上承陈淳,肯定理气无先后之分。不过,与陈淳仅仅在理气关系上泛泛地肯定理在气中不同,薛瑄进而从有形与无形的关系上,强调理的内在性:"一切有形之物,皆呈露出无形之理来。"③此处所说的无形,含有普遍性之意,有形则是特殊现象。所谓无形之理呈露于有形之物,即是指普遍之理通过具体对象而表现出来。正是基于这一观点,薛瑄反对把理归结为悬空的超验实体:"初非悬空之理,与象分而为二也。"④较之陈淳,薛瑄的这一看法在扬弃理的超验性上,显然又前进了一步。

但是,在天理与主体意愿的关系上,薛瑄仍然强调前者对后者的绝对支配性:"言动举止,至微至粗之事,皆当合理。""道无处不在,故

---

① 《宋元学案》卷九十四。
② 《周易大传附注序》,《师山文集》卷四。
③ 《明儒学案》卷一。
④ 同上。

当无处不谨。"①这实际上即是要求将人的一切言行举措,不分巨细,全部纳入天理之中,换言之,主体在任何情况下,均必须无条件地服从天理,这就仍多少保留了理的主宰性、强制性。就这方面而言,薛瑄并没有越出朱学之轨辙。

与薛瑄大致同时的另一个程朱学派的大儒是吴与弼。吴氏在理论上建树甚少,但他的两个弟子——胡居仁与陈献章却在修正正统理学上作出了独特的努力。胡居仁继真德秀和许衡之后,对"当然之理"与主体的内在意愿的关系作了进一步的考察:"主敬是有意,以心言也,行其所无事,以理言也。心有所存主,故有意,循其理之当然,故无事。此有中未尝有,无中未尝无,心与理一也。"②所谓"有意"、"心有所存主",是指主体的内在意愿对行为的影响,"循其理之当然",则是以理规范行为,胡氏将二者视为同一行为过程的两个方面,这就肯定了自觉遵循当然之则与出于主体意愿的统一。值得注意的是,胡氏特别将出于意与行其理的统一建立在"心与理一"的基础之上,关于心理合一的含义,胡居仁在另一处作了更具体的阐述:"所以为是心者理也,所以具是理者心也。故理是处,心即安,心存处,理即在。非但在己如此,在人亦然。所行合理,人亦感化归服。"③即一方面,理规定心,另一方面,理又内在于心之中,这样,理作为规范,即不再具有异己的强制的性质,正是这一点,决定了合乎理与内心悦服的一致。胡氏的如上看法,较之真德秀与许衡显然又深入了一层。

但是,在理气关系上,胡居仁又强调"有理而后有气",亦即仍赋

① 《明儒学案》卷一。
② 《明儒学案》卷二。
③ 同上。

予理以超验的性质。与此相应,在理与己的关系,胡氏亦未能一以贯之地坚持天理与主体相统一的观点:"事事存其当然之理,而己无与焉。"①"存当然之理"即是以理规范主体的行为,把存理归结为己无所与的过程,即意味着将主体的内在意愿排除在道德行为之外,这就又在某种程度上回到了正统理学。

陈献章在理学演变中占有更重要的地位。在理与气(万物)的关系上,陈氏的看法不同于胡居仁而更接近于薛瑄:"此理包罗上下,贯彻终始,滚作一片,都无分别,无尽藏故也。"②所谓"滚作一片",即是指理"贯彻"于万物之中,并与之融为一体。这种观点在扬弃理的超验性上比陈淳、薛瑄又进了一步:陈淳与薛瑄虽然在一定程度上肯定理在气中,但同时又保留了理的主宰性,而理气(物)滚作一片之说,则通过突出理与具体事物的联系而否定了这种主宰性。但是,在降低理的地位之同时,陈献章又抬高了心:"君子一心,万理完具。事物虽多,莫非在我。"③这即是说,与物滚作一片的理之所以不具有至上性,主要即在于它本身被囊括于心体之中。这种以心之本体性来限制理之超验性的运思倾向,大致与吴澄一脉相承。不过,陈氏在这方面走得更远。在他看来,无限的宇宙相对于吾心而言,不过是"微尘"、"瞬息":"物尽而我无尽,夫无尽者,微尘六合,瞬息千古。"④这种看法实质上将陆九渊吾心即宇宙的观点进一步引向了极端。

如何把握至上的心体? 陈献章首先反对以求诸书册为用力之方。在回顾其治学经历时,陈氏说:"比归白沙,杜门不出,专求所以用力之方,既无师友指引,日靠书册寻之,忘寐忘食。如是者累年,而

---

① 《明儒学案》卷二。
② 《明儒学案》卷五。
③ 《论前辈言铢视轩冕尘视金玉》,《白沙子全集》卷二。
④ 《与何时矩》,《白沙子全集》卷四。

卒未得焉。"①此处所说的"日靠书册寻之",即指朱熹的格物致知方法。按陈氏之见,仅仅通过博观泛览,并不能使主体洞见心体,相反,它往往会成为自得之障碍:"学止于夸多斗靡而不知其性为何物,变化气质为何事,人欲日肆,天理日消,其不陷于禽兽者希矣。"②这种批评显然是针对朱学末流的烦琐倾向而发。不过,与元代的郑玉一样,陈献章主要是从繁与简的关系上,反对词章注疏之学,而并没有从知与行的关系上,将朱学的支离烦琐,与离行言知联系起来。这样,陈氏用于取代"夸多斗靡"的用力之方,就只能是"静坐":"学劳攘则无由见道,故观书博识,不如静坐。"③按其理解,通过静坐,最后即可以直悟心体:"于是舍彼之繁,求吾之约,惟在静坐。久之然后见吾此之心体隐然呈露,常若有物。"④至此,陈献章不仅否定了实际践履在主体致知过程中的作用,而且不加分析地将"观书博识"这类理性思维活动从这一过程中排除出去,从而表现出某种非理性主义的倾向。在这方面,陈氏同样与陆九渊殊途而同归。

综观前述,从南宋末年到明代初叶,理学思想家在不同程度上注意到了正统理学的未能圆融,并力图从各个侧面救弊补偏。但是在总体上,他们或者最后又回到了朱学的老路,或者由朱而入陆,从一个片面倒向了另一个片面。这一演变过程一方面使朱学与陆学固有的理论缺陷进一步显露,从而宣告了徘徊于朱陆在理论上已无出路;另一方面又在逻辑上为理学的转向提供了若干新的思路并积累了必要的思想资料。王学即产生于这样一种理论—历史背景之下。

---

① 《明儒学案》卷五。
② 《书韩庄二节妇事》,《白沙子全集》卷七。
③ 《明儒学案》卷五。
④ 同上。

王阳明早年曾"遍求考亭遗书读之"①,一度成为朱学的信奉者。然而,"病革临绝"、"士风衰薄"的现实,不久即促使他对正统理学作重新考察。随着理论探究的深入,王阳明逐渐对朱熹的理学由信而疑。首先引起王氏不满的,是朱学"析心与理为二":"晦庵谓人之所以为学者,心与理而已……是其一分一合之间,而未免已启学者心理为二之弊。"②这里所说的心与理为二,包含两层意思:其一,"去心上寻个天理"③,亦即将天理视为心体之上的超验本体。这种观点,王氏称为"理障"④。其二,把作为普遍规范的天理与主体意识割裂开来,"心即性也,性即理也,下一'与'字,恐未免为二"⑤。此处之性,即指主体的道德意识。王氏的以上批评,实际上将前文提及的"学术不明"之说具体化了,它更直接地揭露了朱学将世界二重化以及片面强调天理的外在强制之缺陷。王阳明的另一重批评针对朱学的"支离决裂"而发。在探讨如何返归先天良知以破功利之见时,王氏曾以为程朱的烦琐方法未能"诚自家意",由此出发,王阳明进一步考察了朱学所以支离的原因。在他看来,朱学的特点是将穷理仅仅囿于知而使之与行相分离,正是这一点,导致了支离决裂之弊:"专以穷理属知而谓格物未常有行,非惟不得格物之旨,并穷理之义而失之矣。此后世之学所以析知行为先后两截,日以支离决裂而圣学益以残晦者,其端实始于此。"⑥这种分析显然远较陆九渊、郑玉、陈献章等仅仅指出朱学之"支离"现象为深入,它在一定程度上触及了朱学走向烦琐哲

---

① 《年谱一》,《全书》卷三十二。
② 《答顾东桥书》,《全书》卷二。
③ 《传习录下》,《全书》卷三。
④ 同上。
⑤ 《传习录上》,《全书》卷一。
⑥ 《传习录中》,《全书》卷二。

学的内在根源。

对朱学的责难,是不是意味着王阳明完全转向了陆学?结论是否定的。诚然,王阳明对"是朱非陆"的定案,很不以为然,并欲为陆九渊争得孔孟道统的正统地位。但是,对陆九渊的学说,王氏并未全盘肯定。他曾批评陆九渊的"学问思辩,致知格物之说","亦未免沿袭之累"①。质言之,陆学虽然不同于朱学之支离,但它把致知视为在实际工夫之外立其大本,故仍有离行言知之弊。此外,王氏还一再不满于陆学之"粗"②,虽然他没有点明"粗"的具体含义,但如果联系他对陈献章哲学的冷落,即可多少窥见其所指。前文指出,陈献章突出吾心而"微尘六合",就其强化吾心而言,这种看法可以看出是陆九渊哲学的进一步发展。王阳明于十八岁时即结识了陈献章的同学娄谅,三十四岁时,又成为陈的学生湛若水的挚友,对陈献章的思想,他无疑是了解的③。然而,在他的语录、文著中,对陈献章的思想却始终置之一边。后人曾对此作了各种猜测,却未从二者的思想差异上加以解释。其实,问题的症结正在于此:王氏对陈献章之学的疏冷,在某种意义上即表现了王氏对片面抬高吾心这种粗鄙的心学的不满,而这种不满,又从一个侧面反映了王氏对陆学的态度。

对朱陆之弊的考察,构成了王学的逻辑前提。如何扬弃朱陆的缺陷?这一问题如果以更具体的形式加以表述,也就是:如何通过"明学术"而使天下由不治而达到治?正是在对这一问题的探讨中,王阳明形成了其心学体系。

---

① 《与席元山》,《全书》卷五。
② 《传习录下》,《全书》卷三。
③ 关于这一点,杜维明曾作了论证。可参见杜著 *Neo-Confucian Thought in Action: Wang Yang ming's Youth* (1472—1509), Berkeley: University of California Press, 1976, pp.158 - 159。

# 第二章

# 王阳明的心学体系

王阳明(1472—1529),名守仁,字伯安,余姚人,曾筑室于越之阳明洞,故有阳明之号,并以此行于世。其为学,初则泛滥于词章,继而"遍读考亭(朱熹)之书",寻因不满于朱学而一度出入于佛老,但不久又悟其非而摒弃之。经过长期的探索,最后建立了以良知与致良知说为主干的心学体系——王学(又称阳明学)。王氏一生讲学不辍,弟子甚众,其学因此而在明中叶以后盛极一时。

## 第一节　心(良知)的内在结构及其逻辑展开

王阳明以心立言,又以良知释心,心(良知)构成了王学的基石。从逻辑上看，王阳明的心学体系便是以心（良知）为起点而渐次展开的。

## 一、心（良知）的双重规定

### （一）理与心融合于"在物"过程

对心的规定，开始于心理关系的分析。

王阳明认为，理不在心之外，而即在心之中："夫物理不外吾心，外吾心而求物理，无物理矣。"①理内在于心，从另一个侧面看也就是心本于理："心也者，吾所得于天之理也。"②所谓"得于天"，亦即自天禀受。在这里，理内在于心主要并不是在本体论意义上销理入心，而是表现为理通过天之所赋而构成了主体意识（心）的内容③。王氏所说的理，大致包括两方面的含义：其一，指实理："天地感而万物化生，实理流行也。"④这种内在于事物相互作用过程的理，大致与一般的存在规律和本质相当；其二，指表现于事亲事君之中的道德律："是理也，发之于亲，则为孝；发之于君，则为忠；发之于朋友，则为信。"⑤作为制约孝亲忠君等活动的道德律，理也就是行为的普遍规范。与理的双义性相应，主体意识（心）也具有两方面的普遍内容：它既是指与"实理"相应并表现为"心之条理"的先天之知⑥，又是指与普遍的行为规范相应的主体的道德自律，亦即内在的道德意识。

---

① 《传习录中》，《全书》卷二。
② 《答徐成之》，《全书》卷二十一。
③ 正是在这一意义上，王氏又把心得于天称为生而有："心，生而有者也。"（《五经臆说十三条》，《全书》卷二十六。）
④ 《五经臆说十三条》，《全书》卷二十六。
⑤ 《书诸阳伯卷》，《全书》卷八。
⑥ 同上。

在以理规定心的同时,王阳明又认为,心不仅以普遍之理为内容,而且具有个体性的方面。后者首先是指以"自思"(我思)的形式表现出来的自心。王氏强调,自心在认知过程中有其不可忽视的作用,只有通过"自思",才能对理有深刻的认识:"自思得之,更觉意味深长。"①如欲洞悉"中和"的道理,就"须自心体认出来"②。除了"自思"之外,主体意识还表现为意欲、情感等:"喜怒哀惧爱恶欲,谓之七情,七者,俱是人心合有的。"③情感意欲一般表示主体对具体对象的一种因境而异的态度,因而具有不可重复的特殊的性质,它从另一个方面构成了主体意识的个体性规定。

　　自心、自我之情感意欲等等与普遍之理具体表现为何种关系?王阳明以"心即理"说作为解决这一问题的基本论题:"心即理也……且如事父,不成去父上求个孝的理;事君,不成去君上求个忠的理;交友治民,不成去友上民上求个信与仁的理。都只在此心,心即理也。"④所谓忠孝信仁的理,也就是作为道德律的普遍之理;此心亦即自心,它大致构成了主体意识的个体形式;心即理则含有普遍之理与个体形式(自心)的合一之意。在王氏看来,一般的规范、原则(理)作为行为的调节者,并不是主体之外的异己律令,它只有内在于"此心",并与此心融为一体,才能有效地规范事亲事君等道德行为。而通过心与理的这种融合,主体意识(心)即获得了双重规定:一方面,它以理为内容,因而具有普遍性的品格;另一方面,它又带有自心(此心)这种个体的形式。正是在这个意义上,王阳明在强调心外无理的同时,又肯定理外无心:"心之体,性也,性即理也。天下宁有心外之

　　①　《答甘泉》,《全书》卷五。
　　②　《传习录上》,《全书》卷一。
　　③　《传习录下》,《全书》卷三。
　　④　《传习录上》,《全书》卷一。

性乎？宁有性外之理乎？宁有理外之心乎？"①理不离心，此心即理，二者构成了主体意识两个不可分割的方面。而作为自心与理之统一的这种主体意识（心），也就是良知："良知者，心之本体。"②

就形式层面而言，王阳明的以上观点与陆九渊的思想不无相近之处。但进一步的分析则表明，二者事实上颇相异趣。如前一章所述，陆氏所谓"心即理"，固然也有吾心（自心）与理合一之意，但这种合一，是基于吾心的未分化的直接同一。普遍之理不仅没有通过展开于个体意识（吾心）而获得具体的规定，而且最后在抽象合一的形式下为吾心所消融与统摄。与此不同，根据王阳明的看法，通过天赋而达到的吾心与普遍之理的合一，并不是主体意识的终极状态。为了具体了解这一点，我们不妨看一下王阳明的如下论述："此心在物则为理，如此心在事父，则为孝，在事君则为忠之类……我如今说个心即理是如何？只为世人分心与理为二故，便有许多病痛。"③这里的物，亦即事亲事君的道德践履，而此心在物的过程，也就是循理的过程："如今应事接物的心，亦是循此天理。"④总起来，天赋于此心（吾心）的天理，在事亲事君的践履中逐渐展开为"忠"、"孝"等具体的道德意识，正是在这一过程中，普遍之理与个体意识（吾心）的统一开始摆脱了抽象的形式：一方面，理通过对吾心的制约而使自身成为后者的现实内容；另一方面，主体通过循理，又相应地使吾心得到了提升（使吾心不再仅仅停留于单纯的自心或自我之情、意）。在这里，王氏实际上肯定了普遍之理与吾心的合一必然要经历从抽象到具体的转

---

① 《书诸阳伯卷》，《全书》卷八。
② 《传习录中》，《全书》卷二。
③ 《传习录下》，《全书》卷三。
④ 同上。

化：以先天的形式表现出来的"心即理"，只有在事亲事君等过程中才能获得多方面的规定。在王阳明看来，把握心与理的以上关系在理论上是至关重要的："后世所以有专求本心，遂遗物理之患，正由不知心即理耳。"①此处之心即理，也就是普遍之理与吾心在应接事物的过程中所达到的具体统一。质言之，仅仅停留于心与理的抽象合一，而未能将这种合一具体化，则不可避免地将导向"专求本心"（吾心）。如果说，把心即理与"在物"（事亲事君）过程联系起来已明显地表现出不同于陆九渊的运思倾向，那么，以不知心即理的具体合一为"专求本心"的根源，则可以看作是对陆学的进一步扬弃。

从另一个角度看，王阳明对心即理的具体规定，同时又是针对以程朱为代表的正统理学而发。与陆九渊在抽象"合一"的前提下突出主体意识的个体性不同，二程及朱熹在"铢分毫析"的前提下，将主体意识的普遍性这一面提到了突出的地位。这集中地表现在其人心与道心说上。二程对人心与道心作了严格的区分。程颢说："人心惟危，人欲也；道心惟微，天理也。"②朱熹进一步发挥了这一看法，认为人心"生于形气之私"。《语类》卷六十二记载："问：先生说人心是形气之私，形气则是口耳鼻目四肢之属。曰：固是。问：如此则未可便谓之私。曰：但此数件物事属自家体段上，便是私有底物，不比道便公共，故上面便有个私底根本。"③这即是说，人心是与自我相联系的个体意识，唯其如此，故具有私的性质。与人心相对，道心则纯由天理构成："道心者，兼得理在里面，惟精是无杂。"④正由于道心出于天理，故具有普遍的品格。这样，朱熹一方面在人心这种个体意识与

---

① 《传习录中》，《全书》卷二。
② 《二程遗书》卷十一。
③ 《语类》卷六十二。
④ 《语类》卷七十八。

"私"之间划上等号，从而在实质上赋予它以恶的属性；另一方面又将道心视为天理的化身，并赋予它以"公"这种善的品格。从上述观点出发，朱氏主张以道心节制人心："有道心则人心为所节制。"①这里虽然包含着以普遍的理性制约主体的情感、欲望之意，因而有一定的合理性，但朱熹却由此走向极端，要求人心绝对地听命于道心："必使道心常为一身之主，而人心每听命焉，乃善也。"②这样，道心与人心便被归结为对立的二极：对人心来说，道心完全表现为一种异己的主宰。这种以道心贬抑乃至排斥人心的主张，实质上忽视了普遍的道德规范（天理—道心）必须与个体的意向、情感、意愿结合起来，它势必导致将主体意识等同于纯之又纯的抽象原则的集合体。朱熹的结论正是如此："恰似无了那人心相似，只是要得道心纯一。"③对程朱的以上看法，王阳明颇不以为然，他曾指出："今曰道心为主而人心听命，是二心焉。"④在王氏看来，片面地以道心（普遍之理）排斥、禁绝人心，即意味着分裂主体意识，而他强调心即理则首先旨在通过肯定天赋之理与吾心在事亲事君过程中的融合，以避免这种分裂。

在心禀受于天（得于天）的前提下将吾心与理融为一体，这当然是一种先验的思辨，但透过思辨的形式我们却可以发现一些值得注意的见解。王阳明所说的心即理，首先是指普遍的道德规范（作为当然之则的天理）与个体的道德意识的合一。就其本质而言，道德不同于法，它并不是以强制的方式迫使主体接受某种规范。只有把普遍的道德律转化为个体的信念、情感、意向等内在的道德意识，才能有效地影响主体的行为。伦理观念渗透于个人的过程，实际上即是普

---

① 《语类》卷七十八。
② 《语类》卷六十二。
③ 《语类》卷七十八。
④ 《传习录上》，《全书》卷一。

遍的道德规范与主体的情感、意向、信念等相融合的过程,正是通过这种融合,道德才获得了内在的力量。一旦把道德律令归结为与个体意识相对立的强制性主宰,那么,前者也就同时蜕变为毫无生命力的抽象训条。程朱以道心(天理)排斥、压抑人心,恰恰忽视了这一点;而王阳明将普遍的道德律(理)融入于主体意识(心),则显然较之正统理学高出了一筹。当然,王阳明肯定普遍之理与个体的道德意识的统一,旨在使人们自觉地遵从正统的道德规范,就此而言,它仍带有明显的理学烙印。

在王阳明那里,天赋之理同时又是指"心之条理"(先验的条理知识),而心则包括表现为自思的自心。与此相应,王氏所谓心即理,又内在地包含着先验的知识条理(天赋的普遍之理)与自思合一之意,后者在某些方面接近于康德的看法。康德认为,主体要获得普遍必然的知识,便必须具有先天的纯粹知性概念(范畴),后者构成了整理感性经验的普遍规范。但同时,康德又指出,范畴的规范作用又是通过"我思"而实现的①。这样,在康德那里,普遍的范畴构架与我思即构成了统一的整体,以范畴去规范经验材料的过程,同时也就是以我思去综合表象的过程。王阳明所谓得于天之理,其内涵当然有别于康德的先天范畴,他所理解的自思,也并不完全等于康德的"我思",但在反对把主体意识中的个体性(自心、我思)与普遍性(内在之理、先天范畴)割裂开来这一点上,二者却显然有相通之处。从认识论上说,主体意识通常表现为个体性与普遍性的统一。社会地形成的普遍的认识成果,只有内化于个体意识之中,才能转化为现实的认识能力,如果离开了确定的个体的思维,则它对主体来说即只有潜在的、

① 参见史密斯英译本,I. Kant, *Critique of Pure Reason*, Translated by N. K. Smith, London:Macmillan, 1929, p.154。

抽象的性质;另一方面,个体意识只有与普遍的认识成果相融合,才能真正获得理性的品格,一旦撇开了后者,它只能是一种无法在主体间加以传递和验证的神秘直觉。当王阳明批评"专求本心"而主张吾心与普遍之理合一时,似乎不自觉地触及了以上关系。当然,王阳明并不了解,普遍的认识成果只有通过后天的认识活动才能内化于个体意识。对王氏来说,自心(吾心)与普遍之理的合一,乃是以天赋的过程为其本源,这种看法无疑具有先验论的性质。

作为主体意识的二重属性,个体性与普遍性的统一本质上并不是凝固的、未分化的直接同一,它只有通过辩证的进展才能获得具体的规定,而这种辩证进展又往往以普遍观念在主体认知、评判过程中逐渐展开(具体化)的形式表现出来。关于这一点,黑格尔曾有一个简明的论述:"只有通过辩证的运动,这自身具体的共相才进入这样一种包含对立、区别在内的思想里。"①正是在基于实践的辩证进展中,普遍观念逐渐展示其丰富的规定,后者通过主体的体认即融入于主体意识之中,并构成其具体的内容。一旦离开了从抽象到具体的过程来理解普遍观念与个体意识的关系,在逻辑上则势必导致二重结果:或者在直接同一的形式下,将普遍观念个体化(以个体性消融普遍性);或者仅仅停留于抽象的普遍观念。陆九渊之直指本心(吾心),朱熹之以道心排斥人心,尽管在理论上各执一端,但同时又正是以忽视如上过程为其共同根源。相形之下,王阳明强调心与理的合一具体展开于"在物"(事亲事君等)过程,则在理论上前进了一步:不妨说,正是通过对心即理的具体规定,王阳明一方面扬弃了个体性与普遍性的抽象同一,另一方面又或多或少克服了二者的分离。尽

---

① [德]黑格尔:《哲学史讲演录》第二卷,王太庆译,北京:商务印书馆,1981年,第206页。

管如前文屡次指出的,王阳明对主体意识的理解始终带有思辨的性质,但从认识史发展的逻辑行程来看,王氏的以上思想毕竟有其不可忽视的理论意义。

（二）心体（良知）与万物一体同流

在王阳明那里,具有普遍性与个体性之双重规定的心体（良知）,同时又是万物的本体。作为本体,心（良知）构成了万物所以存在的根据:"人的良知就是草木瓦石的良知,若草木瓦石无人的良知,不可以为草木瓦石矣,岂惟草木瓦石为然? 天地无人的良知,亦不可为天地矣。"①这一看法与心即理说有着内在的联系。理即万物之所以然者,既然心（良知）与理为一,则由此即可逻辑地导出万物依存于心（良知）的结论。不过,在肯定心为万物之体的同时,王氏又强调本体原无内外:"心何尝有内外?""功夫不离本体,本体原无内外。"②所谓无内外,即是内外为一,它具体表现为心与万物一体无间:"充天塞地中间只有这个灵明,人只为形体自间隔了。我的灵明,便是天地鬼神的主宰。天没有我的灵明,谁去仰他高? 地没有我的灵明,谁去俯他深? 鬼神没有我的灵明,谁去辩他吉凶灾祥? 天地鬼神万物离却我的灵明,便没有天地鬼神万物了,我的灵明离却天地鬼神万物,亦没有我的灵明,如此便是一气流通的,如何与他间隔得!"③灵明即心,亦即良知,所谓"充天塞地",是指心体（良知）内在于天地万物,而心体的这种内在性,又决定了它不能离开万物而存在。这样,物以心为体,心不离于物,二者完全融为一体。

王阳明的心物一体论在某些方面接近于泛神论。泛神论本身有

① 《传习录下》,《全书》卷三。

② 同上。

③ 同上。

不同的派别,一般说来,在具有唯物主义倾向的泛神论中,神不过是外在的形式,真正的实体是自然;而神秘主义及唯心主义的泛神论则从神出发,把自然视为神的化身。这两种形态的泛神论尽管性质不同,但在理论上却有如下的共同特点:与正统有神论将神置于万物之上并把神与万物二重化相对立,泛神论强调神内在于万物,并与万物融合为一。王阳明的"本体原无内外"论虽然抛开了神的形式,但在承认心体(良知)的内在性及心与万物的统一性上,多少表现出准泛神论的性质。

不过,在王阳明看来,心(良知)作为内在于万物的普遍本体,并不是静态的:"天地间活泼泼地无非此理,便是吾良知的流行不息。"①心与万物的统一,同时即表现为本体展开于具体对象:"人心与天地一体,故上下与天地同流。"②"天地万物俱在我良知的发用流行中,何尝又有一物超于良知之外,能作得障碍?"③正是从本体展开为一个动态过程的观点出发,王氏认为心(良知)与物无对:"良知是造化的精灵,这些精灵生天生地,成鬼成帝,皆从此出,真是与物无对。"④这里的"生天生地",主要强调心体的流动不息(非凝固不变),"无对"则着重指出普遍本体正是在其流行发用过程中达到与万物的内在统一。

王阳明的以上看法可以视为从另一个侧面对心体(良知)加以规定。如果说,"心即理"主要从主体意识的角度赋予心体(良知)以个体性与普遍性之双重品格,那么,"本体原无内外"论则进而从心物关系上,将心体(良知)的二重性具体化了:一方面,心(良知)作为普遍的本体,构成了天地万物赖以存在的最一般的根据;另一方面,心体

① 《传习录下》,《全书》卷三。
② 同上。
③ 同上。
④ 同上。

（良知）又与万物（每一对象）一体同流,换言之,它只有展开于每一具体对象,才具有现实性。

就理学的演变而言,王阳明的心物一体在一定意义上可以看作是纠朱陆之偏的一种尝试。通过肯定心体（良知）与物一体同流,王氏不仅多少克服了朱熹把"洁净空阔"的理世界与物质世界二重化的理论缺陷,而且相应地否定了朱熹对本体的形而上学规定;通过突出心体的内在性,王阳明在一定程度上避免了陆九渊以吾心消融万物的唯我论归宿。从更广的意义上看,对朱熹的超验之理与陆九渊的主宰之心的这种扬弃,同时亦意味着对精神本体的绝对性作一定的限制:当王阳明强调心（良知）展开并内在于万物、离却万物即无心体时,实质上便或多或少赋予心体以相对的性质,从而在思辨的形式下,为克服思辨哲学本身提供了某种理论前提。事实上,后来黄宗羲便通过肯定心依存于气而对王阳明心物一体的准泛神论中的思辨倾向作了扬弃。

概而言之,在王阳明那里,心（良知）既是指主体意识,又兼有万物的本体之意。作为主体意识,它融自心与普遍之理为一体,而这种合一又表现为一个与物俱化的过程;作为本体,它既是万物的一般根据,又展开于具体对象之中。这样,心体（良知）在总体上即表现为基于流行发用过程的个体性与普遍性的统一。心体的这种二重性,构成了王阳明考察是非准则、志与知、个体与整体诸关系的出发点。

二、良知准则论

王阳明认为,良知作为自心与普遍之理的统一,为主体提供了内在的权衡:"只致良知,虽千经万典,异端曲学,如执权衡,天下轻重莫逃焉。"①

———————————

① 《五经臆说十三条》,《全书》卷二十六。

这种权衡既是指价值评价的标准,又兼有是非准则之意,而二者在王阳明那里又常常难分难解地纠缠在一起。

王阳明首先强调,良知作为判断是非善恶的准则,即天赋于每一个体之中:"尔那一点良知,是尔自家底准则。尔意念着处,他是便知是,非便知非,更瞒他一些不得。"①以天赋之良知为是非准则,源于心"得于天"之说,其先验论性质是显而易见的。但值得注意的是,王氏特别把良知视为主体自家的准则,这实质上通过赋予良知准则以个体(自家)的形式而多少肯定了主体在判断是非善恶中的能动性。在王氏看来,主体的这种能动性在价值评价中即表现为自知善恶:"凡意念之发,吾心之良知无有不自知者。其善欤,惟吾心之良知自知之,其不善欤,亦惟吾心之良知自知之,是皆无所与于他人者也。"②意念即行为的动机。这即是说,对动机之善恶的判定,并不取决于外在意见,而主要依靠主体的自我评判。这一看法在一定程度上涉及了道德评价的特点。道德行为及动机往往是千差万别、形式多样的,普遍的规范虽然为道德评价提供了一般的准则,但它们无法穷尽一切具体行为,这就决定了道德判断不可能完全根据外在的细则条例而进行,它每每更多地与个体的道德情感、信念、良心相联系。这一点,在对当下动机的评判中,表现得尤为突出。从这方面看,王阳明把评判意念(动机)看作是主体依据内在良知而自知善恶的过程,显然不无所见。

王阳明的以上看法曾受到了同时代的另一些理学家的责难。其中,湛若水的观点有一定的代表性。湛氏曾从学于陈献章,但其思想倾向及为学宗旨却与陈氏颇相异趣。与陈献章大致接受了陆九渊的

---

① 《传习录下》,《全书》卷三。
② 《大学问》,《全书》卷二十六。

思路,将吾心置于突出地位不同,湛若水更注重普遍之天理①。正是从后者出发,湛氏对王阳明提出了批评:"阳明之所谓心者,指腔子里而为言者也。"②以心为腔子里者,也就是肯定作为准则的心体(良知)即内在于个体之中(有必要指出,湛氏的这一批评实际上只看到了王阳明对良知所作的一个方面的规定,详见后文)。在湛氏看来,一旦以内在于主体之中的良知(心体)为准则,则难免一念之私。与王阳明以良知(心体)为自家准则相对,湛若水强调以外在的天理为头脑:"天理二字,圣贤大头脑处,若能随处体认,真见得,则日用间参前倚衡,无非此体。"③"天理是一大头脑。千圣千贤,共此头脑,终日终身,只是此一大事,更无别事。"④在这里,天理作为权衡的准则,完全表现为超然于个体之上的外在主宰(真主),个体除了被动地接受与顺从天理之外,"更无别事"。这种理解可以看作是将天理超验化的正统理学思想在是非善恶准则上的具体化。正是通过把天理与腔子里的心(内在与主体之准则)对立起来,湛氏多少否定了内在的良知、信念等等在道德评价中的作用,并相应地悬置了主体在权衡是非善恶中的能动性。不难看出,湛若水的以上批评实质上从反面衬托了王阳明的良知准则论在理论上的积极意义。可以说,正是对自家准则(是非价值评判的主体性)的肯定,使王学在个体性原则逐渐受到重视的晚明所产生的影响,远远超过了以随处体认天理为宗旨的湛学。

---

① 黄宗羲已注意到了二者的差异,在《明儒学案》中,黄氏在指出二者之师承关系的同时,又对二者之学术主旨作了不同概括,并将湛氏从《白沙学案》中分出,别立《甘泉学案》。

② 《与杨少默》,转引自《明儒学案》卷三十七。

③ 《上白沙先生》,转引自《明儒学案》卷三十七。

④ 《语录》,转引自《明儒学案》卷三十七。

当然,湛若水以天理为权衡,在理论上并非毫无所见。从某些方面看,他似乎注意到了是非善恶的准则应当具有普遍性的品格。事实上,王阳明也肯定了湛氏的这一思想。稍加分析即可看到,作为自家准则的良知虽然具有个体的形式,但其内容并非仅仅是"腔子里者"。根据王阳明的看法,从单纯的个体意识出发,无法作出具有普遍意义的判断。他以评判花草为例,对此作了阐述:"天地生意,花草一般,何曾有善恶之分? 子欲观花,则以花为善,以草为恶,如欲用草时,复以草为善矣。此等善恶,皆由汝心好恶所生,故知是错。"①此处之"汝心",是指撇开了普遍内容的自心。质言之,一旦把内在准则等同于自心,则势必对同一对象作出亦善亦恶、亦是亦非的相对主义判断,这不仅在理论上难以自洽,而且在实践上将导致各行其是。基于如上观点,王阳明进而把良知准则与道联系起来:"道即是良知。良知原是完完全全,是的还他是,非的还他非,是非只依着他,更无有不是处。这良知还是你的明师。"②道也就是理。这样,良知虽然内在于每一主体,因而带有个体的形式,但同时又与道(理)为一,故具有普遍的内容,后者使良知超越了自心的界限而成为公是公非的标准:"是非之心,不虑而知,不学而能,所谓良知也。良知之在人心,无间于圣愚,天下古今之所同也。世之君子惟务致其良知,则自能公是非,同好恶。"③所谓"公是非,同好恶",即是以良知为准则而作出普遍的是非善恶判断,而这种普遍判断又是以良知乃"天下古今之所同"为前提的。显而易见,王氏的这种看法,实质上是"心即理"说的引申:良知的公共性,导源于天赋之理的普遍性。不过,王阳明反对

---

① 《传习录上》,《全书》卷一。
② 《传习录下》,《全书》卷三。
③ 《传习录中》,《全书》卷二。

以一己之见权衡是非,肯定是非准则应当具有普遍性的品格,似乎又有别于相对主义的是非标准论。

　　作为公是公非的准则,良知又称天则:"学者真见得良知本体昭明洞彻,是是非非,莫非天则……不落却一边。"①所谓"不落却一边",亦即无任何片面性。在王氏看来,这种内在于主体而又不落一边的普遍天则具有至上的性质,即使圣人之言,亦必须接受其权衡:"夫学贵得之心,求之于心而非也,虽其言之出于孔子,不敢以为是也,而况其未及孔子者乎?求之于心而是也,虽其言之出于庸常,不敢以为非也,而况其出于孔子者乎?"②有些学者认为,王阳明的以上思想包含着以个人独立见解贬斥圣人之训的自由解放的精神③,这种看法虽然在出发点上与湛若水有所不同(前者旨在拔高,后者意在责难),但就其把王阳明的良知(心体)等同于腔子里的自心而言,又并无二致。事实上,如前所述,此处的"心",并不仅仅是个体的自心,而是作为普遍之理(道)与个体形式(自心)之统一的良知,以内在的良知(心)评判圣贤之言,固然在一定意义上降低了传统的权威,但由于心(良知)是以天理(道)为内容的,因而这里并非侧重于以个人的独立思考否定孔子言论。这一点,只要看一下王氏的以下议论即可了然:"夫道,天下之公道也;学,天下之公学也,非朱子可得而私也,非孔子可得而私也。天下之公也,公言之而已矣。"④所谓公道,无非是

---

① 引自钱德洪:《刻文录叙说》,《全书》卷首。

② 《传习录中》,《全书》卷二。

③ 参见嵇文甫:《左派王学》,上海:开明书店,1934 年。荒木见悟认为:"阳明学在良知之名中,承认'个人的自由'……一切个人必须把他具有的良知自主判断作为至上的东西加以信奉"([日]荒木见悟:《阳明学评价的问题》,《日本学者论中国哲学史》,北京:中华书局,1986 年,第 373 页)。此说与嵇文甫的看法大体相近。

④ 《传习录中》,《全书》卷二。

形而上化的规范系统或观念体系,而作为准则的良知(心)之普遍内容,则正是这种公道的内化。依王氏之见,朱熹、孔子之言,并非句句皆合乎公道,故仍必须把它们放在与道(理)为一的心(良知)之下加以评判。这种观点后来对李贽产生了一定的影响。李贽不以"孔子之是非为是非"之说,与王氏的上述思想显然有着理论上的联系。但应当着重指出的是,二者在侧重点上有着原则的区别:王阳明虽然把天理(道)置于主体之中,从而有别于湛若水以超验之理为"真主",但对内在之天理本身的普遍制约作用却并没有任何怀疑,与此不同,李贽突出的是个人在评判是非中的独立性(详见第五章)。从某种意义上说,人们之所以认为王阳明的良知准则论表现出一种"自由解放的精神",在很大程度上就在于忽视了上述区别,从而有意无意地将李贽的见解移至王阳明之上。

从注重内在于心(良知)之道(理)的观点出发,王阳明对良知准则所涉及的个体性与普遍性的关系作了进一步规定:"天命之性,粹然至善,其灵昭不昧者,皆其至善之发见,是皆明德之本体而所谓良知者也……是而是焉,非而非焉,固吾心天然自有之则,而不容有所拟议加损于其间也,有所拟议加损于其间,则是私意小智而非至善之谓矣。"①所谓"明德之本体",即是良知准则所包含的形而上化的普遍规范,"拟议加损"则是个体对这种普遍观念的偏离。王氏把后者归结为"私意小智"而加以否定,显然是要求以普遍之天理统摄个体的独立思考。这一点,王氏在另一处作了更清楚的表述:"心之本体,即是天理,天理只是一个,更有何可思虑得? 天理原自寂然不动,原自感而遂通,学者用功,虽千思万虑,只是要复他本来体用而已,不是

---

① 《亲民堂记》,《全书》卷七。

以私意去安排思索出来。""若以私意去安排思索,便是用智自私矣。"①至此,我们看到,王阳明的良知准则论虽然通过赋予良知以个体的形式及内在的特点而多少在先验论的前提下肯定了主体在评判是非善恶中的能动性,但其重心仍然是强调普遍天理对个体意识的主导性。后者既具有限制相对主义的意义,同时又没有完全摆脱权威主义取向②。就后一点而言,王阳明与湛若水所发挥的正统理学思想无疑又彼此相通。不过,从王学的内在逻辑来看,王阳明对是非善恶准则的这种规定,乃是以心体(良知)的双重性为直接前提的:良知准则的双重性,可以看作是心体(良知)自身之二重性在价值评价及是非判断中的引申。

三、志知之辩

以内在良知去评判意念行为,本身并不是目的。在判定是非善恶之后,还必须继之以"为己慎独之功",而后者又离不开志:"苟有必为圣人之志,然后能加为己慎独之功。"③王氏所说的志,首先是指专一的志向与行为的坚毅性,这二层涵义大体上属于意志的品格。

王阳明从立志的角度,对志的性质及作用作了考察:"志不立,天下无可成之事,虽百工技艺,未有不本于志者。今学者旷废隳惰,玩

---

① 《传习录中》,《全书》卷二。

② 狄百瑞(De Bary)认为,尽管王阳明强调对真理的个体体认,但他并未放弃对普遍理性的信仰[参见"Individulism and Humaniteasianism in Late Ming Thought", Wm. Theodore de Bary (ed.), *Self and Society in Ming Thought*, New York and London: Columbia Univevsity Press, 1970, p.156],这一看法注意到了作为准则的良知具有个体性与普遍性二重规定。不过,他似乎未能进而看到,在王阳明那里,普遍性本身又有二重性:它虽然兼指普遍理性,但同时又以权威化的正统规范为内容。

③ 《书汪进之卷》,《全书》卷二十八。

岁惕时,而百无所成,皆由于志之未立耳。故立志而圣则圣矣,立志而贤则贤矣。志不立如无舵之舟,无衔之马,漂荡奔逸,终亦何所底乎?"①这里所说的立志,就是指确定具体的目标,后者犹如舟之舵,赋予整个活动以方向性。志不立则意味着茫无所从,其结果势必一事无成。王氏的上述看法显然已注意到意志具有定向的功能。在王氏看来,正是这种定向性,使意志区别于泛然之思:"自程朱诸大儒没而师友之道遂亡,六经分裂于训诂……有志之士思起而兴之,然卒徘徊咨嗟,逡巡而不振,因弛然自废者,亦志之弗立。"②此处之"思",略同于意。它形成于应物过程,有是有非,游移不定:"凡应物起念处皆谓之意,意则有是有非。"③正由于意(思)表现为偶发的愿望、动机,因而仅仅停留于此,则最后仍不免徘徊逡巡,嗟咨不振。与泛然之思(意)不同,志向排除了游移性,具有坚定专一的品格。唯其如此,故一旦志向确定,则难以为外界阻力所屈:"志苟坚定,则非笑诋毁,不足动摇,反皆为砥砺切磋之地矣。"④在王阳明以前,张载已开始对志与意加以区分,以为志不同于一时之意,一旦一于志,则可做到"进据者不止"⑤。王阳明的以上分析,可以看作是张载思想的进一步发展。志的定向客观上是主体行为自我调节机制的一个方面。主体在从事具体活动之前,往往面临着多种可能的选择,定向的作用即表现为通过确定行为的目标而赋予行为以专一性。一旦丧失了这种功能,则主体将始终处于犹豫不决的状态而无法向现实的行为过渡。王阳明把志的定向性与专一性联系起来,显然已触及了这一点。

---

① 《教条示龙场诸生》,《全书》卷二十六。

② 《别三子序》,《全书》卷七。

③ 《答魏师说》,《全书》卷六。

④ 《书顾惟贤卷》,《全书》卷八。

⑤ 《正蒙·中正》。

通过立志以定向,主要为行为的发动提供了前提,它本身还属于观念领域。志向的实现,有赖于具体的实功;而功夫的展开,同样离不开意志的作用:"已立志为君子,自当从事于学。凡学之不勤,必其志之尚未笃也。从吾游者,不以聪慧警捷为高,而以勤确谦抑为上。"①"勤确"与意志努力相联系。对王阳明来说,在确立志向以后,意志的作用即表现为以坚韧不拔的努力,切实地从事实际活动。从内容上看,意志不仅具有专一的品格,而且有坚毅的维度,后者主要表现为意志努力。与意向更多地在行为发动之前决定其目标不同,意志努力主要作为行为的内在要素影响行为的成败。王阳明将意志努力提到了与志向同等的地位,在他看来,如果真正在行为中做到既专一,又坚毅,那就可以由事而进道:"今时同志中,往往多以仰事俯育为进道之累,此亦只是进道之志不专一,不勇猛耳。若是进道之志果能勇猛专一,则仰事俯育之事,莫非进道之资。"②专一是指志的定向,勇猛则指意志努力,在这里,志有定向与行为的坚毅性构成了进道的两个环节,而意志正是通过二者对主体行为进行了双重调节。王阳明对意志作用的这种论述,无疑包含着合理的因素。

　　志在广义上属于主体意识,而主体意识除了志之外,还包括知(理智)。这样,要对志的性质与作用作出比较完整的规定,就不仅要了解意志与行为的关系,而且必须考察志(意志)与知(理智)的关系。根据王阳明的观点,志与知并不是彼此对立的,它们具有内在的关联,后者首先表现为知不离志:"善念发而知之,而充之;恶念发而知之,而遏之。知与充与遏者,志也。"③知在这里即是指对善恶的分辨,

---

①　《教条示龙场诸生》,《全书》卷二十六。
②　《答周冲书》(五),《中国哲学》第一辑,北京:生活·读书·新知三联书店,1979年,第321页。
③　《传习录上》,《全书》卷一。

它属于理性的功能;充与遏则是坚定地行善止恶,二者基本上与意志相关,王氏将知与充、遏均称为志,旨在强调从分辨善恶到为善去恶,都渗透着意志的作用。从理论上说,意志确实不仅制约着主体的行为,而且对认知活动具有不可忽视的影响。从致思方向的确立,到排除思维活动中的各种阻力,都在不同程度上要借助于意志的力量。正是在这个意义上,黑格尔说:"人不可能没有意志而进行理论的活动或思维。"①王阳明的志贯串于知之说在某种程度上注意到志与知的上述关系,这一观点后来在刘宗周那里得到了进一步的发挥。

志作为影响行为与认识活动的能动意识,本身必须端正,志如不正,则势必导致不良的行为后果:"夫志犹种也,学问思辩而笃行之,是耕耨灌溉以求于有秋也,志之弗端,是莨莠也。"②王氏所说的端,主要是指合乎正统的规范,这种具体要求当然有其历史性。不过,他肯定志的端正直接影响行为的后果,却并非毫无所见。那么,如何保证志向的端正?在解决这一问题时,王氏转而考察了知志关系的另一面——知对志的规范作用:"既知至善之在吾心而不假于外求,则志有定向,而无支离决裂、错杂纷纭之患矣。"③至善即天赋良知,所谓知至善则志有定向,是指一旦自觉地意识到心中至善的天赋良知,即能使志归于专一而端正。在这里,对天赋之至善的体认,构成了确立端正的志向的前提。从某些方面看,王阳明的这一观点与陆九渊有相近之处。陆九渊在分析志智关系时,曾提出了有智而后有志说:"志个甚底?须是有智识,然后有志愿。"④不过,陆氏的基本倾向是突出

---

① [德]黑格尔:《法哲学原理》,范扬、张企泰译,北京:商务印书馆,1982年,第13页。

② 《赠郭善甫归省序》,《全书》卷七。

③ 《大学问》,《全书》卷二十六。

④ 《语录下》,《象山先生全集》卷三十五。

吾心,而智则往往被销融于吾心之中。在他那里,所谓有智而后有志,无非是以吾心"自作主宰"的逻辑引申。与陆九渊不同,王阳明把知制约志与穷理联系起来:"学者徒知不可不弘毅,不知穷理,而惟扩而大之以为弘,作而强之以为毅。是亦出于一时意气之私,其去仁道尚远也。"①这里的理即是必然与当然的统一,穷理亦即把握必然之理与当然之则,"扩而大之"、"作而强之"则是意志力量的具体化。质言之,意志的力量如果不建立在对理的认识之上,则将转化为意气之私。一般说来,意志的定向与努力不能仅仅出于主体的欲望,它必须以对必然之理的认识为依据,只有在这种理性认识的支配下,意志才能获得自觉的、合理的性质。用黑格尔的话来说,"意志只有作为能思维的理智,才是真实的、自由的意志"②。一旦撇开了理智的规范作用,意向与意志的坚毅性就会变成一种盲目的意志冲动。王阳明肯定志之定向及努力要以"知"与"穷理"为前提,基本上对志知关系作了理性主义的解决。但是,王氏所说的理,主要是指内在于主体意识的天赋之理;所谓穷理,则无非是返归这种内在之理,这就决定了王阳明对志知关系的看法,在总体上没有摆脱先验论之域。

知作为与理相联系的理性认识,带有普遍性的品格,志则更多地与个体的自主性相联系。不难看出,在王阳明那里,志智之辩在逻辑上与心体(良知)的二重性有着内在的联系:普遍的理智导源于良知的普遍内容(内在之理);志的自主性则与心(良知)的主体形式相应。不妨说,心(良知)的二重性构成了志知之辩的出发点,而后者又使前者获得了更具体的规定。正是通过肯定理智与意志的统一,王阳明将心(良知)的二重性进一步展开了。

---

① 《答王虎谷》,《全书》卷四。
② [德]黑格尔:《法哲学原理》,第31页。

## 四、当行则行以求自慊

意志不仅具有专一与坚毅的品格,而且与主体的内在意愿相联系:"从心所欲不逾矩,只是志到熟处。"①所谓"从心所欲",即是出于内在意愿。王阳明以"志到熟处"作为达到"从心所欲"的条件,也就是把出于内在意愿看作是意志功能的具体体现。与此相应,肯定意志的作用,即不能不同时承认主体能够按内在意愿对行为加以自主的选择。

王阳明认为,以普遍之理为内容的良知,既是主体必须自觉遵循的内在规范,又是主体对行为进行自愿选择的依据:"心得其宜之谓义,能致良知,则心得其宜矣,故集义亦只是致良知。君子之酬酢万变,当行则行,当止则止,当生则生,当死则死,斟酌调停,无非是致其良知以求自慊而已。"②"宜"即应当,它与一般的规范、准则相联系,"当行则行,当止则止",亦即在把握当然之则(心得其宜)以后,自觉地以此规范自己的行为;"自慊"则是由于行为合乎主体内在意愿而产生的一种愉悦感和满足感,这种愉悦感又称自快:"君子之学,求尽吾心焉尔。故其事亲也,求尽吾心之孝而非以为孝也;事君也,求尽吾心之忠而非以为忠也……心尽而后吾之心始自以为快也。"③此处之自快吾心,是指出于自愿;以为孝、以为忠,则是仅仅以其种抽象的道德律令(如忠孝)为依据。王氏以前者否定后者,也就是强调行为应当出于内在意愿,而不应仅仅是被迫地履行某种道德律。如果说,"当行则行,当止则止"主要肯定了自觉的原则,那么,"求自慊"、自快

---

① 《传习录上》,《全书》卷一。
② 《传习录中》,《全书》卷二。
③ 《题梦槎奇游诗卷》,《全书》卷二十四。

吾心则突出了自愿的原则。

王阳明以如何对待善恶为例,对自愿原则作了具体阐述:"但得好善如好好色,恶恶如恶恶臭,便是圣人。"①即趋善当如悦美色,弃恶则当如憎恶臭。而好好色、恶恶臭的特点,即是"发于真心"。"人于寻常好恶,或亦有不真切处,惟是好好色,恶恶臭,则皆是发于真心,自求快足,曾无纤假者。"②真心是内在的真实意愿,出于真心,亦即既无虚假之意,又无勉强之感。这种把内在意愿与真心联系起来的看法,注意到了自愿原则的基本要求之一,即在于不发违心之论,不做违心之事。按王阳明之见,要达到言行完全出于真心,即必须承认心具有自主性。王氏通过比较告子与孟子对心的不同看法,对此作了分析:"此心自然……若告子只要此心不动,便是把捉此心,将他生生不息之根,反阻挠了,此非徒无益,而又害之。孟子集义工夫,自是养得充满,并无馁歉,自是纵横自在,活泼泼地。"③"把捉此心"亦即人为的强制,而强制的结果则是扼杀主体的真心。只有按内在的意愿而自主地行事,才能达到合乎真心的"活泼泼地"的境界。王阳明认为告子持前一主张,而孟子主后说,当然未必确切,但重要的是,王氏在这里肯定了自愿与自主的联系,从而对自愿原则作了更深入的规定。从理论上看,自愿总是以自主为前提的,当主体完全为外在的规范所强制时,并无自愿可言。进而言之,自愿甚至往往直接以自主选择的形式表现出来:出于真心常常同时也就是出于自主选择。就这方面而言,自主性构成了自愿原则的更本质的内容。王阳明反对"把捉此心",要求使此心"纵横自在",其意义亦在于多少看到了这一点。

---

① 《传习录下》,《全书》卷三。
② 《与黄勉之二》,《全书》卷五。
③ 《传习录下》,《全书》卷三。

自愿原则贯彻在教育上,便表现为根据学生的身心特点,顺导其志意,而外在的强制则恰恰意味着压抑主体的能动性。只有尊重教育对象的内在意愿,充分调动其积极性,才能使之日有所进。在王氏看来,自愿原则不仅适用于学童的教育,而且在一般的道德教育上也具有普遍意义。《传习录下》记载:"王汝中,省曾侍坐。先生握扇,命曰:'你们用扇。'省曾起对曰:'不敢!'先生曰:'圣人之学,不是这等捆缚苦楚的,不是妆做道学的模样。'""圣人教人不是个束缚他通做一般,只如狂者便从狂处成就他,狷者便从狷处成就他。人之才气如何同得?"①捆缚是指违背主体意愿的生硬方式,对狂者与狷者分别成就之,则是反对人为地泯灭对象的各自特点。当然,对主体不横加束缚,并不意味着容许偏离普遍的规范,而是强调对主体的观念不能从外部强行加以禁绝:"纷杂思虑,亦强禁绝不得,只就思虑萌动处省察克治,到天理精明后,有个物各付物的意思,自然静专,无纷杂之念。"②"省察克治"即自身的涵养。在这里,王氏把内在的道德涵养与强制性禁绝区分开来,肯定在道德教育中应当启发主体以内在的涵养去克服非道德的杂念,而这种省察克治的涵养,既表现为理性的自觉("天理精明"),又不违背主体的意愿("物各付物")。这些看法从道德教育与德性培养的角度,对自觉原则与自愿原则的统一作了进一步的论证。

从哲学史上看,先秦儒家已在一定程度上注意到了自觉与自愿的一致性。如孟子一方面要求"君子深造之以道"③"学者亦必以规矩"④,亦即肯定主体必须自觉地把握道(普遍的规范),并按道而行;

---

① 《传习录下》,《全书》卷三。
② 《与滁阳诸生书并问答语》,《全书》卷二十六。
③ 《孟子·离娄下》。
④ 《孟子·告子上》。

另一方面又承认主体可以对自己的行为加以自主选择:"自暴者,不可与有言也;自弃者,不可与有为也。言非礼义,谓之自暴也;吾身不能居仁由义,谓之自弃也。"①在"暴"与"弃"之前冠以"自",即是强调暴弃与否皆出于主体的自我选择。荀子也认为,心具有自主性:"心者,形之君也,而神明之主也,出令而无所受令。自禁也,自使也,自夺也,自取也,自行也,自止也。"②这里包含着意志具有自我决定的能力之意,但荀子同时又指出,意志自择必须以道为准则:"道者,古今之正权也。离道而内自择,则不知祸福之所托。"③以道为自择之正权,也就是以自觉的理性认识为意志之自主选择的前提。不难看出,荀子在这里力图把理智与意志、自觉与自愿统一起来。不过,就总的倾向而言,先秦儒家更强调理智对意志的支配性,他们往往把意志力量作为实现理性目标的手段。如孟子即主要从培养理想人格的角度,突出了"苦其心志,劳其筋骨"这类意志磨炼的作用,这就或多或少使自愿原则居于从属的地位。

由朱熹集大成的正统理学对先秦儒家注重自觉原则的特点作了片面的发展。前一章已指出,朱熹把理归结为超然于主体之上的主宰,而这种超验的主宰又是作为"天之所命"而支配主体的行为,这里的主要倾向是以天理的外在强制限定主体对行为的自主选择。正是从这种观点出发,朱熹对主体意愿采取了虚无主义的态度:"人须是穷理,见得这个道理合当用恁地,我自不得不恁地。""譬之今人被些子灯花落手,便须说痛,到灼艾时,因甚不以为苦?缘他知得自家病合用灼艾,出于情愿,自不以为痛也。"④穷理在这里是指把握当然之

①　《孟子·离娄上》。
②　《荀子·解蔽》。
③　同上。
④　《语类》卷二十二。

则;"出于自愿"则是自愿选择,朱熹认为"知道了合当如此",同时也就是"出于情愿",并据此要求人们"有乐苦之心"①,这就在某种程度上将自愿原则消融于自觉原则之中。

王阳明关于意志与理智、自愿与自觉的关系的看法,在一定意义上渊源于先秦儒家。值得注意的是,王氏在肯定自觉与自愿相互统一的前提下,从不同侧面对道德行为与主体意愿的关系作了更细致的考察,这就使在先秦儒家中尚未展开的自愿原则获得了较为具体的规定。一般说来,道德行为总是具有二重性,它既以理性认识为依据,因而是自觉的,又必须出于主体的自主选择,因而是自愿的。黑格尔曾指出:"作为生物,人是可以被强制的,即他的身体和他的外在方面都可被置于他人暴力之下;但是他的自由意志是绝对不可能被强制的。"②承认主体的这种自由(自主)意志,是进行道德评价的基本前提:只有当主体的行为不是受制于外在的强制,而是出于自由选择时,才能对该行为作出善或恶的判断。否认意志的自由选择功能,则容易导向道德宿命论。事实上,在正统理学那里,确实表现出浓厚的宿命论色彩。他们一再强调"君臣父子,天下之定理,无所逃于天地间"③,无非是要求人们自觉地屈服于天命。从另一方面看,自主性又与主体的内在意愿相联系,无视意志的自主性,必然导致压抑主体的内在意愿,而后者则直接表现为对个人的否定。马克思曾尖锐地指出了这一点:"对于个人愿望的软弱就会变成对于这些个人本质的残酷,变成对于体现在伦理关系中的个人的伦理理性的残酷。"④在正统理学那种"饿死事极小,失节事极大"的冷酷训令中,我们即可看到

① 《答张钦夫》,《朱文公文集》卷二十四。
② [德]黑格尔:《法哲学原理》,第 96 页。
③ 《二程集》第 1 册,上海:中华书局,1931 年,第 77 页。
④ 《马克思恩格斯全集》第 1 卷,北京:人民出版社,1956 年,第 185 页。

对个人的这种残酷。王阳明当然并没有摆脱理学家的立场,在要求人们服从普遍天理这一点上,他与程朱并无分歧。不过,与把心(良知)视为普遍之理与个体意识的统一相联系,王氏在强调主体必须遵循普遍天理的同时,又多少注意到个体具有自主性的特点,并肯定在道德践履与道德教育中都应当尊重个体的内在意愿,从而在一定程度上克服了正统理学忽视自愿原则的偏向。

五、"成己"与"无我"

肯定道德行为必须出于主体的内在意愿,意味着确认个体具有独立的人格;个体的独立人格又往往相对于社会整体而言,由此自然发生了"己"与社会(他人、群体,及以"国"等形式表现出来的整体)的关系问题。

王阳明把豪杰之士视为独立人格的化身:"非夫豪杰之士,无所待而兴起者,吾谁与望乎?"①"自非豪杰,鲜有卓然不变者。"②所谓"无所待",意即在自我的修养中空所依傍;"卓然不变",则是指保持个人的操守,不为世俗所移。这种无所待的豪杰带有狂者气象,故又称狂者:"狂者志存古人,一切纷嚣俗染,举不足以累其心,真有凤凰翔于千仞之意,一克念即圣人矣。"③"凤凰翔于千仞",是对无所待的形象描绘,王阳明以此作为成圣(达到理想人格)的前提,这就进一步突出了独立人格的意义。不难看出,王阳明推重豪杰(狂者)精神,旨在强调个人应当在"纷嚣俗染"的社会环境中卓然而立,它包含有个人不能沉沦于世俗而泯灭自我之意。当然,王氏所向往的"翔于千

---

① 《传习录中》,《全书》卷二。
② 《与辰中诸生》,《全书》卷四。
③ 转引自《年谱三》,《全书》卷三十四。

切",主要是一种道德目标,其具体内容无非是个人在道德上自洁其身,超拔于世。正是基于这一看法,王阳明把良知作为达到狂者(豪杰)境界的内在根据:"我今信得这良知真是真非,信手行去,更不着些覆藏。我今才做得个狂者的胸次,使天下之人都说我行不掩言也。"①良知就其以天理为内容而言,在本质上体现了普遍的道德理想,以良知为狂者(豪杰)自主性之依据,即相应地意味着将无所待而立的狂者(豪杰)精神理解为合乎普遍道德理想的独立人格。

与要求个体的无所待而兴相联系,王阳明提出了"为己"说:"今之学者须先有笃实为己之心,然后可以论学,不然则纷纭口耳讲说,徒足以为为人之资而已。"②为己即是以主体自身为出发点,为人则是把主体降低为他人的附庸,王氏以为己否定为人,表现了对自我的确认与重视。在王阳明看来,"为己"的最终目标即是"成己":"须有为己之心,方能克己,能克己,方能成己。"③"成己"是指主体的自我造就,"克己"则是自我抑制。王氏以"成己"为目的,并把"克己"理解为成己的手段,实质上包含着如下思想:道德修养不应当被片面地归结为对主体(己)的否定,而应把它看作是自我肯定(成己)的过程。从伦理学上看,道德践履与道德修养的过程当然离不开克己,但主体进行自我磨炼归根到底是为了达到理想的"我"(成为有德性的我),如果把克己本身夸大为目的,则势必把德性培养视为自我否定的消极过程,从而使人的独立人格难以落实。就此而言,王阳明的"为己"、"成己"说,并非毫无可取之处。

然而,如上所述,王阳明所说的"己",主要是道德修养的主体,而

---

① 《传习录下》,《全书》卷三。
② 《与汪节夫书》,《全书》卷二十七。
③ 《传习录上》,《全书》卷一。

不是具有特殊的物质需要和利益的个体。与此相应,他所说的为己、成己,基本是指道德上的自我肯定,而不是承认个人追求及实现自身利益的正当性。在重义轻利这一点上,王阳明与正统理学并无二致:"仁人者,正其谊不谋其利,明其道不计其功。"①"谊"即义,就义利观而言,以义排斥利具有片面突出动机的非功利主义性质,就个体与整体的关系而言,把普遍之义放在个体利益之上,即意味着强化个体所承担的普遍的社会责任。事实上,当王氏以良知作为主体"无所待"的内在根据时,即已为上述思想埋下了伏线:良知既内在于个体,又以普遍天理为内容,故以良知为成己的前提,本身即包含着对个体所负的社会责任的肯定。正是基于这一看法,王阳明在把豪杰之士视为独立人格的化身的同时,又把他们规定为自觉意识到社会责任的主体:"故居今之世,非有豪杰独立之士,的见性分之不容已,毅然以圣贤之道自任者,莫之从而求师也。"②圣贤之道即普遍之理,以圣贤之道自任,也就是自觉地履行普遍之理所规定的社会责任。在王氏看来,佛老的错误,就在于仅仅"自私其身",而完全忽视了主体的社会责任,这一缺陷决定了其道只能是以一己之身为虑的小道③。对佛老的这种批评,实际上从反面论证了成己与自任圣贤之道的统一。

由强调个人的社会责任,王阳明进而提出了万物一体论:"夫圣人之心,以天地万物为一体,其视天下之人,无外内远近,凡有血气,皆其昆弟赤子之亲,莫不欲安全而教养之,以遂其万物一体之念。"④这里的个人不仅仅是指圣人,而且兼指包括"小人"在内的一般个体:"大人者,以天地万物为一体者也,其视天下犹一家,中国犹一人焉。

① 《与黄诚甫》,《全书》卷四。
② 《答储柴墟》(二),《全书》卷二十一。
③ 参见《年谱三》,《全书》卷三十四。
④ 《传习录中》,《全书》卷二。

若夫间形骸而分尔我者,小人矣。""岂惟大人? 虽小人之心亦莫不然,彼顾自小之耳。"①按王氏之见,个人与社会整体的这种统一,是以个人履行其社会责任为条件的。主体只有通过旨在"安全教养"外内远近之人的道德践履,才能"遂其万物一体之念"。这种反对把个人与社会隔绝开来的看法,在某些方面不自觉地接触到了主体的社会属性。但王氏同时又认为,个人与社会的一体,是以天赋之仁为前提的:"大人之能以天地万物为一体也,非意之也,其心之仁本若是,其与天地万物而为一也。""其一体之仁也,虽小人之心亦必有之,是乃根于天命之性而自然灵昭不昧者也,是故谓之'明德'。"②这种看法似乎把人际关系视为天赋观念的产物,而忽视了个人与社会的联系乃是以现实的社会关系(首先是经济关系)为基础的。与此相应,在王氏那里,作为个体与社会统一的"万物一体",基本上也是一个缺乏具体社会历史规定的抽象概念:它既未反映现实的社会关系,又完全离开了具体的历史过程,这种抽象的"万物一体"多少呈现为思辨哲学的虚构。

不过,在抽象的形式之下,毕竟又掩藏着真实的内容,一旦涉及具体的关系,则思辨形式背后的内容即开始显露出来:"夫人臣之事君也,杀其身而苟利于国,灭其族而有裨于上,皆甘心焉,岂以侥幸之私,毁誉之末而足以挠乱其志者。"③此处之"国",主要即是整体利益的体现者,而"君"则不外是这种整体利益的最高代表。在这里,个人与社会整体的关系具体即表现为个人与"君"所代表的超验整体的关系,而个人对社会的责任,则相应地被等同于对这种抽象整体的绝对

---

① 《大学问》,《全书》卷二十六。
② 同上。
③ 《奏报田州思恩平复疏》,《全书》卷十四。

服从：为了"利于国"、"裨于上"，个人必须无条件地抛弃一切，即使杀身灭族亦应毫无所憾。基于这一看法，王阳明进而提出了无我论："人心本是天然之理，精精明明，无纤介染着，只是一无我而已……古先圣人许多好处，也只是无我而已。"①所谓无我，即是消除个人关于自身利益的所谓"私"念，自觉地顺从超验的整体，它在逻辑上将引向消解具体的个体。至此，我们看到，道德修养中的"成己"，最终依然是为了达到个人与抽象整体关系上的"无我"。在个人与整体的关系上，王阳明似乎并没有完全摆脱整体主义的思维趋向。从理论上说，这种整体主义完全不了解，整体（社会）并不是抽象的实体，而是表现为人与人之间的现实联系（其中最基本的是经济关系），而这种联系的细胞则是个人。马克思说："因为人的本质是人的真正的社会联系，所以人在积极实现自己本质的过程中创造、生产人的社会联系、社会本质。而社会本质不是一种同单个人相对立的抽象的、一般的力量，而是每个单个人的本质，是他自己的活动，他自己的生活……是个人在积极实现其存在时的直接产物。"②正由于表现为社会联系的整体并不是一种与个人相对立的超验力量，而是通过无数个人的具体的历史活动而"创造"出来的，因而整体（社会）不应敌视个人，而应充分地尊重与考虑个人的需要与利益。整体主义的错误就在于片面地把个人归结为整体的工具，无视个人的特殊需要和利益，从而在实质上以整体消解了个体。王阳明的"无我"论，也多少表现了这一倾向。

总起来看，在王阳明以前，由朱熹集大成的正统理学片面突出了

① 《传习录下》，《全书》卷三。

② ［德］马克思：《詹姆士·穆勒〈政治经济学原理〉一书摘要》，《1844 年经济学—哲学手稿》，中共中央马克思恩格斯列宁斯大林著作编译局译，北京：人民出版社，1985 年，第 159—160 页。

普遍性原则,并由此赋予理以超验的性质,这不仅导致了世界的二重化,而且把理归结为与主体对峙的外在强制。陆九渊则在抽象合一的形式下,以吾心消融普遍之理,从而表现出非理性主义(直觉主义)与唯我论的倾向。王阳明通过赋予心(良知)以双重规定而在一定程度上肯定了个体性与普遍性的统一,并以此作为解决心物之辩、认识论及伦理学诸关系的基本原则。正是从心(良知)的二重规定出发,王阳明一方面注意到了个体在判断是非善恶中的能动性以及意志的专一、坚毅与自主性在行为中的作用,肯定了豪杰(狂者)的独立人格,并主张以"成己"为道德修养的目标;另一方面又强调以普遍的天理规范主体的思维、意向活动,并提出了"无我"的整体主义原则。当然,作为理学家,王阳明在总体上更注重普遍性的原则。王氏以普遍之天理作为心体(良知)的内容,一开始即已蕴含了这一倾向,而"无我"的整体主义原则则把这一点充分展开并明朗化了。就此而言,王阳明对个体性与普遍性的关系的解决仍然有其历史的局限性。

心体(良知)二重性的展开尽管以思辨的推绎为形式,但同时又折射了社会历史的深刻变化。如前章所述,明代中叶,随着商品经济的逐渐发展,不仅手工业与农业中的人身依附关系进一步松弛,而且具有一定人身自由的雇佣劳动者开始出现。这种新的社会历史现象的产生与社会力量的崛起,客观上使如何调节个体与整体的关系这一问题突出起来。王阳明当然不可能自觉意识到历史发展的这一新的特点,但他注目于普遍之天理与个体的意愿、个人与整体等关系,并力图在普遍之理与整体主义的基础上把二者统一起来,却又不自觉地反映了时代的状况与要求。

王阳明对良知所作的双重规定以及对这二重规定的引申与展开,在理论上引发了王门后学对意志与理智、个体与整体等关系的讨论。如果说,泰州学派主要在志(意)知之辩上发挥了个体性原则,那么李贽则更多地从个体与整体的关系上突出了个人的价值,而刘宗周与黄宗羲则分别从不同角度对个体性与普遍性的统一作了新的肯定。

## 第二节　致良知:先天良知与致知过程之辩

王阳明把吾心(个体意识)与普遍之理融合为一,旨在将天理的外在强制转化为良知的内在制约,而良知对主体的观念和行为的制约,又必须以主体对良知本身的自觉意识为条件。离开了后者,良知的是非准则、普遍规范等功能和作用即无从实现。这样,如何致其良知,就成为王阳明不能不进一步加以考察的问题。

### 一、从本然之知到明觉之知

良知作为天理与吾心的合一,表现为先验之知:"盖良知之在人心……先天而天不违。"①这种看法大致上承孟子的良知"不虑而知"之说。不过,在孟子那里,不虑而知意味着主体无须体认即可达到爱亲敬兄的道德意识:"人之所不学而能者,其良能也;所不虑而知者,其良知也。孩提之童,无不知爱其亲者,及其长也,无不知敬其兄也。"②与此不同,王阳明认为,良知虽然天赋于人心,但它最初具有本然的性质:"凡人之为不善者,虽至于逆理乱常之极,其本心之良知亦未有不自知者,但不能致其本然之良知。"③所谓自知,是指良知中本来自有之知;"本然"则是指自在。这里包含如下涵义:良知中本来自

① 《传习录中》,《全书》卷二。
② 《孟子·尽心上》。
③ 《与陆清伯书》,《全书》卷二十七。

有善恶之知,但这种天赋之知一开始只处于自在(本然)的状态,而并未为主体所自觉意识,正由于先天良知在未致之前尚未转化为自觉之知,故主体虽赋有此知,而仍不免为恶。只有通过后天的致知工夫,才能由暗而明:"昏暗之士,果能随事随物精察此心之天理,以致其本然之良知,则虽愚必明。"①在此处,王阳明实际上对良知的形成(天之所赋)与达到(自觉的把握)作了区分:良知虽由天赋而成,但对它的自觉把握又必须借助后天的致知活动。王氏把这种关系比作植物之根与人工培植的关系:"心,其根也,学也者,其培壅之者也,灌溉之者也,扶植而删锄之者也,无非有事于根焉耳矣。"②心即良知,学则是后天致知。根非培植所成,但由根而为参天之树,则又离不开培植。同样,良知作为天植灵根,并不是致知活动的产物,但无致知工夫,则不能由本然达到自觉。明清之际的孙奇逢曾指出:"阳明良知之说,着力在致字。"③这一评语显然并非虚发。可以说,王阳明正是通过将先天良知与后天之致联系起来而把孟子的良知说发展为致良知说④。

王阳明的上述看法在某些方面类似莱布尼茨的天赋观念论。莱布尼茨在认识论上是先验论者,但他同时又认为:"观念和真理就作为倾向、禀赋、习性或自然的潜能天赋在我们心中,而不是作为现实天赋在我们心中的。"⑤此处之真理、观念,与王阳明所说的良知在内

---

① 《传习录中》,《全书》卷二。
② 《紫阳书院集序》,《全书》卷七。
③ 《语录》,《夏峰先生集》卷十三。
④ 需要指出的是,孟子除良知说之外还提出了"扩充说"(即把先天的恻隐之心等扩而充之,参见《孟子·公孙丑上》)。不过,孟子所说的扩充,主要表现为一种量变过程(如由爱亲扩及敬兄等),这与王阳明把致良知理解为由本然到明觉的上升过程,略相异趣。
⑤ [德]莱布尼茨:《人类理智新论》,陈修斋译,北京:商务印书馆,1982年,第7页。

涵上固然并不完全相同(前者包括广义的科学知识,后者则主要指道德本体),但其中的潜在,则接近于王阳明所理解的"本然"(自在),二者的共同特点是强调赋有先天之知并不等于一开始已现成地把握了这种先天之知。在莱布尼茨看来,潜在观念转化为现实的知识,必须以感觉经验的诱发和理性思考为条件;这与王阳明"随事随物精察此心之天理"的主张亦有相通之处。这种观点在性质上当然并未超出先验论,但通过潜在与现实、本然(自在)与自觉的区分,它毕竟又在先验论的形式下肯定并论证了后天致知活动的必要性。

在肯定天赋良知只有通过后天的致知才能达到的同时,王阳明又强调,致知工夫的展开本身必须以良知为前提:"舍吾心之良知,亦将何所致其体察?"①所谓体察,既是指感知,又是指理性的思维。在王氏看来,若无良知,则感知与思维活动皆无从发生:"盖吾之耳而非良知则不能以听矣,又何有于聪? 目而非良知则不能以视矣,又何有于明? 心而非良知则不能以思与觉矣,又何有于睿知?"②这里的良知,主要即是以"心之条理"为内容的意识结构。概言之,良知虽然一开始并未为主体所自觉把握,但它却作为本然的意识结构而制约着主体的体认、省思,并构成了后者所以可能的先天条件。

王阳明对先天良知结构在感知与思维中的作用作了如下的具体考察:"常知常存常主于理,即不睹不闻,无思无为之谓也。不睹不闻,无思无为非槁木死灰之谓也,睹闻思为一于理,而未尝有所睹闻思为,即是动而未尝动也。"③这里的理,是指良知所包含的普遍内容,

---

① 《传习录中》,《全书》卷二。
② 《答南元善》,《全书》卷六。
③ 《传习录中》,《全书》卷二。

它既有一般的当然之则之意,又是指"心之条理"。从致知的角度看,所谓"一于理"即是指感知(睹闻)思维活动都必须合乎"心之条理";"未尝有所睹闻思为",则是相对于"私意安排"而言,它侧重于指出受"心之条理"规范的睹闻思为与"私意安排"的思为之区别。关于这种区别,王阳明在另一处作了更明确的阐述:"故良知即是天理。思是良知之发用。若是良知发用之思,则所思莫非天理矣。良知发用之思,自然明白简易,良知亦自能知得。若是私意安排之思,自是纷纭劳扰。"①"私意安排",亦即对良知所包含的"心之条理"的偏离,"纷纭劳扰",则是由此而导致的思维混乱(包括逻辑上的混乱)。在这里,良知作为本然的"心之条理"而对思为起着自发的调节作用:如果合乎"心之条理"(良知),则对道德本体的体察省思即带有逻辑性与清晰性("明白简易"),一旦与"心之条理"相悖,则理性体认将陷于混乱("纷纭劳扰")。王氏的这一看法已注意到主体的省思活动总是在双重意义上处于普遍之理(思维规律)的支配之下(循乎理则明,反之则扰),这种支配作用往往具有必然的、强制的性质:不管主体是否自觉地意识到,他的一切思维活动都永远不可能摆脱这种制约。但是,王阳明把作为正确思维之必要前提的必然之理(思维规律)归结为天赋良知中包含的心之条理,则是一种先验论的偏见。

除了以"心之条理"规范思维之外,良知还赋予致知活动以统一性,这种作用,王阳明称之为主一:"好色则一心在好色上,好货则一心在好货上,可以为主一乎?是所谓逐物,而非主一也。主一是专主一个天理。"②天理即良知的普遍内容,逐物是指漫无目标地随物而迁,"主一"则是始终以良知(天理)作为追求的目标,并把致

---

① 《传习录中》,《全书》卷二。
② 《传习录上》,《全书》卷一。

知活动的各个方面全部置于这一总的目标之下："君子之学也,于酬酢变化、语默动静之间,而求尽其条理节目焉,非他也,求尽吾心之天理焉耳矣。"①概言之,良知虽然一开始并未为主体所自觉把握,但它却作为致知活动的既定目标而范导着整个致知过程。正是这一目标,把考察具体条理节目的各个认知环节联系起来。在王氏看来,一旦离开了先验之知的这种范导作用,就不可避免地将陷于支离决裂:"后之言学者,舍心而外求,是以支离决裂,愈难而愈远。"②所谓"支离"亦即停留于各个枝节的方面,而未能进而将它们综合起来。在这里,吾心之良知成为达到统一的观念体系的逻辑前提。

王阳明将良知作为致知活动的先天条件,认为致知过程必须以本然的意识结构为起点,这当然是一种先验论的观点。但是,如果由此作进一步的分析,则可发现,王氏的上述看法并非一无所见。现实的认识运动(包括道德认识)客观上并不能从纯粹的"无"出发,它不仅要以一定的客体为对象,而且必须以主体的认知结构为必要条件。皮亚杰曾从个体认识发生的角度,论证了在高级水平(成人)的认识活动发生以前,主体已经通过行动逻辑的内化而获得了一套认知对象的结构③。如果我们把考察的范围加以扩大,那就可以进一步看到,与行动的逻辑内化为思维的逻辑这一过程相应,作为人类长期实践积淀的逻辑形式与历史地形成的认识成果,通过教育、学习等途径而逐渐内化为个体的认识结构,它使个体不必再重复类所走过的全部道路。行动逻辑转化为思维逻辑与社会地形成的认识成果转化为

---

① 《博约说》,《全书》卷七。

② 《谨斋说》,《全书》卷七。

③ 参见[瑞士]皮亚杰:《发生认识论原理》,王宪钿等译,北京:商务印书馆,1981年。

个体的认知结构,可以看作是一种相互联系的双重内化过程,而在这一过程中形成的认知结构,即成为具体的认识过程(包括道德认识)借以展开的前提。王阳明当然没有,也难以达到上述认识,但他强调良知作为本然的意识结构而制约、范导着致知活动,则似乎又在先验论的形式下,从体察、省思道德本体这一角度不自觉地触及了主体认知结构在致知过程中的作用。这一看法不仅对王门后学产生了积极的影响,如王门中的工夫派即沿着王阳明的以上思路,进一步对认识成果与认识过程的关系作了深入的考察;而且客观上在更广的范围内为尔后的哲学家提供了可资借鉴的思想资料。

二、致知"未有止"

如前所述,作为致知对象,良知并不是静态的本体,而是本质上处于发用流行的过程中。正是良知的这种过程性,决定了致知的过程性:"天道之运,无一息之或停,吾心良知之运,亦无一息之或停。良知即天道,谓之'亦',则犹二之矣。知良知之运无一息之或停者……则知致其良知矣。"①在王阳明看来,良知(天道)之运,不仅在于它与天地万物一体同流,而且表现在它即内在于"史"之中:"以事言谓之史,以道言谓之经。事即道,道即事。《春秋》亦经,《五经》亦史。《易》是包牺氏之史,《书》是尧、舜以下史,《礼》、《乐》是三代史。"②在这里,经、道、良知(心)是同一的。所谓道即事,经亦史,是指与天道为一的良知(心体)即内在于人类历史之中,并展开为一个历史过程。而作为类的人类主体对良知(心之常道)的体认,则凝结于六经之中。这样,王氏即以强调经史(道事)统一的形式,从类的角

① 《惜阴说》,《全书》卷七。
② 《传习录上》,《全书》卷一。

度肯定了致良知表现为一个历史过程。王阳明的这一看法,后来在黄宗羲及黄氏所开创的浙东史学中进一步发展为历史主义的学术史观与治史方法。

就个体而言,其认识能力(智慧)的发展同样表现为一个过程。王阳明说:"为学须有本原,须从本原上用力,渐渐盈科而进。仙家说婴儿,亦善譬。婴儿在母腹时,只是纯气,有何知识?出胎后方始能啼,既而后能笑,又既而后能识认其父母兄弟,又既而能立能行,能持能负,卒乃天下之事,无不可能:皆是精气日足,则筋力日强,聪明日开,不是出胎日便讲求推寻得来。"①质言之,个体的智慧虽然作为天赋的认识能力而存在于先天的本原之中,但只有经过后天"盈科而进"的发育过程,这种能力才能逐渐表现出来。按王氏之见,个体认识能力的这种发育过程,同时也就是主体通过"真实切己"的工夫在不同层面上达到、把握良知的过程:"人若真实切己,用功不已,则于此心天理之精微日见一日。"②王阳明以对"房"的考察为例,对此作了具体论证:"道无精粗,人之所见有精粗。如这一间房,人初进来只见一个大规模;如此处久,便柱壁之类,一一看得明白;再久如柱上有些文藻细细都看出来,然只是一间房。"③质言之,作为良知内容的道,表现为一个统一的整体,它本身并无精粗之分,精粗只是相对于人对道(良知)的体认而言。主体对道的把握,总是由粗而入精,而由粗到精的转化,又具体展开为"初"、"久"、"再久"这样一个不间断的致知过程。由粗入精从另一个侧面看也就是由浅入深:"为学只循而行之是矣……着实用功,便见道无终穷,愈探愈深。"④在这里,致知过程的

---

① 《传习录上》,《全书》卷一。
② 同上。
③ 同上。
④ 同上。

历时性与内容的深化被理解为一个相互联系的过程。质言之，个体认识能力的发展与对良知（道）之体认的深化构成了同一过程的两个方面。天赋能力由潜在而转化为现实，具体即表现为见道（良知）日精，而对良知（道）之愈探愈深，又伴随着潜在本原的展开。尽管王阳明所说的致知无非是对以理（道）为内容的天赋良知的把握，但他联系主体的致知活动考察认识能力的发展，并把致知理解为一个内容不断深化的过程，这种看法并非毫无所见。

致知作为一个过程，又有阶段之分："我辈致知，只是各随分限所及。今日良知见在如此，只随今日所知扩充到底；明日良知又有开悟，便从明日所知扩充到底，如此方是精一工夫。"①所谓"分限所及"，亦即一定阶段所达到的认识水平。王阳明把主体的认识水平具体区分为三个层次，即"夭寿不贰，修身以俟"、"存心事天"、"尽心知天"。三者又分别与致知的三个"阶级"相应："譬之行路，尽心知天者，如年力壮健之人，既能奔走往来于数千百里之间者也；存心事天者，如童稚之年，使之学习步趋于庭除之间者也；夭寿不贰、修身以俟者，如褓抱之孩，方使之扶墙傍壁而渐学起立移步者也。既已能奔走往来于数千里之间者，则不必更使之于庭除之间而学步趋，而步趋于庭除之间自无弗能矣；既已能步趋于庭除之间，则不必更使之扶墙傍壁而学起立移步，而起立移步，自无弗能矣。然学起立移步，便是学步趋庭除之始；学步趋庭除，便是学奔走往来于数千里之基，固非有二事，但其工夫之难易，则相去悬绝矣。心也，性也，天也，一也，故及其知之成功则一；然而三者人品力量自有阶级，不可躐等而能也。"②一方面，致知表现为一个前后相继，由今日到明日的

①　《传习录下》，《全书》卷三。
②　《传习录中》，《全书》卷二。

演进过程；另一方面，在不同的阶段，主体的认识能力、认识水平又有不同的特点，致知过程只能循序而进，不能超越阶段。从认识论上说，过程总是由阶段构成的，认识过程在一定意义上即表现为从低级阶段到高级阶段的依次展开，离开了具体阶段，过程也就成为一种无内容的抽象。就此而言，王阳明肯定过程与阶段的统一，显然有其合理性。

　　致知过程虽不可躐等，但这并不意味着这一过程永远仅仅表现为日积月累。依王氏之见，工夫积累到一定阶段，就会豁然有见："今且只如所论工夫着实做去，时时于良知上理会，久之自当豁然有见。"[1]"豁然有见"，是指致知过程中所达到的飞跃，通过这种飞跃，主体对良知的体认即达到了一种新的境界。不过，王氏同时又认为，"豁然有见"并不是致知过程的终结。只有在有所见的基础上再进一步用功，才能对良知获得更深的认识："功夫愈久，愈觉不同。"[2]致知过程的这种长期性，是由良知内容（理）的无限性决定的："义理无定在、无穷尽……不可以少有所得而遂谓止此也。再言之，十年、二十年、五十年，未有止也。"[3]"这个要妙，再体到深处，日见不同，是无穷尽的。"[4]如果说，"豁然有见"肯定了致知过程的间断性，那么"未有止"、"无穷尽"则突出了致知过程的连续性与无止境性。王阳明这一看法在更深的层面上触及了认识过程的特点。主体认识既包含质的飞跃，同时又具有连续性。这不仅在于飞跃总是在一定积累的基础上实现的，而且表现在飞跃本身又是新的认识阶段的起点，而并未终结认识活动。间断性（飞跃）与连续性的统一，在总体上即表现为循

---

①　《答周冲书》（二），《中国哲学》第一辑，第 320 页。
②　《传习录下》，《全书》卷三。
③　《传习录上》，《全书》卷一。
④　《传习录下》，《全书》卷三。

环往复、不断上升的过程。从王阳明的以上议论中,我们多少可以看到关于这一思想的萌芽。

在王阳明以前,朱熹将超验之理安置于有形有迹的物质世界之上,从而使其整个体系带有封闭的性质,这种封闭性同样表现在其致知说上。朱熹虽然也讲"今日而格一物焉,明日又格一物焉"①,但同时又强调:"一旦豁然贯通焉,则众物之表里精粗无不到,而吾心之全体大用无不明矣。"②所谓"无不明"、"无不到",也就是认为通过顿悟即能穷尽全部真理,这似乎给致知活动规定了一个终点。陆九渊则以"先立乎其大者"为宗旨,认为借助直觉即可直指本心,一了百了,亦即把致知归结为直线式的一次完成的活动。朱陆的共同特点即是未能充分地注意致知的过程性。正是在这方面,王阳明迈出了重要的一步。他的"未有止"与"无穷尽"之说虽然仍以复归天赋良知为目标,因而在本质上并未超出复性说,但王氏强调主体对良知的体认并不能终结于一定阶段所达到的顿悟,而是表现为日益深化的过程,这就不仅否定了陆九渊的一次完成论,而且在一定程度上克服了朱熹未能把豁然贯通与过程联系起来之弊。不妨说,王阳明的致良知说在哲学史上意义之一,便在于它在先验论的前提下,提出了具有辩证性质的致知过程论。王氏的致知过程论对以后的哲学家产生了不可低估的影响,这一点,不仅表现在王门后学的工夫派及后来的黄宗羲那里,而且在王夫之"性日生而日成"论中也不难看到。当然,王夫之的以上命题是建立在"习成而性与成"的基础之上的,它在理论上已扬弃了王阳明过程论的先验论性质。

---

① 《大学或问》卷二。
② 《大学章句·补格物传》。

### 三、知行合一——致知过程的展开①

黄宗羲曾指出：在王阳明的致良知说中，"致字即是行字"②。这一看法是有见地的。如前所述，王阳明认为，天赋良知最初不过是一种本然（自在）之知。如果停留于此，则"虽曰知之，而犹不知"③。只有通过后天的致知活动，主体才能自觉地把握之，这种致知工夫，具体即展开于行（践履）过程之中。王阳明通过对如何致奉养之知的考察，具体阐述了这一思想："知如何而为温清之节，知如何而为奉养之宜者，所谓知也，而未可谓之致知。"④这种未致以前而存在的知，还只是对天赋良知的一种粗知，"若谓粗知温清定省之仪节，而遂谓之能致其知，则凡知君之当仁者皆可谓之能致其仁之知，知臣之当忠者皆可谓之能致其忠之知，则天下孰非致知者邪？"⑤要使这种粗知转化为自觉之知，就必须"实致其功"："知其如何为温清之节，则必实致其温清之功，而后吾之知始至；知其如何而为奉养之宜，则必实致其奉养之力，而后吾之知始至，如是乃可以为致知耳。"⑥由此，王氏进而引出了如下结论："尽天下之学，无有不行而可以言学者……是故，知不行

---

① 人们往往把"致良知"视为继"知行合一"说之后提出的又一观念，而很少考察二者之内在联系。其实，从时间上看，王氏在龙场时期即已萌发了致良知的观念（王氏曾对钱德洪说："吾良知二字，自龙场已后，便已不出此意。"参见钱氏《刻文录叙说》，载《全书》卷首），因而它绝非仅仅是王氏的晚年之论。从内容上看，知行合一说则是致良知说的逻辑展开。在这方面，值得注意的是嵇文甫的如下看法：王阳明"只用一个致良知，也就即知即行了"（嵇文甫：《左派王学》，第9页）这一观点已触及了致良知的内容具体表现为知与行的统一这一事实。

② 《明儒学案》卷八。

③ 《大学问》，《全书》卷二十六。

④ 《传习录中》，《全书》卷二。

⑤ 同上。

⑥ 《书诸阳卷》，《全书》卷八。

之不可以为学,则知不行之不可以为穷理矣;知不行之不可以为穷理,则知知行之合一并进,而不可以分为两节事矣。"①"以是而言,可以知致知之必在于行,而不行之不可以为致知也,明矣。知行合一之体,不益较然矣乎?"②不难看出,王阳明实质上把致良知的过程看作是知与行的合一(统一),而后者的具体内容则表现为天赋良知通过行("实致其功")由本然之粗知上升为自觉之知。知与行的这种动态转化可以概括为如下公式:知(本然的天赋之知)——行——知(自觉意识到的天赋之知)③。

在王阳明看来,知行合一并进的过程,也就是通过格物以达到天赋良知的过程。王阳明曾面对亭前竹子"穷格"了七昼夜,结果不仅毫无所获,而且"劳思致疾"。由此,王氏得出了如下结论:"天下之物本无可格者,其格物之功只在身心上做。"④所谓在身心上做,即是身体力行的践履:"讲之以身心,行著习察,实有诸己者也。"⑤如果"谓格物未尝有行",那就是"未得格物之旨"⑥。在此,格物已被纳入了行的范围。从这一观点出发,王氏对朱熹的格物穷理说提出了异议:"朱子所谓'格物'云者,在即物而穷其理也。即物穷理,是就事事物

---

① 《传习录中》,《全书》卷二。

② 同上。

③ 根据以上分析,我们很难同意杜维明的如下看法:"他(王阳明——引者)的知行合一说的意思是,知与行是同一的,因为二者均植根于先天本体。"(*Neo-Confucian Thought in Action*: *Wang Yang-ming's Youth*(1472—1509), p.172)这一看法仅仅注意到了王阳明的知行说以先天之知为出发点,而完全忽视了王氏将知与行的关系规定为天赋的本然之知通过行而达到自觉之知的过程(顺便指出,这种看法在王学研究者中甚为流行)。

④ 《传习录下》,《全书》卷三。

⑤ 《传习录中》,《全书》卷二。

⑥ 同上。

物上求其所谓定理者也。"①质言之，朱熹把格物仅仅归结为静观印于万物之上的天理，而没有将它理解为主体的践履活动。与朱熹离行而言穷理不同，王阳明强调格物致知与主体活动（行）的统一："若鄙人所谓致知格物者，致吾心之良知于事事物物也。吾心之良知，即所谓天理也。致吾心良知之天理于事事物物，则事事物物皆得其理矣。致吾心之良知者，致知也；事事物物皆得其理者，格物也。"②此处所说的"事事物物"，主要即是日常人伦；致吾心之良知于事事物物，亦即在事亲从兄等道德践履中，将天赋良知运用于日常人伦。通过这种活动，一方面，人伦关系变得合乎普遍规范，普遍的道德理想得到了实现（"事事物物皆得其理"）。正是在这个意义上，王氏又把格物称为正物："格者，正也，正其不正，以归于正之谓也。正其不正者，去恶之谓也；归于正者，为善之谓也。"③另一方面，在为善去恶的践履中，主体开始摆脱了对吾心之良知的粗知状态，而开始达到了对它的自觉意识（"致吾心之良知"④），在这里，主体活动（行）既是良知在事事物物中得到实现的条件，又构成了良知由本然向自觉转化的内在环节。这一看法从格物致知这一侧面，将知与行的动态统一展开了。

基于如上观点，王阳明反对割裂知与行："今人却就将知行分做两件去做，以为必先知了，然后能行。我如今且去讲习讨论做知的工

---

① 《传习录中》，《全书》卷二。

② 同上。

③ 《大学问》，《全书》卷二十六。

④ 唐君毅认为，通过为善去恶使事物得其理是王阳明所理解的致良知的最后一步［The Development of Concept of Moral Mind from Wang Yangming to Wang Chi，Wm. Theodore de Bary（ed.），*Self and Society in Ming Thought*］。这一看法注意到了王阳明肯定致良知与行的联系这一面；但同时，唐氏又认为，在王阳明那里，使物物皆得其理意味着达到一种超乎善恶的境界，这与王氏将物物皆得其理与主体的自觉联系起来的特点，似乎又不尽相合。

夫,待知得真了方去做行的工夫,故遂终身不行,亦遂终身不知。"①这里,王氏通过突出知(本然之知)——行——知(自觉之知)这一总过程中的后两个环节(行——知)而批评了知先行后说:就行——知这两个环节而言,知(自觉到的天赋之知)表现为终点,而行则是达到这一目标的前提;如果把终点当作前提,则势必导致终身不行,而终身不行的结果即是终身不知。当然,王阳明并没有由此进而将行作为总过程的开端。知与行的不可分离性(合一)最终仍是以知为起点的:"知之真切笃实处即是行,行之明觉精察处即是知,知行工夫本不可离。"②不过,就另一个角度而言,这种由本然之知到笃实(行),又由笃实到"明觉"的进展,本身又可以看作是对知行统一过程的更具体的规定。

王阳明以知与行的合一作为解决知行关系的基本论题,并把知与行的这种合一,理解为由知(本然之良知)到行,又由行到知(自觉把握之良知)的双重转化过程。这一看法包含着两个值得注意之点:其一,它在先验论的前提下,肯定了知应当见诸行,而由知到行不仅是指本然之知对行的范导,而且含有知只有借助行才能自我实现之意,通过格物而使事事物物皆得其理,即涉及了这一点;其二,它强调致知必在行,亦即把行视为达到天赋之知的先决条件,这两个方面又统一于动态的过程之中。如果将王阳明的上述观点放在知行学说的历史演变过程中来看,那就可以对其理论意义有更清晰的了解。前文已提及,在王阳明以前,朱熹提出了知先行后说:"夫泛论知行之理,而就一事之中以观之,则知之为先,行之为后,无可疑者。"③他虽

---

① 《传习录上》,《全书》卷一。
② 《传习录中》,《全书》卷二。
③ 《答吴晦叔》,《朱文公文集》卷四十二。

然也讲"知行常相须",但这种相须,主要是在知必须付诸行及行要遵循知这二重意义上说的①。换言之,在朱熹看来,致知活动(明理)可以先于行而完成,而行则是在致知以后出现的另一个独立阶段。这种观点不仅将知与行分隔为两截,而且直接导致了烦琐哲学。相形之下,王阳明在强调行必须从知出发的同时,又以行作为达到良知的前提,显然在理论上前进了一步。如果说,知行动态统一的过程论多少克服了朱熹对知与行的某种割裂,那么,致知必在行则通过突出知行统一过程的后两个环节而在一定程度上纠朱熹离行言知的烦琐哲学偏向。

王阳明的知行观对以后的哲学家也产生了一定的影响,在这些哲学家中不仅有王门后学,而且包括像王夫之这样的王学批判者。王夫之曾批评王阳明"销行入知",但他并未因此全盘否定王氏的知行学说。在肯定"行可兼知"的前提下,王夫之又认为知与行"互相为成":"盖云知行者,致知力行之谓也。唯其为致知力行,故功可得而分;功可得而分,则可立先后之序。可立先后之序,而先后又互相为成,则由知而知所行,由行而行则知之,亦可云并进而有功。"②所谓"相互而成",亦即在行的基础上,把知行关系理解为由行而知,又由知而行的"并进"过程。这种知行并进论一方面否定了王阳明以天赋之知为起点的先验论,另一方面又显然吸取了王阳明把知行统一看作是动态过程的思想。事实上,王阳明即经常以"并进"来说明知与行的动态统一。

如前文一再提及的,王阳明的知行观实质上是其致良知说的逻辑展开:致知过程在总体上即表现为知与行的统一过程。从某种意

---

① 参见本书第一章第二节。
② 《论语·为政》,《读四书大全说》卷四。

义上说,王阳明的致知说已经肯定主体意识必然要经历一个从自在(本然)到自觉(致其良知)的过程,而这一过程在知行说中则进一步被理解为主体意识通过行(践履)而由自发向自觉转化的过程。马克思曾指出:黑格尔的精神现象学及其成果的伟大之处就在于,"黑格尔把人的自我创造看作一个过程"①。这里所说的"自我创造",既是指主体由自在上升为自为,又是指主体意识由自发转化为自觉,而二者又是相互统一的。王阳明所说的致其知(主体意识的自觉),当然有别于黑格尔所理解的自我创造。但是,在把主体意识的自觉看作是一个过程这一点上,却又与黑格尔有相通之处。尤其值得注意的是,王阳明特别将上述过程与主体自身的活动(行)联系起来,这就多少避免了把主体意识的发展过程思辨化。

然而,应当着重指出的是,王阳明的知行说虽然包含着上述值得重视的见解,但其整个理论是以先验论为前提的,这就决定了它在总体上仍存在诸多问题。后者首先表现在,王阳明未能看到行的作用在于揭示客观对象的内在规定或法则,而仅仅把它归结为天赋良知由本然到自觉的中介,由此导致的直接结果即是将知与行的统一安置于知的基础之上。在这一关系中,知既是过程的起点,又构成了过程的终点,而知行过程也相应地表现为从天赋之知出发,又复归于天赋之知②。与始终于知相联系,王氏又把知行合一理解为知行相互包含:"若会得时,只说一个知,已自有行在;只说一个行,已自有知在。"③所谓知中"自有行在",有二重含义:一方面它肯定了作为终点的知(自觉意识到的天赋之知)是借助于行而达到的,因而含有行的

---

① [德]马克思:《1844年经济学—哲学手稿》,第116页。

② 当嵇文甫断言王阳明之知行合一说"始于行,终于行"(嵇文甫:《左派王学》,第10页)时,似乎未能注意到以上事实。

③ 《传习录上》,《全书》卷一。

因素,这可以看作是对知行统一论的引申;另一方面,它又表现出抹煞知与行的本质区别的倾向。正是从后者出发,王氏常常无法避免以知代行之论。如为了根绝人们心中一切不合乎封建道德规范的意识,王阳明曾把"好好色"、"一念发动"也归结为行:"见好色属知,好好色属行。"①"一念发动处,便即是行。"②这种看法多少把行等同于意念活动。就这些方面而言,王阳明的知行合一说,确实又有销行入知的倾向。

## 四、致知过程与成圣(德性培养)过程的融合

就其内容而言,王阳明所说的知,包括一般的道德意识,而他所理解的行,则基本上是道德践履。这样,由行而致知的过程,同时也就表现为通过道德践履而培养德性的过程。

王阳明认为,与天理为一的良知,既是致知活动的出发点与所趋的目标,又是主体达到理想人格的本原:"心之良知是谓圣。圣人之学,惟是致此良知而已。自然而致之者,圣人也;勉然而致之者,贤人也;自蔽自昧而不肯致之者,愚不肖者也。愚不肖者,虽其蔽昧之极,良知又未尝不存也。苟能致之,即与圣人无异矣。此良知所以为圣愚之同具,而人皆可以为尧舜者,以此也。"③尧舜亦即理想人格的化身,而此处之"圣",则是至善的德性,王氏有时直接称良知为至善。按照以上理解,良知作为天赋的至善德性,便构成了达到理想人格的内在根据。一旦致其良知,即同时表明进入了圣人的境界。王阳明心目中的理想人格,当然无非是理学家道德理想的完美体现,他从天

---

① 《传习录上》,《全书》卷一。
② 《传习录下》,《全书》卷三。
③ 《书魏师孟卷》,《全书》卷八。

赋本原去寻找成圣的根据,更表现了先验论的偏见。不过,王氏认为通过致良知即可与圣人无异,这又在某种程度上肯定了主体具有在道德上自我造就之能力。

与区分良知的天赋性和对先天良知的自觉把握相联系,王阳明强调,具备了成圣的先天根据,并不意味着已是现实的圣人。除了天赋德性之外,主体同时还受后天环境的制约,后者往往足以移人:"习俗移人如油渍面,虽贤者不免。"①正是习俗的影响,使人们虽同赋有先天的善根,但最后仍不免有善恶之分:"人生初时,善原是同的,但刚的习于善则为刚善,习于恶则为刚恶,柔的习于善则为柔善,习于恶则为柔恶,便日相远了。"②在王氏看来,天赋的至善德性与后天环境中形成的善恶分别同心之本体与意念相应:"盖心之本体本无不正,自其意念发动而后有不正。故欲正其心者,必就意念之所发而正之。"③所谓意念,既是一时偶发之意向,又是指在应接事物中形成的各种具体观念;"有正有不正",则指这种在后天活动中形成的"意"对至善之本体的一致与偏离。在著名的四句教中,王阳明对心之本体与意之发动的关系作了更简要的概括:"无善无恶是心之体,有善有恶是意之动。"④这两句话,曾引起了王门一些后学的异议,如王畿当时即提出了质疑:"若说心体是无善无恶,意亦是无善无恶的意……若说意有善恶,毕竟心体还有善恶在。"⑤近年一些王学研究者,亦认为王氏此教存在"内在矛盾"。其实,这多少是一种误解。王氏这里所说的"无善无恶",即是无不善,亦即至善。这一点,从王阳明的如

① 《赣州书示四侄正思等》,《全书》卷二十六。
② 《传习录下》,《全书》卷三。
③ 《大学问》,《全书》卷二十六。
④ 《传习录下》,《全书》卷三。
⑤ 同上。

下议论即不难看出:"至善者,心之本体。"①"心之体,则性也,性无不善。"②王氏将至善之心体同时规定为无善无恶,意在强调至善作为成圣的先天根据,具有超越于具体善恶的本性③。从王阳明的整个体系来看,王氏关于心体与意的上述提法不仅在逻辑上并不彼此相悖,而且二者从不同的侧面为其德性培养说提供了统一的理论前提。如果说,肯定主体先天地具有至善的本体,主要为成圣(达到理想人格)的可能性作了先验的论证,那么,认为意之所发有善有恶则实质上着重指出了通过后天的修养以"诚意"的必要性。既然不正(恶)是由意念偏离本无不善的心体(良知)而引起的,那么,欲使成圣由可能变为现实,就不能不致力于诚意。这样,如何成圣的问题自然即归结为如何诚意的问题。

端正意念,返于至善的关键是什么? 王阳明说:"人有习心,不教他在良知上实用为善去恶工夫,只去悬空想个本体,一切事为俱不着实,不过养成一个虚寂。"④所谓"只去悬空想个本体",即是仅仅以反观先天本体为诚意的途径;与这种虚寂的涵养方法相对立的"为善去恶工夫",则是实际的道德践履:"区区格致诚正之说,是就学者本心日用事为间体究践履,实地用功。"⑤依此,则理想人格的培养并不表现为悬空的静思;要使至善的先天本体转化为现实的德性,即必须诉诸实地工夫。王阳明的这一看法与朱熹的道德涵养论有所不同。与

---

① 《传习录下》,《全书》卷三。
② 《大学问》,《全书》卷二十六。
③ 关于这一点,唐君毅曾作了具体解释,可参见"The Development of the Concept of Moral Mind from Wang Yangming to Wang Chi", Wm. Theodore de Bary ( ed. ), *Self and Society in Ming Thought*。
④ 《传习录下》,《全书》卷三。
⑤ 《传习录中》,《全书》卷二。

离行言知相应,朱熹突出的是"穷天理、明人伦",亦即主要把道德涵养与穷理联系起来:"涵养中自有穷理工夫,穷其所养之理;穷理中自有涵养工夫,养其所穷之理。"①而涵养的具体内容即是居敬:"学者工夫,唯在居敬穷理二事,此二事互相发。"②居敬主要是指精神上的畏谨收敛。这样,朱熹虽然肯定了德性培养不能离开理性的自觉,但同时又在一定程度上表现出忽视实际践履在道德修养中的作用的偏向。一般说来,德性的培养固然与道德认识相联系,但它更需要在现实的道德生活中进行自我锻炼,因为道德本质上是实践的,道德认识本身即形成于道德践履之中,道德理想也只有在道德实践中才能转化为现实。一旦把道德修养归结为脱离主体行为的抽象思辨,则理想人格便往往只能存在于可望而不可即的彼岸。王阳明的实地用功说当然旨在要求人们自觉地履行理学家所理解的义务,但它在理论上比朱熹更多地注意到了德性培养与实际践履的联系。这一思想可以看作是"致知必在行"的逻辑引申。

王阳明特别强调,为善去恶的工夫,具体即表现在微近纤曲的日常活动以至所谓俗务中:"举业辞章,俗儒之学也;簿书期会,俗吏之务也……君子之行也,不远于微近纤曲,而盛德存焉,广业著焉。是故诵其诗,读其书,求古圣贤之心,以蓄其德而达诸用,则不远于举业辞章,而可以得古人之学,是远俗也已。公以处之,明以决之,宽以居之,恕以行之,则不远于簿书期会而可以得古人之政,是远俗也。"③不远于微近而存盛德,意即在日用常行中使德性得到升华,这些看法从另一个侧面对道德践履的内容作了规定。道德关系总是存在于社会

---

① 《语类》卷九。
② 同上。
③ 《远俗亭记》,《全书》卷二十三。

生活的各个方面,而每个主体又处于某种既定的社会环境之中。这种环境往往并不是主体能任意选择的。这样,道德实践必然涉及如下二重关系,即环境的不可选择性与行为的可选择性,而主体在道德实践中的能动性恰恰表现为在不可选择的环境中自主地通过日用常行而进行自我修养。王阳明即俗而远俗、不离微近纤曲而盛德存的观点,显然已触及了道德践履的上述特点,它同时又是"由行而成圣"论的具体化。

综合起来,道德修养上的诚意与认识论意义上的格物致知构成了同一致良知过程的两个方面:"区区专说致良知,随时就事上致其良知,便是格物;着实去致良知,便是诚意。"①格物而致其知,是指对天赋良知的自觉,诚意则指通过返归至善而成圣。这样,主体从自在(仅仅具有成圣的根据)到自为(由诚意而成圣)与主体意识从本然到自觉便统一于"就事上"展开的"着实"工夫。这一思想可以看作是对先秦儒家仁知统一说的进一步发挥,它在一定程度上注意到了理性的自觉、德性的升华与后天的践履是一个相互联系的过程。当然,在王阳明那里,对良知的自觉把握同时表现为唤醒天赋之知,而成圣则往往被理解为向先天德性的复归,从而其上述看法在理论上带有某种先验论色彩。

王阳明曾以致良知概括其一生之学:"吾平生讲学,只是致良知三字。"②正如良知的二重性体现并展开于王学的各个方面一样,致良知说也贯串于王学的始终:作为良知双重性之具体化的心物一体论,通过肯定心体(良知)内在于万物流行发用之过程而为致知过程论提供了理论前提,而在道德践履中成圣的看法,则是致知过程论的进一

---

① 《传习录中》,《全书》卷二。
② 《寄正宪男手墨二卷》,《全书》卷二十六。

步引申。在这里,本体论、认识论、伦理学基本上合为一体,而致良知说—致知过程论则构成了其一以贯之的主线。

致良知说把理性的自觉与德性的培养都看作是一个以"行"为中介的"未有止"的过程,从而在一定程度上克服了朱熹与陆九渊的非过程论思想,并对以后的哲学家产生了不可忽视的影响。然而,王阳明的致知过程论以良知的先天预设为其逻辑前提,这就使它难以避免内在的理论张力:一方面,良知作为先验之知,其内容不仅是通过天赋而一次完成的,而且具有终极的性质,后天的致知不能对它作任何损益;另一方面,达到良知(对良知的自觉把握)又必须经历一个"无穷尽"的过程;"致"突出了过程性,而良知的天赋性又排斥了过程①。王阳明通过强调主体对良知的自觉意识的过程性而掩盖了良知本身的封闭性,从而暂时使这一矛盾隐而未彰,但这并没有从根本上解决矛盾。事实上,在先验论的范围内,良知的天赋性(封闭性)与致知的过程性的矛盾是不可能完全解决的。正是先天之知与后天之致(致知过程)的以上张力,从另一个侧面赋予王学以二重性,并最终导致了王门后学的分化。

---

① 冈田武彦认为,王阳明的致良知说已完全达到了本体与工夫的统一(参见 "Wang Chi and the Rise of Existentialism", Wm. Theodore de Bary (ed.), *Self and Society in Ming Thought*, p.123)。这一看法注意到了王阳明之本体(良知)与工夫的联系,但同时又基本上未能触及王阳明致良知说之深层结构所包含的内在矛盾。

# 第三章

# 致良知说的分化

　　致良知说所包含的二重性，一开始就决定了其演变不可能表现为单向的进展。在王门后学中，王畿、泰州学派对先天本体（良知）的性质及作用作了多方面的探究，但同时又将本体等同于现成之知；聂豹、罗洪先等反对以本体为见在，但由此却把先天之知归结为与现实的感应过程相分离的寂然未发之体；欧阳德、钱德洪、陈明水、张元忭、邹守益、尤时熙及明末的东林学者则突出了后天的致知工夫，并从不同侧面对工夫与本体的关系及整个致知过程作了更深入的考察。

## 第一节　从先天本体到现成良知

### 一、王畿论现成良知

首先明确提出现成良知说的是王畿。王畿(1498—1583),字汝中,别号龙溪。嘉靖癸未(1523)受学于王阳明,为王氏及门高足。当时,四方问学于王阳明者甚众,常常先由王畿与钱德洪疏通王学大旨,故有教授师之称。中年以后,讲学于江、浙等地,年八十八,尚周流不倦。其学影响颇广。

#### (一)先天即明觉与本体即工夫

肯定良知禀受于天,构成了王畿现成良知说的出发点。"天之所以与我,我之所以得于天而异于禽兽者,惟有此一点灵明……所谓一点灵明者,良知也。"①这里对良知作了两方面的规定:就内容而言,良知乃是人之所以为人的理性意识(其中主要当然是道德意识);就来源而言,它由天赋而成。这种看法大体上与王阳明一脉相承。不过,在突出良知的天赋性上,王畿比王阳明走得更远:"良知原是无中生有……虚寂原是良知之体,明觉原是良知之用。体用一源,原无先后之分。"②虚寂与先天相应,明觉则指自觉的意识,王畿认为二者无先后之分,意在强调,良知天赋于主体与主体自觉地意识到良知是同步完成的。这种伴随天赋而来的明觉,又称"自然之觉"③。正由于先天与明觉无先后之分,故主体能在现实的活动中触机而发:"不学不虑,乃天所为,自然之良知也。惟其自然之良,不待学虑,故爱亲敬

---

① 《新安斗山书院会语》,《王龙溪先生全集》卷七。以下凡引该书,简称《全集》。
② 《滁阳会语》,《全集》卷二。
③ 《致知议略》,《全集》卷六。

兄,触机而发,神感神应;惟其触机而发,神感神应,然后为不学不虑,自然之良也。"①触机而发,神感神应,是基于对良知的了悟而作出的当下反应,它本身也可以看作是明觉的表现。在此处,天之所为构成了主体明觉的根源,而主体的明觉又反过来证实了良知的天赋性。换言之,主体的明觉完全融合于良知的先天性之中。这些议论与王阳明显然有所不同。前一章已指出,王氏在肯定良知得自于天的同时,又对本然之良知与自觉意识到的良知作了区分,认为天赋良知最初只是一种尚未为主体所把握的本然之知,只有通过后天的致知工夫,才能使之转化为自觉之知。与此相异,在王畿那里,先天与明觉的合一,开始取代了本然与自觉的区分。而这种表现为明觉与本然之合一的良知,也就是所谓现成良知:"至谓世间无有现成良知,非万死工夫断不能生,以此较勘世间虚见附和之辈,未必非对症之药。若必以现在良知与尧舜不同,必待工夫修整而后可得,则未免于矫枉之过。"②根据王畿对现成良知的以上规定,我们很难同意如下看法:现成良知说的特点在于取消了王阳明的"本体良知"③。因为事实上,在现成良知说中,王阳明的本体良知不仅没有被取消,而且直接被赋予见在(现成)的形式。后者在理论上意味着突出本体(良知)的见在作用。

良知作为先天与明觉的合一,不同于一般的表层意识,它具体表现为性命之根:"夫良知两字,性命之根……本无污染,本无增损得丧。寂感一体,非因动而后见也。"④非因动而后见,无非是现成见在的另一种表述,性命则是与必然的道德责任相联系的德性。这样,现

① 《致知议辩》,《全集》卷六。
② 《松原晤语》,《全集》卷二。
③ 参见沈善洪、钱明:《从王阳明到黄宗羲》,《浙江学刊》,1987 年第 1 期。
④ 《答季彭山龙镜书》,《全集》卷九。

成良知同时即构成了德性培养的内在根据。以良知为德性之根,源出于王阳明。不过,在王阳明那里,良知作为德性之根,具有潜在的性质,而成圣(理想人格的培养)的过程具体即表现为潜在的根据展开为现实。王畿则从另一个角度对德性之根的作用作了考察。他首先对不自信其心而一味仿循格套之世儒提出了批评:"自圣学不明,世之儒者,以学在读书,学在效先觉之所为,未免依籍见闻,仿循格套,不能自信其心。自然之机,遂郁而不畅,弊也久矣。"①先觉之所为,也就是已为社会所确认,从而具有典范意义的行为方式,它与典籍所载之义理一起,构成了社会对个体(主体)的普遍要求与规范;仿循格套,则是主体对社会规范的机械服从。在这里,王畿所涉及的乃是社会(环境)的要求与主体的自觉意识之间的关系:撇开了自心的明觉而仅仅对环境的要求作消极的反应(仿循格套),则不仅不能使德性得到提升,而且势必窒息内在的生机。那么,究竟应当如何处理二者的关系呢? 王氏说:"若果信得良知及时,不论在此在彼,在好在病,在顺在逆,只从一念灵明,自作主宰。自去自来,不从境上生心,时时彻头彻尾,便是无包裹;从一念生生不息,直达流行,常见天则,便是真为性命。"②彼此、顺逆等等,表现为一种外在的"境",而灵明自作主宰,则是指良知的审察裁决:"惟是良知精明,时时作得主宰,才动便觉,才觉便化。譬如明镜,能察微尘,止水能见微波,当下了截,当下消融,不待远而后复。"③质言之,在主体与外在环境的相互关系中,主体并不仅仅是消极的受动者,恰好相反,他始终居于能动的地位。这种能动性以良知的见在明觉为前提:正是以一念灵明为内

---

① 《书贞俗卷序》,《全集》卷十三。
② 《答周居安》,《全集》卷十二。
③ 《答季彭山龙镜书》,《全集》卷九。

在根据,才使主体能够对环境的影响以及主体在"境"中的行为自觉地加以审察,并据此作出判断与抉择,以避免消极地随境而转。而以上关系即构成了"真为性命"(德性的自我培养)的具体内容。

良知作为德性培养的内在根据,也就是本体,良知与"境"的关系,内在地牵连着本体与工夫的关系:良知与境的联系,本质上是通过工夫而建立起来的。与要求以良知为主宰相应,王畿反对离本体而谈工夫:"外本体而论工夫,谓之二法,二则支矣。"①在本体之外论工夫意味着忽视成性的内在根据,而如此用功的结果,即是把工夫烦琐化,它并不能使内在的德性得到充实。只有以良知之灵明为主,方能归其根:"此一点灵明做得主,方是归根真消息……予夺纵横,种种无碍。才为达才,不为才使;识为真识,不为识转。"②所谓归根,也就是将工夫置于良知的规范之下,并使主体意识的各个方面凝聚、转化为统一的内在结构,从而避免为偶然的意念所左右(不为才使、不为识转)。总起来,良知(本体)与工夫的关系表现为两个方面:其一,良知作为内在的明觉而直接赋予工夫以自觉的品格;其二,良知作为见在(现成)的意识结构而保证了主体意识的统一性,而后者转过来又制约着主体行为的一致性。联系王畿对良知与境的关系之看法,我们可以发现一个值得注意的现象:对王畿来说,无论是在与境的关联中,抑或与工夫的联系中,良知主要都不是以潜在的形式,而是作为自觉的意识而起作用。如果说,王阳明着重指出良知作为潜能而构成了德性培养(成圣)过程的出发点,那么,王畿则进一步强调,良知作为成圣的内在根据,表现为一种自为主宰的见在明觉。前者着眼于过程,后者则在把先天之知直接规定为明觉的前提下,将注目之

① 《答季彭山龙镜书》,《全集》卷九。
② 《留都会纪》,《全集》卷九。

点集中于本体与工夫、本体与境的当下(既成)关系①。

王畿对本体(良知)的以上考察,涉及了德性培养过程中的若干关系。道德本质上是一种社会现象,作为一定道德关系之折射的道德规范本身是历史地(社会地)形成的,它一经产生,即表现为社会对个体的普遍要求。后者在一定意义上构成了正面的制约,而与此相对的非道德现象,则构成了对个体的负面影响(当然,二者在现实关系中常常是相互交错的)。这种制约和影响对个体来说具有既定的性质:作为特定社会关系中的一员,主体一开始即不可避免地处于多重社会因素的作用之下。然而,环境对个体影响的既定性,并不意味着主体对这种影响的接受也是既定的。事实上,主体并不是环境作用的被动接受者,他总是根据内在的需要与准则等等而对外部影响加以自觉的选择。马克思说:"在现实世界中,个人有许多需要。""他们的需要即他们的本性。"②根据现代人本主义心理学的研究,人除了生理的(物质的)需要之外,还具有尊重、自我实现等需要;后者与弗洛伊德所说的本我不同:它更多地表现为德性发展的积极动因与内在尺度。当然,这种需要在不同的历史条件下具有不同的特点,而且它也只有在获得了具体规定之后,才转化为主体的现实"本性"。但是,它一经现实化,便与道德认识、道德情感等等相结合而构成了主体对外部环境的影响作出取舍的内在根据。从一定意义上说,主体正是以此为参照系而对环境(社会)的诸多规范及现象形成价值判断,并进而拒斥或接受某种影响。如果由此作更深入的考察,那就可

---

① 岛田虔次认为,王畿提出现成良知说,意在强调"良知是破除习气、人欲的利剑"([日]岛田虔次:《朱子学与阳明学》,蒋国保译,西安:陕西师范大学出版社,1986年,第99页),这一看法虽嫌过狭,但多少已触及了现成良知说以良知为德性培养之见在的主观条件这一点。

② 《马克思恩格斯全集》第3卷,北京:人民出版社,1960年,第326、514页。

以发现,取舍选择还只是主体对社会的规范、要求等等的认同,它虽然构成了外部影响转化为主体内在意识的必要前提,但并不等于这一过程本身。被认同的社会规范、行为方式等等,只有经过主体已有的道德意识结构的理解、加工、整合,才能真正融合于主体意识之中,并使主体在道德的认知水平(道德判断能力)与道德情感(义务感、良心等等)上得到双重提高。主体对社会的道德要求、规范及行为模式的认同、重铸和内化,即表现为基于广义的实践活动(包括道德实践)的德性培养过程。不难看出,个体与社会(环境)的这种相互作用,在一定意义上是以主体自觉的道德意识结构为中介的:社会(环境)的诸种因素,只有通过主体在一定阶段所形成的意识结构,才能制约主体的价值评判、道德情感及具体行为;而主体对环境的反作用也总是以现阶段所达到的道德意识水平为条件。正是后者,构成了主体在道德判断与行为上保持绵延同一的前提。如果忽视了主体意识结构的中介作用,则在理论上将产生二重结果:或者如极端的行为主义者那样,走向环境宿命论;或者导致否定人格的统一性。从这方面看,王畿强调以见在的一念灵明为主宰,反对随境而转与离本体而谈工夫,显然有其合理之处:它在先验论的前提下,肯定了德性培养离不开内在根据;这种根据不仅仅表现为潜能,而且作为现实(见在)的意识结构制约着主体与“境”等关系,并构成了人格恒同(不为偶然的才识所转)所以可能的条件。

然而,由强调见在本体对“境”与工夫的主宰,王畿又走向了另一个极端。这不仅在于王氏基本上否认了“境”对本体(道德意识)的作用,而且表现在王氏将工夫溶入本体之中:“盖工夫不离本体,本体即是工夫,非有二也。”①从逻辑上说,既然本体本身即是工夫,那么,一

---

① 《冲元会纪》,《全集》卷一。

旦它通过天赋而形成,则一切旨在达到本体的工夫就成为多余的了。这一点,王畿在论及知行关系时,直言不讳:"天下只有一个知……如眼见得是知,然已是见了,即是行;耳闻得是知,然已是闻了,即是行。要之,只此一个知已自尽了。"①行是工夫的具体形式,销行入知,同时也就是以本体消解工夫②。在这里,王氏显然忽视了本体与工夫的关系具有双向的特点:主体意识(本体)在能动地作用于工夫(致知活动、道德践履等)的同时,本身又随着工夫的展开而不断达到更高程度的"明觉"。王畿将工夫不离本体片面加以强化,断言只此知(本体)即已尽了工夫(行),实质上即以本体与工夫双向关系中的前一方面排斥了后一方面。而对工夫与本体之关系如此片面理解的直接结果,即是把见在(现成)本体凝固化。在王畿的如下看法中,这一趋向已表现得相当明显了:"盖良知即是未发之中,此知之前更无未发;良知即是中节之和,此知之后更无已发。"③未发含有潜在(自在)之意,已发则指现实的表现形式。所谓良知之前无未发、良知之后无已发,也就是强调良知永远是当下既成的:即对主体来说,它既不经历一个从自在(本然)到见在(自觉)的转化,也不存在从见在到尔后的发展。这样,王畿即由突出见在本体(德性培养的现实根据)的作用而否定了本体本身有一个形成、展开的过程,从而多少由王阳明的致知过程论走向了独断的非过程论。

(二)保任良知与不起意

在以现成良知消融后天工夫的同时,王畿对格物致知作了新的

①　《华阳明伦堂会语》,《全集》卷七。

②　当冈田武彦断言王畿的本体与工夫为一论中包含着工夫即本体之意时,似乎忽视了这一点(参见"Wang Chi and the Rise of Existentialism",Wm. Theodore de Bary (ed.),*Self and Society in Ming Thought*)。

③　《滁阳会语》,《全集》卷二。

解释:"良知者,性之灵也。至虚而神,至无而化,不学不虑,天则自然……譬诸日月丽天,贞明之体,终古不息。要在致之而已;致之之功,笃志时习,不失其初心而已。"①初心即良知,故不失初心又称不昧良知之灵明:"先师提掇良知,乃虞廷所谓道心之微。一念灵明,无内外,无寂感。吾人不昧此一念灵明,便是致知;随事随物,不昧此一念灵明,便是格物。"②初看,这种肯定"致之之功"的议论,与排斥工夫的现成良知说似乎颇相抵牾。但略加审察,即可知,二者并不相悖。这里的关键在于,王畿所说的"致知",并不是达到(自觉地把握)良知,它仅仅是指使先天之知"不失"、"不昧";而不失不昧的前提则是良知不仅与生俱来,而且一开始已为主体所自觉意识:"不昧此一点灵明",即十分明白地点出了这一涵义。从另一个角度看,不失初心也就是使现成的明觉保持不失,正是在这一意义上,王畿又把致知称为保任现成良知:"只此一点虚明,便是入圣之机;时时保任此一点虚明,不为旦昼牿亡,便是致知。"③在此,王畿由勾销格物致知在良知形成中的作用,进而将其摒斥于主体自觉把握良知的过程之外,使之仅仅成为存守既成良知的手段。这种格物致知说,可以视为片面强调良知之见在性(现成性)的独断看法在方法论上的引申。

如何保任现成良知? 王畿首先从良知与一般知识的关系上,对此作了考察。他认为:"良知本无知,凡可以知知,可以识识,是知识之知,而非良知也;良知本无不知,凡待闻而择之从之,待见而识之,是闻见之知,而非良知也。"④所谓"知识之知",是指关于具体对象的知识,王氏以为良知本无知,旨在反对将良知等同于具体之知;良知

---

① 《白鹿洞续讲义》,《全集》卷二。
② 引自《夏游记》,《念庵罗先生文集》卷五。
③ 《留都会纪》,《全集》卷四。
④ 《欧阳南野文选序》,《全集》卷十三。

无不知,则指良知虽不同于具体之知,但又囊括了一切知。这二重属性实际上从不同的角度将良知与具体知识(包括见闻之知)隔绝开来:良知非具体之知,故不能将一般的认知手段运用于它,这里的含义似乎近于康德所说的知性范畴不能运用于理性对象(理念);另一方面,良知又是无不知的先验知识大全,故无须借助后天认知活动以扩而充之。对良知与知识之知、见闻之知的这种分隔,意味着将后者摒除于保任现成良知的格物工夫之外。王畿的结论正是如此:"世人看得良知太易,又谓良知不足以尽天下之变,必假闻见以助发之。是疑目之不足以尽天下之色,耳之不足以尽天下之声,必假青黄清浊以为准,聪明之用,反为所蔽,其不至于聋瞆者几希。"①依此,则后天见闻不仅无助于良知的保任,而且起了障掩现成之知的消极作用。闻见如此,理性思维同样也未能例外:"夫良知不学而知,即一念起,千里失之。"②

既然意念起,则良知失,那么,旨在保任现成良知的致知,自然就被归结为不起意:"今日致知之学……不起于意,天机自动。"③这里的"意",含有思虑之意,因而不起意具体即表现为不假思为:"不起意,则本心自清自明,不假思为;虚灵变化之妙用,固自若也。"④在王畿以前,禅宗已提出过类似的思想,如慧能即主张:"先立无念为宗。"⑤陆九渊的弟子杨简吸取了禅宗的无念说,以不起意念思虑为本心澄然的条件:"意虑不作,澄然虚明,如日月之光,无思无为而万物毕照,此永也。"⑥

---

① 《赵望云别言》,《全集》卷十六。
② 《答南明汪子问》,《全集》卷三。
③ 《自讼问答》,《全集》卷十五。
④ 《慈湖精舍会语》,《全集》卷五。
⑤ 《坛经·定慧第四》。
⑥ 《永嘉郡学堂记》,《慈湖遗书》卷二。

王畿的不起意之说,显然远接禅宗而近承杨简。他本人也因此而常常受"近禅"之讥。从理论上说,不起意念意味着贬抑理性思维的作用,它往往容易导向非理性主义,禅宗与杨简先后走上了这一步,王畿同样也未能避免这一归宿。事实上,当王氏把不起意与"不假思为"联系起来时,便已很难与禅宗及杨简相区别了。

就其出发点而言,王畿把先天与明觉合一为现成良知,旨在突出见在明觉的作用,然而,理论本身的内在逻辑,却使王氏走向了其初衷的反面。这一归宿表明,把先天之知加以凝固化、绝对化,并无条件地(抽象地)夸大其作用,将导致本体与理性工夫的分离(取消理性工夫),后者不仅意味着否定过程论,而且内在地蕴含着引向非理性主义的契机。在泰州学派的率良知说中,这一点表现得更为明显。

二、泰州学派:率见在(现成)之知

泰州学派是王门后学中较有影响的一个流派,其创始人为王艮。王艮初名银,早年作过灶丁,三十八岁始从学于王阳明,并更名艮。王艮的及门弟子有其族弟王栋、其子王襞等,而罗汝芳、周汝登则是泰州后学中较重要的人物,他们的思想大体上一致。

与王畿一样,泰州学派认为,天赋之知同时也就是见在之知。王栋说:"盖吾心灵体,本有良知;千古不磨,一时不息;而气禀物欲,不能拘之蔽之,所谓本明之德,莫之或昏者也。"[1]无蔽即明,良知无蔽而莫昏,无非是指良知自始即以现成的形态存在于主体之中。正由于良知从来无蔽,故不必加致知的工夫:"良知无时而昧,不必加知,即明德无时而昏,不必加明也。"[2]这种看法与王畿的本体即工夫说差不

---

① 《会语正集》,《王一庵先生遗集》卷一。以下简称《一庵集》。
② 《会语正集》,《一庵集》卷一。

多如出一辙。不过,在对本体(现成良知)的考察上,泰州学派又有其自身的特点。

泰州学派首先将良知与念虑臆度作了区分:"人之性,天命是已。视听言动,初无一毫计度而自无不知不能者,是曰天聪明。于兹不能自得,自昧其日用流行之真,是谓不智而不巧,则其为学不过出于念虑臆度,辗转相寻之私而已矣,岂天命之谓乎?"①所谓"初无一毫计度而自无不知不能",是指良知一开始(自初始之时)即已见在于主体,念虑臆度、辗转相寻,则指形而上的思辨推绎。在这里,泰州学派通过对现成良知与形而上的思辨的比较,从另一个侧面对前者的内在涵义作了提示:所谓现成(见在)不仅应当从良知与工夫的关系中去考察,而且应当从它与形而上的超验意识的差异中去理解。换言之,良知的见在性(现成性)意味着它在本质上是非思辨(非超验)的。关于后者,王襞有一个较具体的解释:"诸公今日之学……不在书册道理上,不在言语思量上。直从这里转机……穿衣吃饭,接人接物,分青理白,项项不昧的参去参来,参来参去,自有个入处,方透得个无边无量的大神通受用。此非异学,盖是尔本来具足的良知也。"②这里强调的是,良知作为见在(现成)之知,并不是与现实的言行举措相脱节的抽象观念。刚好相反,它融入并体现于主体的具体行为之中。泰州学派的以上看法有其值得注意之点。一般说来,道德意识虽然与观念的领域相联系,但它同时又总是超出了观念领域而渗入了主体所处的诸种现实关系,正是后者,使主体对道德理想的追求具有"此岸"的性质,并使主体的德性展现为一种现实的品格。可以说,内在地折射现实的人伦(人际关系),是道德意识的基本特点之一,而道德

---

① 《语录遗略》,《王东厓先生遗集》卷一。以下简称《东厓集》。
② 《寄会中诸友》,《东厓集》卷一。

的生命力(活力)在一定意义即根源于此。泰州学派把良知的见在性理解为非超然于现实的日用,显然触及了道德意识的这一特性。不过,应当指出的是,在强调良知(道德意识)非形而上的思辨意识的同时,泰州学派又多少有弱化良知的自觉品性的倾向:把良知与书册道理及言语思量完全对立起来而使之仅仅等同于穿衣吃饭之日用,即表现了这一点。这里内在地埋下了以良知为自然(自发)的伏线(详见后文)。

见在良知向日用的渗入,是通过举措良知于日用而实现的:"良知天性,往古来今,人人具足,人伦日用之间举而措之耳。"①"吾人日用间,只据见在良知,爽然应答,不作滞泥,不生迟疑,方是健动而谓之易。"②举措见在良知于日用人伦,也就是化道德意识为道德践履。这种看法可以视为强调良知之非超验性的逻辑推绎。道德意识作为实践理性,本质上与主体的行为有着难分难解的联系。道德意识与现实人伦的关联,一开始即基于道德践履,而道德意识的非思辨性(非超验性)也相应地由道德实践所赋予。因此,不妨说,道德的现实性,具体即表现为道德的实践性。这一点,王阳明已经注意到了,而当泰州学派将良知的现成性(见在性)与举措良知于日用人伦联系起来时,无疑进一步将它突出了。不同的是,王阳明将"日用事为间体究践履"同时视为先验本体由潜在到现实的展开,而泰州学派的举措良知则不具有这一涵义。

举措良知于人伦日用,从另一个角度看也就是率良知:"故道也者,性也,天德良知也,不可须臾离也。率此良知乐与人同,便是充拓

①  《答朱思斋明府》,《王心斋先生遗集》卷二。以下简称《心斋集》。
②  《会语续集》,《一庵集》卷一。

得开。"①所谓率良知,首先是指在德性培养过程中顺导内在的良知,按泰州学派之见,良知同时也就是天赋的见在德性,而德性的培养(道德涵养)无非即是顺导这种内在的德性:"宁知性本具足,率性而众善出焉。"②这种看法与当代人本主义心理学的观点有某些相通之处。根据人本主义心理学的研究,人性(道德意识)既不仅仅是环境输入的结果,也非单纯地压抑人的某种欲望、本能的产物,它更多的是靠促进、鼓励、帮助人的内在能力、本性(如自我实现的倾向等)而形成的。③ 从理论上看,个体一开始即与社会处于相互作用之中,正是在这种相互作用中,萌生了最初的道德意识;而后者一旦形成,即构成了道德意识进一步发展的出发点与内在根据。这样,德性培养即逐渐获得了双重特性:它既是社会的规范、要求、理想等等不断内化的过程,又表现为对主体已有的道德意识加以引发的过程(更确切地说,二者实际上是同一过程的两个方面)。就一定意义而言,上述过程的后一方面更直接地体现了德性培养过程的主体性,忽视了这一点,也就意味着抹煞德性培养的主体性原则。进而言之,以已有的道德意识为出发点,在逻辑上又构成了道德教育的依据。正由于德性培养过程同时表现为对已有的道德意识的引发,因而对个体的道德教育不能仅仅凭借外在强制,而应当注重诱导与启迪。泰州学派以为率良知而众善出,其理论价值也正在于突出了德性培养与道德教育中的主体性原则。当然,他们把德性发展的内在根据归结为通过天赋而一次完成的现成良知,则是一种先验论的偏见。

---

① 《答刘鹿泉》,《心斋集》卷二。

② 《语录遗略》,《东厓集》卷一。

③ 参见[美]马斯洛:《存在心理学探索》,李文湉译,昆明:云南人民出版社,1987 年,第 144—145 页。

除了在德性培养中顺导内在良知之外,率良知还具有另一重内涵。王襞曾对此作了概述:"性之灵明曰良知。良知自能应感,自能约心思而酬酢万变……一毫不劳勉强扭捏。""将议论讲说之间,规矩戒严之际工焉,而心日劳勤也,而动日拙。忍欲饰名而夸好善,持念藏机而谓改过,正是颜子之所谓己而必克之者,而学者据此为学,何其汗漫也哉。必率性而后心安,心安而后气顺。"①所谓工于规矩戒严,是指为了获得外部的声誉(夸好善)或避免社会的谴责(持念藏机)而勉强地履行某种规范(规矩)。在泰州学派看来,由此并不能产生真正的道德行为,因为道德行为的特点恰恰不在于以规矩生硬地压抑自我,而在于遵从良知的内在召唤,后者同时构成了率良知的又一具体含义。道德行为客观上既非对外在强制的屈从,也并不表现为出于邀誉避毁而履行道德律令。如果仅仅考虑外在的毁誉,那么即使严格地服从了某种规范,其所作所为也势必具有异己的特点,而很难视为完善的道德行为。只有变被动的"为他"(迎合外在趋向意义上的为他)为发自内在道德意识的"自为",才能使主体的行为升华为德行(需要指出的是,这种"自为"并不意味着不考虑行为的实际社会效果)。就此而言,泰州学派反对为饰名夸善而工于戒严,并以出于内在良知(率良知)为道德行为的特征,显然有其可取之处。这一看法同时也从另一个侧面将道德践履中的主体性原则具体化了。

　　然而,由反对工于戒严,泰州学派又倒向了另一个片面。这突出地表现在他们把"率"与"不假丝毫人力于其间"②联系起来,而不假人力也就是顺自然:"才提起一个学字,却是便要起几层意思。不知原无一物,原自见成,顺明觉自然之应而已。自朝至暮,动作施为,何

---

① 均见《语录遗略》,《东厓集》卷一。
② 《答刘鹿泉》,《心斋集》卷二。

者非道？更要如何，便是与蛇添足。"①这里的"自然"与自发处于同一序列，见成则指现成良知。以原无一物规定原自见成，也就或多或少抽去了良知中的自觉内容；而良知的自觉品性一旦被撇开，便与自发相接近了：把明觉（见成之知）与自然等而观之，无非是对这一点的直接确认。这一看法与泰州学派对良知之见在性（现成性）的规定有着逻辑的联系。如上所述，当泰州学派通过将良知与穿衣吃饭等量齐观而突出其见在性（现成性）时，一方面固然具有肯定良知之非思辨性（非超验性）之意，另一方面又表现出忽视良知与一般的理性思虑的联系之趋向，而后者则在逻辑上构成了泰州学派将反对工于戒严这一面绝对化，并进而把明觉等同于自然（自发）的内在根源。

基于如上观点，泰州学派进一步将率良知与不识不知联系起来："不识不知，然后能顺帝之则。今人只要多增闻见，以广知识，挽杂虚灵真体，如何顺帝之则乎？"②这里的知识既是指见闻感知，又是指理性思维，以不识不知为顺帝之则的先决条件，即意味着将率良知归结为与感知及理性思维相隔绝的自发活动。由此出发，泰州学派主张忘知识而去智故："汝且坐饮，切莫较量，一起较量，便落知识。但忘知识，莫问真体。"③"智故日增，障碍反重，实不如今日未雕之体。"④此处之未雕之体，接近于庄子所说的未开窍之浑沌，故返归与保持未雕之状，即表现为浑沦到底："故只浑沦到底，即便不善化而为善也。"⑤至此，我们看到，泰州学派的率良知说虽然注意到

---

① 《语录遗略》，《东厓集》卷一。
② 《会语续集》，《一庵集》卷一。
③ 周汝登：《剡中会录》，《东越证学录》卷五。
④ 同上。
⑤ 罗汝芳：《会语》，转引自《明儒学案》卷三十四。

了在德性培养中应当顺导主体内在的本体(道德意识),道德行为必须遵从良知的内在召唤,但由于否定了从本然到见在(现实的道德意识之形成)要经过一个致知过程,亦即把良知(本体)的见在性与理性工夫隔绝开来,因而上述看法一开始即包含着导向贬抑理性思维的可能。当泰州学派由强调良知的现实性而将良知等同于穿衣吃饭之日用、由反对工于外在的戒严而排斥自觉的"人力"时,非理性主义即由潜在的端倪而成为现实的归宿。就现成良知说的演变而言,泰州学派似乎比王畿走得更远:王氏虽然将现成良知与不假思维联系起来,从而开非理性主义的先声,但他同时又毕竟在保任的意义上肯定了"致"的作用,泰州学派则直接以忘知取代了致知,从而在某种程度上将现成良知说引向了对理性原则的消解。

总起来看,王畿与泰州学派将天赋良知归结为见在本体,并在此前提下,对本体的作用作了多方面的考察,后者从一个侧面高扬了德性培养中的主体性原则。然而,在突出本体作用的同时,王畿与泰州学派又以先天之知(本体)勾销了后天之致(工夫),并由贬抑理性的工夫而在不同程度上走向了理性主义的反面。

## 第二节　先天本体的超验化与归寂以致知

与王畿及泰州学派由良知的先天性引出良知的现成性(见在性)不同,聂豹与罗洪先着重将致知与归寂联系起来。

聂豹(1487—1563)字文蔚,号双江。罗洪先(1504—1564)字达夫,别号念庵。二人虽均未亲炙王阳明,但私淑甚笃。当王畿与泰州学派力倡现成良知说时,他们曾与王畿往返辩难,以明现成良知说之非。在致知说上,他们同主归寂,以为良知只有通过静寂的工夫,才能达到,从而在王门后学中独成一家①。

## 一、良知非"现成可得"

聂豹与罗洪先认为,良知作为先天之知,具有至善的性质,但它往往受到后天习染的影响:"盖自有知以来,各就气质偏重处积染成习,遂与良知混杂而如油入面,未易脱离。"②正是有知以后的习染,使先天的良知受到障蔽,而未能为主体所直接了悟。这一看法与泰州学派的良知无蔽论恰好相对。既然良知受染于后天积习,那么,要使良知得以呈现,即必须加精察之功:"精察此心之天理以致其本然之良知,此圣学也。"③这种精察而致知之说显然不同于王畿的先天与明觉合一论,它在某种意义上更接近于原始王学。

由主张以精察之功为达到良知的前提,聂、罗对现成良知说提出了质疑:"世间那有现成良知?良知非万死工夫,断不能生也,不是现成可得。"④"终日谈本体,不说工夫,才拈工夫,便指为外道,此等处恐使阳明先生复生,亦当攒眉也。"⑤这些议论显然针对现成派的本体即工夫论而发,它从工夫与本体的关系上,强调了良知非现成见在。在聂、罗看来,将良知视为见在之知,即意味着以知觉为本体:"恻隐羞恶,仁义之端,而遂以恻隐羞恶为仁义可乎哉?今夫以爱敬为良知,则将以知觉为本体。"⑥此处之知觉,与恻隐羞恶爱敬之情处于同一序

---

① 王阳明的另一弟子刘文敏(号两峰)初时曾对归寂说提出责难,但至晚年而信之。据其晚年之说,则亦可把他列入归寂派。不过,刘氏在理论上并没有比聂、罗提供更多的东西。

② 罗洪先:《松原志晤》,《念庵罗先生文集》卷八。以下简称《念庵集》。

③ 聂豹:《答戴伯常》,《双江聂先生文集》卷十。以下简称《双江集》。

④ 《松原志晤》,《念庵集》卷八。

⑤ 《寄王龙溪》,《念庵集》卷三。

⑥ 《送王惟中归泉州序》,《双江集》卷四。

列,泛指主体所具有的自发的心理感受。质言之,良知本质上是一种以仁义等为内容的自觉意识,故不能将它仅仅归结为自发的情感,现成良知说则恰好最终在理论上表现出混同二者的倾向。一旦以自发之情感为本体,则很难在德性培养上有所成就:"今人误将良知作现成看,不知下致良知工夫。奔放驰逐,无有止息,茫荡一生,有何成就。"①茫荡也就是行为的盲目性,以茫荡为不知致自觉之知的结果,表明聂、罗已注意到了现成良知说蕴含着由忽视明觉与自然之别而导向非理性主义的危险。

道德意识固然不同于超验的思辨,但就其内容而言,则又同时具有自觉的品格(即使道德情感等等也往往融合着自觉的理性因素,因为就其现实形态而言,情与知常常难分难解地联系在一起),换言之,它是作为在个体与社会的相互作用中提升了的德性(这种提升本身又表现为一个过程)而体现于现实的人伦。正是道德意识的自觉本质,使展开于日用之中的道德行为不致流于自发与盲目。现成派(特别是其中的泰州学派)的错误之一,正在于仅仅注意到了上述关系中的一个方面:在肯定良知与日用人伦的联系的同时,他们又有意无意地模糊了明觉与自然(自发)的界限,并将率良知归结为忘知识而顺自然的过程。如前文一再指出的,这一运思倾向形成的根源,则深藏于对理性工夫的轻视之中。从这方面看,聂、罗在强调致知工夫的前提下,突出良知的明觉品性,反对将其等同于自发的知觉与情感,显然有其积极意义。它不仅在较深的层面上注意到了现成良知说之弊,而且从另一个侧面对道德意识的本性及其与工夫的关系,作了有价值的探讨。

现成良知说本质上是一种非过程论,对现成良知说的批评,内在

---

① 《松原志晤》,《念庵集》卷八。

地包含着对非过程论的否定。在肯定良知只有通过后天工夫才能达到的同时，聂、罗又特别指出，致知并非当下而悟："却于顷刻间欲速，又欲成功，知其谬也。"①顷刻成功，亦即不假长期积累工夫而直指本体；以此立论，得出的不外是一种变相的现成良知说，在聂、罗看来，只有经过一个不懈努力的过程，才能对良知获得较深刻的认识："诚能人一己百，人十己千，时时事事致力不懈，将见日精月明，日长月充，火然（燃）泉达，勃然不容已矣。"②在这里，主体的工夫与致知过程完全合为一体：工夫表现为一个人一己百的过程，而后者又以对良知之理解日精月明为内容。这种看法既是对现成良知说的进一步否定，又是由精察而致知论的展开。它在理论上固然主要表现为对王阳明致知说的发挥，而并不完全是一种新的见解，但从王学的演变来看，重新突出致知工夫及致知的过程，在当时显然又有纠现成良知说之偏的作用③。

## 二、归寂以致知

聂、罗反对以本体为工夫、以明觉为自发，在理论上确实切中现

---

① 《与李株山娴友》，《念庵集》卷三。

② 《与夏太守》，《念庵集》卷二。

③ 牟宗三认为，罗洪先与聂豹皆未及王阳明之门，故"根本不熟悉阳明的思路"，而王畿则"一本师门而头头是道"（参见牟著《从陆象山到刘蕺山》第三、第四章）。牟氏的这一看法并非毫无所据，在下面，我们即将看到，聂、罗之说确实在不少方面有别于王阳明。但断言二人完全未得王阳明致良知说之旨，则未免失之笼统。从以上的引述中，我们不难看到：在肯定良知只有通过后天工夫才能达到这一点上，聂、罗比王畿更接近于王阳明的致知说。也许正是在这个意义上，黄宗羲认为："姚江之学惟江右得其传，东廓、念庵、两峰、双江，其选也。"（《明儒学案》卷十六）当然，黄氏将邹守益（东廓）与罗、聂归为一派，而忽视了二者的不同发展趋向，似乎也不尽确当。

成良知说的肯綮。然而,由强调本体非见在、明觉非自发,聂、罗又滑向了另一个片面。罗洪先说:"今为良知之说者曰:知是知非,不可欺瞒者,良知也……此言似矣,而实有辨也。夫孟子所言良知,指不学不虑当之,是知乃所以良也。知者,感也,而所以为良者,非感也。"①"感"即主体与客体(以及心与物)之间的相互作用,"不学不虑"则指得自天赋。在这里,罗氏对良知本身与良知的表现作了区分:知是知非之知,只是良知在主体与客体、心与物的交互作用(感)之中的表现,而良知本身则得自天赋而又外在于感。这种不学不虑的"非感"之良,也就是未发的寂然本体。聂豹对此作了更明确的阐述:"窃谓良知本寂,感于物而后有知。知,其发也,不可遂以知为良知而忘其发之所自也。"②依此,则良知与因感而生之知具体表现为寂与感、未发与已发之关系,后者虽由良知而发,但非良知本身;良知虽发而为知是知非之知,但它本身又独立于"感"与"已发"之外。这种作为"发之所自"的良知,在某些方面类似康德所说的"先验的自我"。康德认为,先验的自我虽然构成了知性范畴及经验的意识活动的基础,但它本身又不同于知性范畴及经验意识,而是存在于经验之前的"自在之物"③。诚如恩格斯所说,康德"在'自我'中同样找出一个不可认识的自在之物"④。聂、罗虽然没有像康德那样宣称寂然之体不可知,但同样在未发之知与已发之知之间划下了一道界线:作为已发之所自的未发之良知,永远深藏于其表现形式(已发之知)之后。这一

① 《答陈明水》,《念庵集》卷三。

② 《答欧阳南野》,《双江集》卷八。

③ 当然,在康德那里,表现为先验自我的自在之物与作为感性来源的物自体又有所不同:后者作为超验的对象而存在于现象之后,前者则作为逻辑前提而先于具体的认识形式。

④ 《马克思恩格斯全集》第20卷,北京:人民出版社,1971年,第585页。

看法与先天良知说有着内在的联系。先天良知说的基本前提,是肯定良知通过天赋而形成于后天的感应活动之前。从这一前提中,可以逻辑地推出:良知的内容既非得自于后天的感应,也不能为后天的感应活动所范围。换言之,它是先于感应而存在的自在本体。事实上,聂、罗正是由强调良知的先天性(不学不虑)而将未发之体与已发之知判为二物。如果说,王畿与泰州学派主要由强调良知"得于天"而以本然之体销溶了后天之致(工夫),并进一步由否定理性工夫而走向混同自发与明觉,那么,聂、罗则由突出良知不学不虑(非得自感应)而将寂然未发之体与表现于感应的已发之知割裂开来:二者实质上从不同的角度将王阳明良知说中的先验内容展开了。

与强调感应变化之知与未发之体的原则差别相应,聂、罗反对把致知理解为致感应之知:"今不致感应变化所从出之知,而即感应变化之知而致之,是求日月于容光必照之处,而遗其悬象著明之大也。"①感应变化之知,亦即已发之知,感应变化所从出之知,则指已发背后的寂然之体:"自其后念之未生,而吾寂然者未始不存,谓之感前有寂可也。"②这样,致知的目标即被规定为超越已发之"后念"而直接把握寂然之本体。在这里,聂、罗虽然肯定未发之体可"致"(可以达到),但同时又赋予它以超验(超越于感应变化及已发之知)的形式。而以超然之体为致知的对象,首先即意味着将致知活动置于感应过程之外:"夫本原之地,要不外乎不睹不闻之寂体也。不睹不闻之寂体,若因感应变化而后有,即感应变化而致之是也。实则所以主宰乎感应变化者,寂之体也,而感应变化乃吾寂体之标末耳。"③换言

① 《答欧阳南野》,《双江集》卷八。
② 《答陈明水》,《念庵集》卷三。
③ 《答欧阳南野》,《双江集》卷八。

之,良知先于并超然于主体与客体(心与物)的相互作用(感应),因而通过后天的感应并不能达到作为本原的良知。这就否定了后天的实际感应在致知过程中的作用。在聂、罗看来,感应仅仅与格物相联系:"格物者,感而遂通天下之故,而修齐治平一以贯之,是谓之明明德于天下也。"①明德即良知,明明德于天下,无非是在修身齐家治国等践履过程(感应)之中,将良知推行于天下。从逻辑上说,将明德推行于天下,是以把握良知为前提的,只有达到了良知,才能在格物感应中自有天则:"有志于圣学,但当究意于精察此心之天理以充满吾良知本体之量,则低昂屡变,泛应无穷,自有天则,以臻夫格物之妙。"②从中不难看到,聂、罗在此处实际上把致知与格物归结为两个逆向的过程:致知是在感应之外、感应之前精察良知;格物则表现为在主客体的相互作用中运用所达到的良知(以良知"泛应万物")。聂豹本人对此有一个简要的概括:"致以复其心之体,格以达其心之用。"③这种观点,可以看作是已发非未发论的进一步推绎:已发之知与寂然未发之体的分离,在动态过程中即表现为致知活动与实际感应(格物)的彼此隔绝。

如何在感应(格物)过程之外达到良知? 聂、罗提出了归寂的主张。罗洪先说:"寂然者,心之所以通于天下之本,心常有止则归寂之功也。"④聂豹更以归寂为唯一的工夫:"致知者,惟归寂以通感,执体以应用。"⑤"愚意窃谓无问感与不感,而一以归寂为工夫主宰。"⑥与

---

① 《答戴伯常》,《双江集》卷十。
② 同上。
③ 同上。
④ 《与徐大巡》,《念庵集》卷三。
⑤ 《赠王学政之宿迁序》,《双江集》卷四。
⑥ 《寄罗念庵》,《双江集》卷九。

反对以自发之情感、知觉混同自觉之良知相应，聂、罗所说的归寂含有排除主观意欲的障蔽之意："充养乎虚灵之寂体而不以一毫意欲自蔽，是谓精义入神而用在其中也。"①从方法论上说，撇开个体自发之意而臻于自觉之知，显然不无合理之处。然而，对寂与感、已发与未发的隔离，又使聂、罗由主张消除意欲之蔽，进而要求摒弃与外物的一切联系，在无感无应、自我封闭的情况下反求本然之体："于是一以洗心退藏为主，虚寂未发为要。刊落究竟，日见天精，不瞩睹闻。"②在聂、罗看来，如果一味感应于外而不知退藏于内，则往往导致"放逸"，而放逸的结果即是"散失本灵"。只有通过收敛归寂，才能消除放逸所产生的尘垢，从而复归寂然未发的本体③，就其终极目标而言，这种归寂之说与王阳明的致知说并没有什么不同：二者均以返于天赋良知为鹄的。但在达到这一目标的途径上，聂、罗与王氏显然又有重要的差异。王阳明把致知理解为一个以行为中介的过程，而"行"则以主体与外部对象（主要是道德领域的对象）的相互作用（感应）为内容。质言之，在王阳明那里，后天感应构成了致知的必要条件。正是这一条件，恰恰被聂、罗作为障碍而排除在致知活动之外：将实际的感应活动等同于放逸，即突出地表现了这一特点。这样，在聂、罗那里，致知即被归结为一种既与外界相隔绝，又不经历一个中介过程的纯粹自我反归。

归寂作为致知的工夫，其具体形式表现为静中存养："然须从静中安贴得下，气机敛寂后，方有所识，不然即属浮妄中去矣。"④这里的静，首先相对于意识活动而言。从心理学上说，作为意识的一种状态

① 《答陈明水》，《双江集》卷十一。
② 《寄王龙溪二首》，《双江集》卷八。
③ 参见《与徐大巡》，《念庵集》卷三。
④ 《答王有训》，《念庵集》卷二。

的静,客观上与认识过程中的凝思专注相关:当主体致思于某一方向或自觉注意于某一点时,意识活动在其他方面往往处于相对澄静的状态。后者在某种意义上构成了前者所以可能的必要条件,而前者(凝神专注)又是深刻地洞悉对象的不可或缺的一环。从这一角度看,相对沉静在认知(致知)过程中并非毫无积极作用,而聂、罗以为不能静则"属浮妄中去",也显然有见于此。然而,与强调洗心退藏相应,聂、罗进而将主静规定为"澄然无事":"惟主静则气定,气定则澄然无事,此便是未发本体。"①所谓"惟主静"、"澄然无事",也就意味着把主静绝对化,它在内容上接近于陈献章的"静中养出端倪"说。事实上,聂、罗对此也并不讳言。罗洪先曾说:"白沙先生所谓致虚立本之说,真若再生我者。"②如果再追溯得远一点,则可进而看到,聂、罗的主静说与周敦颐的涵养论又有着理论上的渊源关系,这一点,只要看一下罗洪先的以下议论即可了然:"周子所谓主静者,乃无极以来真脉络。其自注云:'无欲故静',是一切染不得,一切动不得。"③不过,与周敦颐、陈献章直截了当地以静排斥动,亦即将静与动视为相互对立的二极不同,聂、罗力图把静与动统一起来:"动静两言,未有能实明之者,果明之,则静之一言尽之矣。"④依此,静不再是与动相并列的一方,而是包容一切动的至上者,正是在这个意义上,聂豹主张"主静以该天下之动"⑤。以静兼动无非是销动入静的另一种说法,它意味着将主静抬高为方法论的第一原理,聂、罗的结论正是如此:

---

① 《答戴伯常》,《双江集》卷十。
② 《答湛甘泉公》,《念庵集》卷二。
③ 《答门人》,《念庵集》卷三。
④ 《答董蓉山》,《念庵集》卷三。
⑤ 《答东廓邹司成》,《双江集》卷八。

"故学以主静焉,至矣。"①一般说来,动既表现为主体的践履活动,又与实际的认知(见闻思虑等)过程相联系,因而对动的销溶,不仅针对行(践履)的作用而发,而且涉及理性的认识方式。

正是在以主静为第一原理的前提下,聂、罗对视听等认知活动与致知的关系作了考察。聂豹说:"夫视听言动,喜怒哀乐,变化云为,倏忽万状……其害有不可胜言者。"②"倏忽万状",是对动的形象描述。既然视听皆动,那么,欲由静而致本体,自然即必须一切退听:"良知二字,今人皆容易说得……此非经枯槁寂寞之后,一切退听而天理炯然,未易及此。"③枯槁寂寞即静,听则泛指闻见活动。在这里,主静的要求即具体表现为摒弃见闻感知。那么,理性思维能否作为达到未发之体的方式呢?聂、罗的回答同样是否定的:"才涉思议,便是憧憧,如憧憧则入于私矣,其去未发之中,何啻千里?"④"憧憧"是指由思维活动而引起的纷乱,作为憧憧的根源,思议当然只能归入排斥之列。把一切退听与不涉思议这两个方面结合起来,整个主静归寂的过程便表现为内观反听而忘智:"目不逐境而内观,耳不逐声而反听,心绝物诱而忘智,口忘言诠而守嘿,自外来感者,我无驰也。"⑤这种绝物忘智之说,与泰州学派的不识不知论已经很少有实质的分别:在否定感知与思维这一点上,聂、罗的归寂说与王畿、泰州学派的现成良知说大致殊途而同归。不过,现成良知说最后把不识不知与自发地率良知联系起来,因而走向了对理性工夫的消解;而归寂说则将反观内听、绝物忘智作为返归寂然之本体的条件,因而具有某种神

①　《答亢子益问学》,《双江集》卷八。
②　《答戴伯常》,《双江集》卷十。
③　《寄谢高泉》,《念庵集》卷三。
④　《困辨录·辨中》,《双江集》卷十四。
⑤　《寐言》,《念庵集》卷八。

秘主义性质。

归寂说向神秘主义的发展,可以看作是聂、罗把致知对象(良知)置于已发之知与感应过程之后的必然结果。前文已论及,聂、罗关于良知的看法与王阳明的不同主要在于:他们在反对以本体为见在、以明觉为自发的同时,又通过隔离已发与未发、寂与感而赋予良知以超验的形式。致知对象一旦被超验化,在逻辑上便蕴含着两种可能:或者将这种对象推向不可知的彼岸,康德的物自体便被归入此类对象;或者虽然肯定它可以达到,但同时又把达到这一对象的过程归结为超验的过程。一旦以后者为运思途径,则不仅将脱离实际的感应过程(包括实际践履)去求寂求静,而且容易悬置感知与思维:超验即意味着无法用感知与理性思维去把握。这样,剩下的唯一出路便是导向反观内听的神秘主义——聂、罗的走向,便体现了这一点。从另一个角度看,归寂说的这一归宿也表明:仅仅肯定致知必须经历一个过程,而不同时把这一过程跟主体与客体、心与物的相互作用(感)联系起来,便不可避免地将使致知过程非理性化。在这方面,聂、罗似乎为欧阳德、钱德洪等提供了借鉴。

## 第三节　本体与工夫

与王畿及泰州学派由天赋良知论走向现成良知说,聂豹、罗洪先以归寂为致知工夫不同,王门的另一些后学沿着工夫与本体相统一的方向,对王阳明的致知过程论作了发挥。这一派的主要代表有欧阳德、钱德洪、邹守益、陈九川、张元忭、尤时熙以及晚明的东林学者等。欧阳德字崇一,号南野,嘉靖二年登进士第;陈九川字惟濬,号明水,正德年间进士;邹守益,字谦之,号东廓,正德六年以廷试第三及第;钱德洪字洪甫,号绪山:四人均亲及王阳明之门。张元忭字子荩,号阳和;尤时熙字季美,号西川:二人系王阳明的再传弟子。在如何致良知的问题上,以上诸氏尽管各有侧重,但又有共同的特点,即突出后天的实际工夫,故可统称之为工夫派①。

## 一、良知呈露(展开)于日履

工夫派认为,良知虽然由天赋而形成,但它同时又内在于主体的活动之中。欧阳德说:"人心天命之本然,所谓良知者也。良知至易至简,而其用至博。若孝亲敬长,仁民爱物之类,千变万化而不可胜穷,而其实一良知而已。故简者而未尝不繁,而繁即所以为简,非有二也。"②所谓"简而未尝不繁",是指良知作为先验的本体,即体现于孝亲敬长这一类形式多样的道德践履中;"繁即所以为简",则指良知体现于不可胜穷的具体活动的过程,同时也就是主体活动从不同的方面展示良知的过程。良知在主体活动中的这种表现,邹守益称之为本体呈露:"良知之明,蒸民所同……不倚不尚,本体呈露。宣之为文章,措之为政事。"③乍然视之,这种观点似乎仅仅是对心物一体论的发挥,但事实上二者意味颇不相同:心物一体主要在本体论意义上突出心体内在于具体对象之中,而工夫派的本体呈露说,则着重在认识意义上,将良知的呈现与主体的活动联系起来。这一点,从欧阳德

---

① 嵇文甫认为"东廓、绪山诸子,谨守师门矩矱,无大得亦无大失"(嵇文甫:《晚明思想史论》,上海:商务印书馆,1944 年,第 10 页)。这似乎否认了工夫派对王阳明的思想有所发展。冈田武彦则称此派为修证派,以为他们没有完全摆脱宋学(主要是程朱理学)思辨主静趋向的影响("Wang Chi and the Rise of Existentialism")。这些看法很难令人苟同。从后文的论述中我们将看到,工夫派既非仅仅拘守师说,更非宋学所能范围。
② 《答罗整庵先生寄〈困知记〉》,《欧阳南野先生文集》卷一。以下简称《南野集》。
③ 《阳明先生文录》,《东廓邹先生文集》卷一。以下简称《东廓集》。

的如下论述中,可以更清楚地看出:"夫人所以为天地之心,万物之灵者,以其良知也。故随其位分日履,大之而观天察地,通神明,育万物;小之而用天因地,制节谨度,以养父母,莫非良知之用。离却天地人物,则无所谓视听思虑感应酬酢之日履,亦无所谓良知者矣。"①这里的日履,主要是指主体与外部对象相互作用(感应)的过程,以及在这一过程中产生的感知思虑等。概而言之,随着主体践履活动的展开("随其位分日履"),良知逐渐呈露其具体内容;离开了日履过程,良知即无从表现:所谓离天地万物即无日履,无日履则无良知,强调的正是此意。在这里,工夫派似乎把过程论的观点运用于作为致知对象的良知之上,肯定良知本身有一个表现、展开的过程,而这一过程又与日履相重合。

工夫派的上述看法显然脱胎于王阳明的致良知说。王氏在批评朱学及陆学时,已开始把作为心与理统一的良知与"在物"(事亲事君等践履)过程联系起来。不过,值得注意的是,工夫派不仅泛泛地肯定了良知本身即呈现于爱亲敬兄、仁民爱物以及政事等活动之中,而且强调只有在这种日履中,良知才具有现实性(离却日履,亦无所谓良知),这就将良知展开于过程中的思想进一步突出并具体化了。就工夫派以良知天赋于主体为其展开于日履的前提而言,当然仍囿于先验论,但透过先验论的形式,我们却可以发现一些引人省思的见解。普遍的道德观念本质上并不是一种凝固的本体。从社会整体的角度看,每一时代的道德观念体系总是在反映当时的经济政治关系的同时,又表现为以往的观念体系的进一步发展;就个体与社会的关系而言,历史地(社会地)形成的观念体系,并不是自始即以总体结构的形式呈现于个体之前,它往往通过渗透于具体的人际关系及行为

---

① 《答罗整庵先生寄〈困知记〉》,《南野集》卷一。

而表现出来，并正是通过其在各个方面的具体化而影响个体的行为。普遍的道德观念体系这种多方面的具体化过程，在一定意义上可以看作是它在现实的社会关系及道德实践中展开的过程。承认这一点对德性培养是重要的：社会的规范、要求、准则只有在这一过程中才能逐渐内化为主体的道德意识。如果无视上述过程，则往往或者取消从普遍的社会规范到个体的道德意识的过渡，或者将这种过渡神秘化、抽象化。工夫派所理解的良知，当然并不是形成于社会历史实践的道德观念体系，但它毕竟又不仅具有吾心的形式，而且以普遍的规范、准则为其内容。就后者而言，良知也可以视为先验化的普遍道德观念结构。与此相应，当工夫派强调良知随日履而呈露时，他们已注意到，普遍的道德观念并非一开始即为主体所全体洞见：它展开于具体的道德践履之中，并通过后者而表现其多方面的内涵（"简"而未尝不繁，繁即所以为"简"）。在后文我们将看到，这种看法在逻辑上构成了工夫派致知说的出发点①。

在王学中，良知既是至善的明德（道德意识），又是至真的明觉（真理）。如果我们将注意之点转向后者，那就可以看到，通过强调良知并不是以现成的形式而存在，而是在日履中渐显其体，工夫派同时又以颠倒的形式，不自觉地触及了真理存在于过程之中的思想。就其肯定知的过程性而言，工夫派的这一看法与黑格尔的真理观似乎有某些相通之处。不过，二者在以下两个方面又有重要差异：其一，

---

① 在肯定良知与具体人伦的联系上，工夫派的以上看法与泰州学派有某些相近之处。不过，泰州学派虽然注意到了良知与日用的联系，从而有别于将道德观念思辨化的看法，但同时又不仅把良知与理性思虑对立起来，而且将良知的非思辨性等同于现成性，并以后者否定了良知的过程性，从而取消了致知工夫。与此相异，工夫派通过指出离却日履则无良知而着重突出了其过程性。后者不仅并不意味着贬抑理性工夫，而且恰恰以理性工夫为其必要前提。

黑格尔把真理(理念)的展开过程理解为由简单到复杂、由抽象到具体的上升过程,而工夫派则尚未达到这种辩证的发展观;其二,黑格尔有泛逻辑主义的倾向,在他那里,真理(理念)的展开过程多少被视为纯逻辑的推绎过程,他虽然肯定善的理念(实践)在达到绝对观念中的作用,但同时又把这种善规定为理念逻辑进展中的一个环节。与黑格尔不同,工夫派将良知的展开与主体的践履联系起来,以后者为前者的基础。这一观点实际上从本体的展开离不开日履的角度,肯定了本体对后天践履的依存性,它在客观上成为后来黄宗羲在一定程度上突破先验论的理论先导。事实上,黄宗羲正是由肯定本体的展开离不开主体活动,进一步强调本体的形成也依存于后天工夫,从而对王阳明的天赋良知说作了原则的修正。

基于良知随日履而展开的观点,工夫派首先对现成良知说提出了批评。现成良知说将良知视为当下见在的本体,并以这种见在本体排斥了主体的自觉作用过程。针对这一观点,欧阳德指出:"近时有谓见本体则欲自消,但不知见本体之功如何作用。又有谓有所作用即非本体者……第恐茫无可入,误己误人不浅也。"①在这里,良知展开于主体的作用(日履),已被理解为致知活动的前提。而现成良知说的错误,首先被看作是以本体的既成性(现成性)否定其过程性,从而使致知活动"茫无可入"。陈九川进而认为,现成良知说"使初学之士,骤窥影响者,皆欲言下了当,自立无过之境,乃徒安其偏质,便其故习,而自以为率性从心。却使良知之精微紧切,知是知非所借以明而诚之者,反蔑视不足轻重,而遂非长过,荡然忘返,其流弊岂但如旧时支离之习哉!"②安其偏质、便其故习,亦即停留于自发的状况;蔑

---

① 《答张浮峰》,《南野集》卷四。
② 《与王龙溪》,转引自《明儒学案》卷十九。

视知是知非之"精微紧切",则指排斥真正的理性自觉。在陈九川看来,现成良知说以为主体一开始即可了悟本体,其实质无非是以偏质故习为良知,以自发的率性取代自觉的行为。这种批评,同时从一个方面论证了:普遍的本体只有在其展开于具体践履的过程中才能不断为主体所自觉体认,从而转化为德性培养的现实根据。

如果说,在否定良知以现成的形态呈现于主体之前这一点上,工夫派与归寂派颇有共同语言,那么,在寂与感、已发与未发等关系上,二者却存在着根本的分歧。聂豹与罗洪先虽然不承认良知当下见在,但同时又把它归结为一种超然于感应过程之外的寂然未发之体。对聂、罗的这一看法,工夫派明确提出异议。钱德洪说:"未发寂然之体,未尝离家国天下之感而别有一物在其中也,即家国天下之感之中,而未发寂然者在焉耳。"①家国天下之感,是指事亲敬兄、仁民爱物之类的践履活动。所谓寂在感中,即是强调:良知虽然是先天形成的本体,但就其后天的表现而言,则离不开实际的感应过程。这一论点通过将后天的感应理解为良知的存在方式而否定了聂、罗关于寂然之体外在于感应的看法。在工夫派看来,分离寂然之体与后天感应,意味着将良知等同于已发之外的超验本体,而一旦将本体超验化,便只能在已发之外去追求寂然之体,其最后的结果则是导向枯寂:"离已发而求未发,必不可得。久之,则养成一种枯寂之病,认虚景为实得,拟知见为性真,诚可慨也。"②一般说来,主体的认知过程与对象本身的表现、发展过程并不是彼此隔绝的,后者在一定意义上为前者规定了客观的出发点。如果离开了认知对象本身的展开过程而孤立地谈致知工夫,那就不可避免地将"认虚景为实得",亦即把致知过程抽

---

① 《复周罗山》,转引自《明儒学案》卷十一。
② 钱德洪:《复何吉阳》,转引自《明儒学案》卷十一。

象化、神秘化。在归寂派那里，我们不难看到这一点。工夫派以为离已发（本体在后天感应中的展开过程）而求未发则必然导致枯寂，表明他们已注意到了归寂派陷于神秘主义的内在根源。从更广的意义上看，工夫派的以上观点显然已开始将良知（本体）展开于日履与主体的致知过程联系起来，并从致知的角度，进一步肯定了已发与未发、寂然之体与感应过程的不可分离性。

概而言之，工夫派肯定天赋良知有一个后天呈露的过程，并以此否定了现成派将良知归结为当下见在之本体的看法，由此出发，他们又将良知展开的过程与感应（日履）联系起来，强调良知即展开于"千变万化而不可胜穷"的日履过程之中，并以此扬弃了归寂派对良知的超验规定。上述看法同时构成了工夫派的致知说的理论前提。

## 二、由工夫而得本体与循本体而更进于知

从本体呈露（展开）于日履说出发，工夫派提出了于感应变化中致其知的主张："故致知者，致其感应变化之知也。致其感应变化之知，则必于其感应变化而戒慎不睹、恐惧不闻，密察其昭然不可欺者，以惩其忿、窒其欲、迁其善、改其过。"[1]所谓感应变化之知，即是表现于（呈露于）感应变化过程中的良知。从逻辑上说，既然良知内在并展开于感应变化的过程，那么，要达到良知，即必须从感应变化过程本身入手；而就感应而致知，也就是通过践履而达到良知："格物致知，是吾人日用间身心上着实践履功夫。"[2]"舍践履而言致知者，迷梦为寤，于明德也远哉。"[3]这种看法导源于王阳明的"致知必在行"之

---

① 《答聂双江二》，《南野集》卷五。
② 《答陆主政子翼》，《南野集》卷四。
③ 《林平泉赠言》，《南野集》卷十。

说。不过,王阳明在把行视为达到对良知的自觉意识之必要条件的同时,并没有具体地考察践履与感应之知(表现于感应过程之良知)的关系。工夫派则首先将行与良知的呈露联系起来,并相应地把致知过程理解为通过行而于呈露处(展开过程中)把握良知。从王学的演变来看,工夫派对致知过程的这一具体规定,与归寂派的出现相关。归寂派从割裂已发与未发、寂与感出发,最后导向了主静归寂的神秘主义。这一归宿客观上使如何统一先验本体与后天感应的问题突出起来。正是在解决这一问题的过程中,工夫派比王阳明更多地注目于良知的后天呈露及这种呈露与践履的关系。如果说,良知呈露于日履说旨在救归寂派"破裂心体"(邹守益语)之弊,那么,即感应而致良知论则意在否定归寂派反观内听的神秘主义方法。后者在本质上当然仍以达到先天良知为致知的目标,因而并没有超出先验论,但通过强调先天的良知只有在后天的表现中才能为主体所把握,它毕竟多少朝偏离先验论的方向前进了一步。

工夫派所说的日履(感应变化)过程,本身包含着视听思虑,因而即日履而致其知,不能不同时考察见闻与思虑的作用。工夫派认为,良知虽然并非形成于主体的认知活动,但在其后天的呈露中,却又离不开感知与思虑。欧阳德说:"夫良知者,见闻之良知;见闻者,良知之见闻。"[1]陈九川进而提出了无知觉则无良知说:"故知觉废,则良知或几乎息矣。"[2]在良知天赋于主体的前提下讲良知与见闻思虑之不可分,当然仍是一种先验论的思辨。但值得注意的是,工夫派在这里强调,良知虽然是先验的,但并不是超验的(并非超越感知思虑)。后者内在地蕴含着反对以非理性的方式体认良知,而主张通过感知思

---

① 《答冯州守》,《南野集》卷四。
② 《与王龙溪》,转引自《明儒学案》卷十九。

虑等环节把握良知之意。正是基于上述观点,工夫派认为,离开了具体的知识,就无从见良知:"离却口耳之知,亦无从见其所谓天德之知者。"①此处之"知",首先是指感知,由知识以求良知,相应地意味着以关于外部对象的感知为出发点。所谓外在对象,主要即是现实的人伦关系。质言之,德性之知(良知)虽然天赋于主体,但只有借助于事亲从兄等过程中所产生的直接经验,才能为主体所自觉意识。欧阳德曾以考察京华湖山为例,对此作了论证:"夫修德于身而吐之为辞。如居燕而谈京华之壮丽,居越而谈湖山之明秀,莫非实履,亲切有味,所谓善言德行……直取近似之言,剿其绪余,以为图志所载,京华之壮丽、湖山之明秀,尽于是矣,则恶能有万一得其仿佛者乎?"②一般说来,道德意识的培养,离不开主体的直接经验。社会地形成的规范转化(内化)为个体的道德意识,总是以产生于道德践履的感知经验之不断重复与积累为必要条件,后者同时又构成了主体对道德关系的认识由自发走向自觉的基础。工夫派将体认良知与"在外"的见闻感知联系起来,反对离开亲身感受而"剿其绪余",显然多少在先验论的前提下触及了以上思想。

亲身感知之后,还必须继之以缜密的思虑:"思也者,戒慎密察之谓,精之功也。故能得其本心。"③所谓"精",是指理性思虑相对于外部感知而言,具有更深入的特点。换言之,只有对直接经验进而加以理性的反思,才能深刻地体认良知(得其本心)。这一看法注意到了道德意识并不仅仅表现为感性的感受;要使主体真正在道德上达到自觉,就必须使主体意识从感性的层面上升到理性的层面。

---

① 《答刘成卿》,《南野集》卷三。
② 《与郑篁溪》,《南野集》卷五。
③ 《答王塈斋》,《南野集》卷四。

在工夫派看来,精思的理性工夫又与博学相联系:"知学,则问辨思始有根据。"①由此,在注重精思的同时,他们又主张博识泛观:"善读书者,开发良知之聪明而磨礲之,日精日密。不以一毫私意自蔽,不以一毫私欲自累,则大训古典,莫非切己;博识泛观,莫非易简,非外读书而别有尊奉其良知,以从事于易简之道。"②这种通过博识泛观而开发良知的观点,可以看作是由思虑而得本心论的进一步推衍,它使致知过程区别于空疏的直指本心。

　　工夫派对感知与思虑的以上考察,在理论上当然很难说提供了多少新的见解。但是,就王学的演变而言,它又具有不可低估的意义。如前所述,王阳明并不否认感知与思维在致知过程中的作用,不过,在总体上,王氏更注重后天的感知与思维对天赋良知的从属性。现成派与归寂派则从不同侧面强化了良知的先验规定,以良知的天赋性贬抑乃至排斥了感觉经验与理性思维,并由此表现出对理性原则的某种偏离。在这种理论背景下,工夫派将视听感知与精察慎思提到突出地位,显然对王学向非理性主义的演化起了某种遏制作用。从更广的视角来看,尽管在工夫派那里,视听博识的作用不外是通过对伦常关系等等的体察以达到对天赋良知的自觉,而并不表现为揭示对象的内在本质及法则,但是,当他们把视听等直接的经验活动与博识泛观都列为致知的内容时,客观上又为将致知的目标由先天良知转向外部事物提供了理论前提:就其本性而言,视听等感知活动总是首先指向外部客体,从而,突出感知的作用,在逻辑上即蕴含着以客体为致知对象的可能。后来黄宗羲的以"天象"(自然对象)为据之说,与工夫派的影响显然不无关系。

---

①　《答欧梦举》,《南野集》卷二。
②　《答罗整庵先生寄〈困知记〉》,《南野集》卷一。

在强调良知(本体)只有通过感知思虑与践履(行)才能达到的同时,工夫派又认为,感知思虑与践履(行)作为致知的工夫,本身必须以良知为据:"不知良知之本体,则致知之功未有靠实可据者。"①以良知为据,也就是在致知过程中以良知规范工夫:"致之云者……盖即吾心感应酬酢之事,而循其良知之是是非非者而格之,以充其本体之善。"②这里所说的致,既是指对良知的体认,又是指先天的德性由潜能向现实的转化。将致的过程视为循良知的过程,意味着肯定主体的意识结构在认知与德性培养过程中的作用。从形式上看,工夫派的这一看法似乎又回到了现成派的工夫不离本体论。但进一步的考察则表明,事实并非如此。在现成派那里,工夫不离本体说以先天与明觉的合一为前提,它的结论则是本体即工夫——以本体消解工夫。工夫派的循良知诚然也包含着以本体制约工夫之意,但是,首先,与现成派以本体为当下见在之知不同,工夫派强调,所循之知并非一开始即已达到,它在作为工夫的依据之前,首先表现为通过工夫而自觉体认(达到)之知,这一层关系,邹守益曾作了相当明了的概括:"做不得工夫,不合本体,合不得本体,不是工夫。"③其次,与现成派以本体的见在性取消工夫的过程性相对,工夫派的循良知说突出的恰恰是致知的过程性。在工夫派看来,主体对良知的体认并不是一次完成的:"若一闻良知,遂影响承受,不思极深研几,以究透真体,是又得为心悟乎?"④因此,在对良知有所自觉意识之后,必须进而运用这种已致之知,对良知作更深入的研几:"然学问之道,岂有止法哉?因其所

---

① 《答陈明水》,《南野集》卷二。
② 《答欧梦举》,《南野集》卷一。
③ 《再答双江》,《东廓集》卷六。
④ 钱德洪:《会语》,转引自《明儒学案》卷十一。

已能,而日进其所未能。"①所谓"循良知",正是这样一个因其所已能（依据已致之知而进一步展开工夫）而日进其所未能（达到对良知的更自觉的体认）的过程。而这一过程本质上是无穷尽的:"知无穷尽,格致之功亦无穷尽。日积月累,日就月将,而自有弗能已者。"②工夫派的以上看法明显地导源于王阳明。不过,王阳明还只是初步地考察了良知作为心之条理与范导原理而制约着致知过程,工夫派则沿着王阳明的以上思路,进一步从主体对良知之体认的层级性上,把本体（良知）对工夫的范导,看作是不同深度的意识结构（以对良知的体认为内容的意识结构）对工夫的层层规范,从而将本体的作用与"弗能已"的工夫展开过程更内在地融合起来。

可以看到,在工夫派那里,良知展开于日履（感应过程）、于感应之中致良知、循本体（良知）而用工夫、因已知而更进于知在总体上表现为一个工夫与本体交互作用的动态统一过程,而主体也正是在这一过程中对良知获得了越来越自觉的认识。就其以天赋良知为致知的终极目标而言,这种看法当然仍未越出先验论的矩矱。不过,更深入的分析又表明,通过对致知过程的考察,工夫派客观上触及了认识过程的某些环节。人类的认识不仅在主体层面存在着从无知到知的转化,而且对象层面包含着从已知到未知的进展;它在一定意义上表现为一个从已知到未知,化未知为已知的反复过程。就类（社会主体）而言,每一时代的认识总是从已经达到的认识成果出发,然后对新的未知领域加以探索,从而在深度与广度上达到一个新的水平;就个体而言,旨在变未知为已知的具体认识过程不仅在逻辑上以类（社会）所历史地积累的认识成果为前提,而且总是以个体在以往的认识

---

① 张元忭:《又答田文学》,《张阳和文选》卷一。
② 《答罗整庵先生寄〈困知记〉》,《南野集》卷一。

活动中所形成的认知结构为条件。这样,无论在类(社会),抑或个体的认识过程中,都包含着两个基本的环节:即静态的认识成果与动态的认识活动(这里的认识活动是就广义而言,它包含实践及感知思虑)。一方面,作为一定阶段认识水平之标志的认识成果的形成,总是离不开动态的认识活动;另一方面,已经达到的认识成果不仅构成了指向未知领域的新的认识活动的起点,而且通过渗入于其中而对它起着内在的制约与规范作用,而这种认识活动反过来又使作为先决条件的认识成果得到进一步的丰富与发展。正是在认识成果与认识活动反复的交互作用中,人类认识不断地实现了其从未知到已知、由已知经未知而更进于新知的前进运动。不难看出,在认识成果与认识活动的交互作用中,后者始终处于主导的方面:认识成果不仅归根到底形成于认识活动,而且只有在认识活动中才能展开其现实的作用并进一步得到深化,而认识活动的基础则是主体的实践。就此而言,又可以把认识的上述进展看作是基于实践的认识成果与认识活动的动态统一过程。王学所说的本体与工夫,在某些方面与认识成果与认识活动有相当之处:所谓本体,在一定意义即可视为先验化(神秘化)了的认识成果(包括道德认识),而工夫则是广义的致知活动。如果说,现成派在突出本体作用的同时,又把本体与工夫的相互制约片面地归结为本体对工夫的单向关系,从而否定了致知的过程性,那么,工夫派则在突出工夫作用的前提下,将致良知理解为由工夫而得本体、循本体而更进于知的无限进展,从而在某种程度上触及了人类认识通过认识成果与认识活动的辩证互动而展开这一事实。尽管工夫派并不承认本体形成于工夫,而仅仅将工夫的作用限制于体认天赋良知,但他们强调本体与工夫的交互作用与动态统一,毕竟在理论上将王阳明的致知过程论(知行统一的过程论)推进了一步。

### 三、致知必在通物情

从一定意义上说,欧阳德、钱德洪、邹守益等以良知与日履(感应过程)相统一的观点否定现成良知说与归寂说,多少在先验论的前提下对先验论本身作了某种冲击。这一点,在王阳明的再传弟子尤时熙那里得到了进一步的发展。尤时熙曾师事刘魁,但其思想更多地受到欧阳德、邹守益等人的影响。他曾这样评价欧阳德:"此老(指欧阳德——引者)在师门最久,所得甚深,众所推服。得其片言只字,已足开发。"①可谓推崇备至。对邹守益,尤氏同样十分倾服。在致刘魁的信中,尤时熙写道:"赐下东廓先生(邹守益——引者)教语,读之不逆于心。反之未有诸己,如病遇明医,勃有生意;又如行者疑路,忽逢识路之人,岂惟不逆于心,盖实较之如神明矣。"②在理论上,尤时熙对欧阳德、邹守益、钱德洪诸氏之说颇多引申,故可以把他视为工夫派的后劲。

在本体(先验良知)与工夫的关系上,尤时熙基本上接受了欧阳德等人的看法,认为二者不可分割:"知止,即所止皆良知也,工夫本体一而已矣。"③所谓工夫与本体为一,是指良知作为本体展开于主体的践履活动。不过,尤氏更着重地发挥了欧阳德关于无天地万物则无日履的思想。在他看来,作为主体践履活动的工夫,不能离开物而存在:"行必有事,事必有物,意脉必相通,吾知乃顺遂生生。"④这里,尤氏对行(事)与物作了区分:行表现为主体的活动(事),而物则是主体活动借以展开的外部对象。尤时熙在谈到如何于好恶上用工

---

① 《答陈绍龙》,《续中州名贤文表》卷四十二。
② 《上晴川刘师》,《续中州名贤文表》卷四十三。
③ 《经疑续录》,《续中州名贤文表》卷四十五。
④ 《答化鲤》,《续中州名贤文表》卷四十四。

时,曾对这种区分作了更具体的阐述:"亦只在好恶上用工耳,本体不容言也,然莫非良知也。"①质言之,本体不能直接把握,只有通过在好恶上用功才能达到。但好恶本身并不是物:"好恶,情也,好恶所在则物也。"②好恶所在,亦即好恶之情所指向的客体。这样,在好恶上用功,归根到底也就是在好恶的对象上用功:"学本性情,通物情,故于好恶所在用工。"③就其本身而言,这一看法当然并无新颖之处,但从致良知说的演变过程来看,强调在好恶所在(物)上用功,却有其不可忽视的意义。它意味着突出物(外部对象)在致知过程中的地位。

由良知展开于践履(行)、行又不离于物,尤时熙进而提出了物为道之发见论:"天地万物皆道之发见。"④此处之道,即指良知:"道,良知也。"⑤所谓万物皆为道(良知)之发见,包含着相互联系的双重涵义:其一,良知(道)构成了天地万物之体;其二,万物同时又是良知(道)的表现。这一看法与王阳明的心物一体论有着显而易见的渊源关系,但二者又不尽相同。王阳明的一体说认为,良知(心)作为本体即内在于万物,其侧重之点在于本体(良知)的存在方式。与此相异,尤时熙则开始把注意的重心转向物,强调万物皆表现(呈现)着良知(道)。侧重点的这一转移,内在地蕴含着致知方向的某种变化。这一点,从尤时熙的以下论述中即不难看出:"道理于发见处始可见,学者于发动处用功,未发动自无可见,自无着力处。"⑥质言之,道(良知)只有通过其外部表现(发见处)才能为主体所把握,而道(良知)

<hr>

① 《答李伯生》,《续中州名贤文表》卷四十二。
② 《格物通解》,《续中州名贤文表》卷四十四。
③ 同上。
④ 《余言》,《续中州名贤文表》卷四十六。
⑤ 《经疑·论语》,《续中州名贤文表》卷四十五。
⑥ 《余言》,《续中州名贤文表》卷四十六。

的表现形式也就是天地万物,因而于发见处用功,也就意味着从外部对象入手。这一观点可以看作是欧阳德等关于由外部的直接感知以见良知之说的进一步引申。

如何于天地万物(发见处)而见道(良知)?尤时熙提出了致知必在通物情说:"故致知必在通物情。物情通而后吾之良知始快足而无所壅遏,是以必格物而后知乃至也。"①所谓通物情,既是指沟通物(对象)与我(主体),又含有把握对象的性质、特点之意。以上二者又是相互联系的:只有了解了物情,才能使物我相通,从而使良知无所蔽而得以把握。对此,尤氏作了如下具体解释:"若通,则物各付物,意见自无所容。盖才着意见,即为意见所蔽,便于人情不通,便非天则。天则须通乃可验,故通即是工夫。"②此处之"物各付物",意即不掺杂任何主观意见,"天则"则指良知。在这里,"通物情"、"意见自无所蔽"、达到"天则"(良知)表现为一个统一的过程。

前文论及,与欧阳德、邹守益诸氏一样,尤时熙认为工夫与本体是统一的。这一观点运用于通物情而致良知说,即表现为强调对景切分:"盖莫非道也,对景切分,乃属见在。"③景即外部对象(物),亦即道(良知)的发见处,分指主体的职分。"切分"在这里指主体履行职分的活动(工夫),所谓对景切分,即是在良知的发见处运用实际工夫。耐人寻味的是,尤氏特别把于发见处用工夫视为"见在"的过程。这种见在过程与王畿及泰州学派所说的"见在(现成)良知"恰好构成了一个对照,它不仅一般地肯定了工夫的必要性,而且突出了工夫的现实性。依尤氏之见,只有通过这种见在的实地工夫,本体才能真正

---

① 《格物通解》,《续中州名贤文表》卷四十四。
② 同上。
③ 《与近斋朱先生》,《续中州名贤文表》卷四十二。

为主体所把握:"既竭吾才,如有所立,卓尔约礼,至伎俩尽而本体见也。"①那么,工夫的见在性是否意味着致知活动可以当下完成? 尤时熙的回答是否定的:"义理无穷,行一程、见一程,非可以预期前定也。故阳明但言致良知。"②所谓行一程见一程,意味着把致知理解为一个渐次演进的过程。正是在工夫的展开过程中,本然之知逐渐转化为自觉之知。在此处,尤氏不仅把工夫的现实性(见在性)与过程性统一起来,而且相应地将工夫与本体的关系扩展为工夫、本体与物(本体之发见)的关系。不妨说,它实际上从致知过程与物(本体之发见)的联系上,对本体与工夫的动态统一作了进一步的规定。

致知工夫作为一个过程,具有无止境的特点:"理无终穷,学无止法。何谓也? 生生不息,庸有穷乎? 生机易遏,学庸可止乎?"③生生不息,是指天地万物运动变化的无限性。把上述含义加以展开,即是:良知(道)表现于天地万物,而天地万物又运动不息,这就决定了致知也必然表现为一个无限的过程。值得注意的是,尤时熙在此处以天地万物的生生不息作为致知过程无止境性的直接依据。这一看法与王阳明的致知过程论显然有所不同。如果说,主张于发见处(天地万物)见良知(道)与致知必在通物情已在一定意义上对先验论作了某种扬弃,那么,以万物生生不息为"学庸可止"的根据,则使这一点表现得更为明显。不过,在尤时熙那里,致知的最终目标仍是把握先天良知,所谓发见处用功、"通物情",无非是达到良知的中介,而生生不息的天地万物,归根到底仍以良知为本体。从这方面看,尤氏并没有完全突破先验论。

---

① 《经疑·论语》,《续中州名贤文表》卷四十五。
② 《经疑》,《续中州名贤文表》卷四十五。
③ 《余言》,《续中州名贤文表》卷四十六。

## 四、躬行与经世的结合——工夫表现为一个历史过程

在以顾宪成、高攀龙为主要代表的东林学者中,工夫派的思想又得到了进一步的发展。顾宪成字叔时,号泾阳,曾师事欧阳德的门人薛应旂,可算是王阳明的三传弟子。顾氏通过薛应旂而接受了欧阳德诸氏注重工夫之说,并以此作为东林思想的出发点。正是在这一意义上,黄宗羲认为,"东林之学"即导源于薛应旂。① 高攀龙字存之,别号景逸,与顾宪成一同讲学于东林书院,其思想与顾氏大体上一致②。

东林学派崛起之日,王畿及泰州学派的影响并未消失。史孟麟(东林学者)曾对当时讲学的普遍特点作了这样的概述:"今时讲学,主教者率以当下指点学人,此是最亲切语。及叩其所以,却说饥来吃饭,困来眠,都是自自然然的,全不费工夫。学人遂欣然以为有得。"③ 一个"率"字,颇足说明现成良知说流传之盛。这种情况,使顾、高不能不继欧阳德、邹守益、钱德洪等之后,进一步辨现成良知说之非。高攀龙说:"理者,心也,穷之者,亦心也。但未穷之心,不可为理,未穷之理,不可为心。"④所谓未穷之心,即是当下见在之心。在高氏看来,当下之心,还不是现实地与理为一,只有通过"穷"(格物),才能复归与理为一的本来状况:"物之格即知之至,而心与理一矣。"⑤将致知视为返归与理为一的心体,这当然仍是一种先验之论,但它同时又否

---

① 见《明儒学案》卷二十五。
② 钱穆曾将作为整体的东林学派列为王门后学(参见钱穆:《王守仁》,上海:商务印书馆,1945年,第83页),这一看法是合乎事实的。
③ 《明儒学案》卷六十。
④ 《明儒学案》卷五十八。
⑤ 同上。

定了泰州学派将饥食困眠这一类自发欲求等同于自觉之知的看法。顾宪成进而指出："世人往往喜承本体,语及工夫辄视为第二义……世人之所谓本体,高者只一段光景,次者只一副意见,下者只一场议论而已矣。"①这显然是针对现成良知说以本体消融工夫而发。依顾氏之见,一旦离开了工夫,则所谓本体,无非是当下的意见议论而已,而意见议论无疑是对良知的自觉内容的偏离。

现成良知说取消工夫的根源具体何在? 顾宪成对此作了如下分析:"龙溪(王畿——引者)谓钱绪山曰: '……心既无善无恶,意知物亦无善无恶……'是龙溪以无善无恶扫却为善去恶矣。"②"是故无善无恶之说伸,则为善去恶说必屈;为善去恶说屈,则其以亲义序别信为土苴,以学问思辨行为桎梏,一切藐视不事者必伸。"③为善去恶在王学中与后天工夫相当。王畿在论证现成良知说时,曾提出了著名的四无说:"若悟得心是无善无恶之心,意即是无善无恶之意,知即是无善无恶之知,物即是无善无恶之物。盖无心之心则藏密,无意之意则应圆,无知之知则体寂,无物之物则用神。天命之性,粹然至善,神感神应,其机自不容已。"④这一番议论可以看作是对王阳明四句教的片面引申。王阳明的四句教是:"无善无恶是心之体,有善有恶是意之动,知善知恶是良知,为善去恶是格物。"⑤王阳明所说的无善无恶,也就是至善⑥,它作为先天的德性而构成了主体成圣(达到理想人格)的内在根据。王阳明之所以在肯定心之本体无善无恶的同时,

---

① 《小心斋札记》卷十五。
② 《再与管东溟》,《证性编》卷六。
③ 《东林会约》,《顾端文公遗书》第5册。
④ 《天泉证道纪》,《全集》卷一。
⑤ 《传习录下》,《全书》卷三。
⑥ 参见本书第二章第二节。

又对意作了有善有恶的规定,主要是为了论证为善去恶的诚意工夫的必要性。而王畿强调心意物皆无善无恶,则旨在将天赋的至善,由心体扩及意念,并把这种先天之至善规定为见在(现成)的至善,从而使自觉的工夫成为赘物:既然心意知物均无善无恶,而无善无恶也就是"粹然至善",那么后天的工夫就纯属多此一举了。不难看出,四无说的核心,在于以强化了的先验论观点勾销后天的学问思辨行,它在本质上构成了王畿以本体消解工夫的理论前提。顾宪成认为无善无恶伸则为善去恶屈,显然已多少看到,把先验论的原则推向极端,则势必导致否定主体的自觉工夫。就这方面而言,顾氏对现成良知说的批评,比之欧阳德、邹守益、钱德洪等确实深入了一层①。

在批评现成良知说的同时,东林学者对王阳明注重致知工夫的思想作了肯定与发挥。顾宪成说:"孟子言良知,文成(王阳明——引者)恐人将这个知作光景玩弄,便走入玄虚去。故就上面点出一致字,此意最为精密。"②对"致"的突出,一如欧阳德、钱德洪诸氏。高攀龙也认为:"身心之事,当汲汲求之,不可丢在无事甲中,一切求闲好静,总是无事生事,亦成当面蹉过。"③所谓好静,正是归寂说的基本特征。在此处,否定现成良知说与反对归寂主静,无疑构成了同一过程的两个方面。当然,高氏并不完全否定主静。但在他看来,静只能作为工夫的一个环节,如果"一切求静",则势必取消真正的工夫,从而回到现成良知说。与批评一切主静相应,东林学者强调"学问不贵

----

① 不过,顾宪成在强调王畿之四无说与王阳明四句教的联系的同时,有时又忽视了二者的差异,在这方面,顾氏显然有失之笼统之处。

② 《小心斋札记》卷四。

③ 《与卜子静》,《高子遗书》卷八。

空谈,而贵实行也"①,"学问必须躬行实践方有益"②,即使借助于间接经验(读书等)而进行的致知活动,也不能离开实际践履:"一面思索体认,一面反躬实践,这才是读书。"③这些看法与欧阳德等关于感知思虑与实际感应过程(日履)相统一的思想大致上前后相承。不过,东林学者并没有停留于重复工夫的必要之上。他们进而将"躬行实践"与经济实事联系起来。东林会约的内容之一,即是"或商经济实事"④。所谓经济实事,亦即经世之事。而以经世为鹄的,则首先要求关心社会的治乱,百姓的疾苦:"官封疆,念头不在百姓上;至于水间林下,三三两两,相与讲求性命,切磨德义,念头不在世道上,即有他美,君子不齿也。"⑤就是说,以个人的爵禄为虑,固然不可,仅仅注重一己之德义,同样也不足取。这一看法的内在涵义,在于将工夫由日履(日常的道德践履)扩及世道百姓之业。这一点,高攀龙作了更明确的阐述:"居庙堂之上,无事不为吾君;处江湖之远,随事必为吾民,此士大夫实事也。"⑥此处之"为君"并不仅仅是指效力于君主一人,而是泛指一般的治世活动。在这里,学问工夫既表现为通过治国为民的活动而致知(达到"心与理一"的天赋之知),又表现为通过这种实事而使关于世道之"念"得到实现。

就王学的演变而言,东林学者的以上看法有其应当瞩目之点。经世实事不同于个体的道德践履,而是表现为一种涉及多重关系的类的(社会性的)活动。作为一种社会性的活动,它本质上又始终处

---

① 《会语》,《高子遗书》卷五。
② 同上。
③ 《读书法示揭阳诸友》,《高子遗书》卷三。
④ 《东林会约》,《顾端文公遗书》第 5 册。
⑤ 《小心斋札记》卷十一。
⑥ 《答朱平涵》,《高子遗书》卷八。

于历史过程之中。这一点,东林学者已有所触及。顾宪成说:"乾坤之后,继之以屯,混辟之交,必有一番大险阻,然后震动竦烈,猛起精神,交磨互淬,做出无限事业。夏商以来,凡有国者莫不如此。"①所谓"无限事业",即可以看作是对经世活动展开为一个历史过程的朦胧意识。这样,当东林学者将学问工夫与经世联系起来时,也就意味着从类(社会性)的活动这一广度考察工夫与本体的关系;而通过工夫而达到"心与理一"之本然之知的过程,则相应地被理解为与类(社会)的经世活动相联系的历史过程,从东林学者关于"夫学以当于理而止……苟其施诸一世而宜,其学益可知也"这一类议论中,我们不难看到以上观点:一定时期之学,总是相应于一定历史阶段的经世活动(一世之施)。在东林学者以前,王阳明通过把认识史等同于心体展开的过程而注意到了类的认识的过程性,而东林学者的以上思想则可以看作是从类的活动(与经世实事合一的工夫)的过程性这一角度,对王阳明的致知过程论作了发挥和引申,它在理论上显然较之欧阳德、钱德洪等又前进了一步:欧阳德、钱德洪等固然突出了工夫的作用,并把致知过程视为工夫与本体的动态统一。但他们所理解的工夫,始终限于事亲从兄之类的个体的道德践履;而所谓致知过程,则相应地被归结为个体对良知的体认过程,类的致知过程基本上处于他们的视野之外。如果说,尤时熙主要通过将工夫与通物情联系起来(于发见处用工夫)而将工夫与本体的动态统一建立在更现实的基础之上,那么,东林学者则通过学问工夫与经世实事的融合而将前者规定为广义的类(社会)的活动,并使本体与工夫的动态统一超出了个体的致知范围而多少表现为类的致知史的辩证进展。

东林学者以经世为"实行",当然不仅仅是理论演变的逻辑结果,

---

① 《柬高景远》,《泾皋藏稿》卷五。

它有着更深刻的社会历史根源。中国漫长的封建专制制度发展到明中期,已开始走向没落,至明代末年,衰败之势更为明显。朝政的腐败,使政治一片黑暗;土地兼并的加剧,又导致了社会矛盾的进一步激化;女真贵族的进逼,则使外患日趋严重,整个社会危机四伏。凡此种种,引起了东林学者的极大忧虑。从他们当时的书札奏疏中,我们不难看出这种忧患意识:"时局种种可忧,真如抱薪于郁火之上,特未及燃耳。"①"臣观天下事势岌岌矣。"②正是这种岌岌可危的社会状况,使东林学者产生了改良社会的历史使命感,后者又进一步通过具体化为经世意识而促使他们将学问工夫与世道实事结合起来。当然,尽管东林学者将工夫扩及经世实事,亦即不再把个体的道德践履视为工夫的唯一内容,但修身等活动仍被不适当地置于相当突出的地位。如顾宪成便强调"修身为本"③,高攀龙也认为"若不修己,更无一事可做"④。这些看法都表明,在对工夫的理解上,东林学者并没有完全超出王学的眼界。

概而言之,王阳明致良知说的二重性导致了王门后学的分化,后者又将这种二重性进一步展开了。从总体上看,现成派对先天本体的作用作了较为细致的考察,但同时却由强调本体的见在性及夸大见在本体的制约性而表现出取消理性工夫的倾向,并由此将自觉等同于自发,从而导向了非理性主义;归寂派肯定了致知工夫的必要性,并强调本体非见在,明觉非自发,但由此却割裂了寂然之体与后天的感应过程,从而走向了主静归寂、反观内听的神秘主义;工夫派则从不同方面对工夫的作用及致知过程作了深入的考察,将致知活

---

① 顾宪成:《复张继》,《泾皋藏稿》卷四。
② 《今日第一要务疏》,《高子遗书》卷十七。
③ 《小心斋札记》卷十四。
④ 《讲义》,《高子遗书》卷四。

动理解为工夫与本体相互作用的动态统一过程,后者既展开为个体认知的提升,又表现为类的认识之历史进展。通过各派的互相诘难、争论,王门后学在德性培养的内在根据与修养工夫、致知过程中已有的认知结构与体认活动、个体的认知过程与类的学问工夫的历史展开等关系上提出了不少有价值的见解。理论上的以上思与辨,不仅为后来黄宗羲改造王学提供了理论先导,而且构成了中国哲学发展过程中不可忽视的一环。

# 第四章

# 志(意)知之辩的演进

在王阳明那里，与致良知说的二重性相联系的，是良知本身的双重规定，后者在意志与理智的关系上展开为志知之辩。王阳明注重并强调意志的作用，但同时也肯定了普遍之理智对个体意志之制约。王门后学从不同侧面对志知之辩作了进一步的考察，其中，泰州学派将个体之意(志)提到了突出的地位，表现出某种唯意志论倾向；黄绾、胡直反对"唯意而出"、"自恣轻外"，强调以普遍之理(道)限制个体之意；刘宗周则对意志与理智的统一性作了总体上的肯定，从而在一定程度上较好地解决了志(意)知之辩。

## 第一节 "造命却由我"与"意为心之主宰"

*——泰州学派的唯意志论倾向*

在本体与工夫的关系上,泰州学派由强调良知见在现成进而提出了"率良知"说,而后者又以"不识不知"为条件,这里已明显地表现出贬抑理性的倾向。从逻辑上说,理性的贬抑与意志的夸大,往往存在此消彼长的关系,在泰州学派那里,情形正是如此。这一点,从罗汝芳的如下议论中,便不难窥见:"盖学问是学圣,圣则其理必妙。子今只去照管持守,却把学问做一件物事相看;既是物事,便方所而不圆妙,纵时时照见,时时持守,亦有何用? 我今劝汝且把此等物事放下一边,待到半夜五更自在醒觉时节,必然思想要去如何学问,又必思想要去如何照管持守我的学问。当此之际,轻轻快快转个念头,以自审问说道:学问此时虽不现前,而要求学问的心肠则现前也;照管持守工夫虽未得力,而要去照管持守的一段精神却甚得力也。当此之际,又轻轻快快转个念头,以自庆喜说道:我何不把现前思想的心肠来做个学问,把此段紧切的精神来当个工夫,则但要时,更无不得,随处去,更无不有。"①照管持守是指穷理的致知工夫,"转个念头"则指意向活动,罗汝芳认为通过意向活动(转个念头)即可达到"无不得"、"无不有",并以此否定照管持守,这既是对现成良知说的论证,又含有强化意志作用之意。周汝登以更明了的形式,点出了这一层涵义:"发愿处,便是工夫,不可分两截。"②"只汝谓圣人难学,看得自

---

① 《罗近溪先生语要》。
② 《南都会纪》,《东越证学录》卷一。

己轻,便是尘垢;立起必为圣人之志,便是磨刮。"①这里的发愿、立志均属意向活动,以发愿立志为磨刮工夫,也就是以意向活动为工夫的内容。在这里,夸大意向作用与消解工夫的理性内容表现为同一过程的两个方面,这种合一,内在地蕴含着导向唯意志论的可能。

### 一、造命却由我

泰州学派首先赋予主体以自成的能力:"自成自道,自暴自弃。"②自成是指主体的自我造就,自弃则指自我否定;在"成"、"弃"之前冠以"自",意在强调:成、弃均决定于主体的自我选择。换言之,主体具有选择行为的自主性。王艮从保身的角度,对主体的这种自主性作了具体的阐述:"知保身则必爱身如宝。能爱身则不敢不爱人,能爱人则人必爱我,人爱我则吾身保矣。……知保身而不知爱人,必至于适己自便,利己害人,人将报我,则吾身不能保矣。"③"身"、"己"、"我"在这里涵义相通,保身即对主体(己)的肯定。按王艮的如上之见,自我是否得到肯定,与他人是否爱我相关,而他人之爱我与否,则取决于我是否爱人。这样,吾身之保否,归根到底由自我本身所决定。正是基于这一观点,王艮主张求诸己而不怨天尤人:"故君子反求诸其身,上不怨天,下不尤人。"④此处之天与人,泛指自我(吾身)之外的对象;不怨天尤人本是早期儒学的观念,但王艮将其与反求诸己联系起来,则侧重于表明:主体的命运并不是由外在的力量所主宰,而完全受制于主体(己)自身。从理论上说,自我选择或自主性主

---

① 《越中会语》,《东越证学录》卷四。
② 《语录》,《心斋集》卷一。
③ 《明哲保身论》,《心斋集》卷一。
④ 《勉仁方书壁示诸生》,《心斋集》卷一。

要表现为意志的品格。这样，当王艮从自我与外部对象（天、人）的关系上突出前者的个体（己）形式并赋予它以自主功能时，实质上也在某种程度上把这种自我视为人格化的意志；而自我决定自我（求诸己而不怨天尤人），则相应地表现为对自主选择这一意志品格的凸出。王艮的以上看法大致可以归源于王阳明。不过二者又有如下差异：其一，王阳明主要从道德行为应当出于主体的内在意愿这一角度，肯定了意志的自主性。而在王艮那里，自我（人格化的意志）的自主作用则由道德践履的范围扩及"保身"，后者在更广的意义上将意志归结为主体的决定者。其二，王阳明所说的自我之志，并非绝对无所依傍，它最终要受制于普遍的理或道，而王艮则把作为意志化身的自我（己）与外部力量（"天"、"人"）理解为对立的两极，并或多或少以自我的作用勾销了后者的制约：所谓"不怨天尤人"而求诸己，便突出地表现了这一倾向。这种在必然性的支配之外片面强调自我决定自我的观点，实质上已开始向唯意志论迈出了一步①。

由强调不怨天尤人而求诸己（自我决定自我），王艮又进而将自我（吾身）视为万物之本："是故身也者，天地万物之本也，天地万物，末也。"②就是说，自我不仅是自身的主宰，而且构成了天地万物所以存在的根据。以身为本稍作引申，即可得出万物依于己的结论："知修身是天下国家之本，则以天地万物依于己，不以己依于天地万

---

① 把王艮的以上看法与萨特的某些观点作一比较，也许有助于进一步了解前者的特点。萨特认为，个人的一切都取决于其自身，而与环境无关。正是在这一意义上，他强调个人必须"对一切负责"。这种完全无视外界对自我之制约的观点，表现出明显的唯意志论倾向。王艮的不怨天尤人而求诸己之说，与萨特的以上看法似不无相通之处。

② 《答问补遗》，《心斋集》卷一。

物。"①天地万物相对于自我(己),也就是非我,这里的不以己依于天地万物,无非是自我决定自我的另一种表述;而天地万物依于己,则含有自我决定非我之意。这种看法令人联想起费希特对自我与非我之关系的规定。费希特以自我为其体系的第一原理,提出了自我设定自我,自我设定非我与自我设定自我与非我三个著名命题。所谓自我设定自我,意即自我不依赖于对象而又构成了一切知识的绝对在先的、无条件的根据;自我设定非我,即是指自我通过设定自己的对立面(非我)而意识到自身;自我设定自我与非我,则是指自我通过克服、扬弃自己的对立面(非我)而回复到自身,在自我之内达到自我与非我的统一。这种以自我为终极本源的看法,在某些方面与王艮以天地万物依于己之说异曲而同工。不过,在从自我出发而又复归于自我的总前提下,费希特又认为自我具有理论理性与实践理性二重品格,并相应地对自我与非我的关系作了二重规定:就理论活动而言,非我作用于自我,而自我则受制于非我;就实践活动而言,自我又通过行动而主动地克服非我对自己的限制。

在费希特看来,在自我与非我的实践关系中,自我的意志是自由的。与费希特不同,王艮将认识关系(理论关系)与实践关系完全糅为一体,以"天地万物依于己"为唯一的原则。这一点,从著名的淮南格物说中即可见其大概:"吾身是个矩,天下国家是个方,絜矩则知方之不正,由矩之不正也。是以只去正矩,却不在方上求,矩正则方正矣,方正则成格矣……修身,立本也,立本,安身也,安身以安家而家齐,安身以安国而国治,安身以安天下而天下平也。"②吾身即自我,以吾身为矩而正天下国家,也就是将自我视为决定天下兴衰治乱的终

---

① 《语录》,《心斋集》卷一。
② 《答问补遗》,《心斋集》卷一。

极力量①。在这里,王艮实质上以实践关系中自我(人格化的意志)对非我的宰制,排斥了理论关系(认识关系)中非我对自我的限制,或者说,通过以实践关系消融理论关系而强化了自我之意的"决定作用"。这种观点使自我决定非我(天地万物依于己)的原则取得了费希特所不曾赋予的极端形式,它标志着泰州学派已进一步向唯意志论靠拢了。

基于上述看法,王艮提出了宇宙在我论:"'虚明之至,无物不覆,反求诸身,把柄在手。'合观此数语,便是宇宙在我,万化生身矣。"②虚明本来泛指一般的精神现象,而作为"把柄"的虚明,则与具有自决能力的意志相通,如果说,"不怨天尤人而求诸己"论还只是以比较隐晦的形式赋予自我(己)以意志的规定,那么,把"我"与作为把柄的虚明等而同之,则明确地将自我归结为一种意志的力量。此处之"宇宙在我"的提法较之"天地万物依于己"与"以吾身正家国天下"之说,在以下两个方面又进了一层:其一,它把非我理解为宇宙,而宇宙则泛指整个时空,它在范围上无所不包。从天地万物、家国天下到宇宙,意味着自我之意所宰制的对象扩展到了无限时空中的一切存在物;其二,"在我"含有由我而出之意;王艮于"宇宙在我"之后加上"万化生身"一句,即清楚地表明了这一点。后者运用于自我与命的关系,

---

① 钱穆、嵇文甫、狄百瑞等均已注意到了王艮强化自我作用的特点。钱穆认为,泰州学派"始终把我抬得过高,天地万物看得过轻"(钱穆:《王守仁》,第87页),嵇文甫则以自我中心主义概括王艮的淮南格物说(嵇文甫:《左派王学》,第42页)。狄百瑞也指出,王艮不同于王阳明之突出之点即在于把自我视为万物之中心[参见"Individualism and Humanitarianism in Late Ming Thought",Wm. Theodore de Bary (ed.), *Self and Society in Ming Thought*]。不过,他们均未进而看到,王艮的自我实质上是以人格化的意志为其内涵。

② 《语录》,《心斋集》卷一。

即表现为"我命虽在天,造命却由我"①。这里的命,可以看作是蒙上了一层神秘色彩的必然性(或必然趋势),而与这种必然性相对的"我",则更多地表现为人格化的意志。质言之,表现为命的必然性虽然以外在于自我之意的形式而存在,但它归根到底出于并受制于自我之意。王艮的后学罗汝芳进而从吾身与道的关系上,对此作了发挥:"此身才立,而天下之道即现;此身才动,而天下之道即运。"②"此身"即自我,道则含有必然规律之意,身立则道现、身动则道运,也就是道由我造。从造命由我到现(运)道由我,可以看作是一种合乎逻辑的演进。

一般说来,在自我与非我的关系上,唯意志论的特点不仅仅在于泛泛地肯定自我决定非我,而且具体地表现为强调自我对必然之势与必然之道的宰制,后者构成了其更本质的方面。所谓凭意志而行事,首先即是以贬抑与蔑视必然之道为前提的。反过来,把必然之势与必然之道视为自我的创造物,则势必导致以自我之意为行为的唯一准则。在泰州学派那里,情形并不例外。正是从"造命由我"、"身动则道运"的观点出发,泰州学派提出了"解缆放船,纵横任我"的主张:"解缆放船,顺风张棹,则巨浸汪洋,纵横任我,岂不一大快事也哉!"③在这里,摒弃必然之道的制约(解缆放船)与意志的绝对自由(纵横任我)构成了同一过程的两方面。这种看法通过对"造命由我"论的引申,使后者所包含的唯意志论倾向表现得更为明显了。

二、意为心之主宰

与王艮等把意志人格化为自我,并主要从自我与外部必然性的

---

① 《再与徐子直》,《心斋集》卷二。
② 《罗近溪先生语要》。
③ 罗汝芳:《会语》,转引自《明儒学案》卷三十四。

关系上强调造命由我、纵横任我不同,王栋着重从意与心的关系上,对意志主义的观点作了发挥。

前文曾指出,在王阳明那里,意既是指一般的观念,又是指应物而起、一时而发的意向。王栋着重对后者作了引申。他首先赋予"意"以定向的功能:"意有定向而中涵。"①定向与专一相联系,它大致构成了行为的内在机制。在王栋看来,这种具有定向功能的意,不同于泛然之意,它具体表现为主意:"且予所谓意,犹主意,非是泛然各立一意。"②与"泛然"相对的"主",含有自主之意;在"意"之前冠以"主",旨在强调意具有自主的品格。这样,在王栋那里,意在总体上即表现为专一(定向)与自主的统一,它的内涵大体上与王阳明所说的"志"相当。事实上,王栋本人即对二者作了明确的沟通:"志有定向,亦是说主宰定也。志与意岂相远哉?"③这种与定向之志相通的意,与意志大致相通。

作为定向(专一)与自主之统一的意,又称独。"独即意之别名……以其寂然不动之处,单单有个不虑而知之灵体,自做主张,自裁自化,故举而名之曰独。"④"自做主张,自裁自化"可以视为意志的自主品格的具体化。但值得注意的是,王栋在这里特别将"自做主张"与"独"联系起来,从而赋予意志之自主性以绝对的性质。就逻辑层面而言,把意规定为"独",意味着将意志与非意志的因素隔绝开来,并相应地否定后者对前者的影响与制约。王栋的看法正是如此:"少间搀以见闻才识之能,情感利害之便,则是有所商量倚靠,不得谓

---

① 《一庵集》卷一。
② 同上。
③ 同上。
④ 同上。

之独矣。"①见闻才识泛指感性知觉与理性思维,情感利害则与价值评判相联系。从理论层面看,意志活动,特别是道德践履过程中的意志活动,往往并不直接表现为当下的见闻才识与功利考虑的结果,它常常以自由选择的形式出现,王栋认为意不倚见闻利害,多少注意到了这一点,但是,意非见闻才识与功利评判的直接产物,并不意味着二者毫无联系。意志的选择与决定,归根到底要以对必然之理(真)的认识与价值关系(善)的评价为依据。王栋强调意志活动不能挟以任何见闻才识之知、情感利害之便,似乎以意志的自主(自决)性排斥了事实认识与价值评价对意志的调节;而意志一旦摆脱了后者的制约,便表现为一种独立不倚、绝对自由的精神力量。这里的唯意志论气息已相当浓了。

王栋并没有就此止步。

从上述观点出发,王栋对心与意的关系作了进一步的规定:"盖自身之主宰而言谓之心,自心之主宰而言谓之意……大抵心之精神无时不动,故其生机不息,妙应无方,然必有所以主宰乎其中而寂然不动者,所谓意也,犹俗言主意之意。盖意字从心从立,中间象形太极圈中一点,以主宰乎其间。不著四边,不赖倚靠,人心所以能应万变而不失者,只缘立得这主宰于心上。"②作为身之主宰的心,泛指以理性思维为主要内容的主体意识。在这里,王栋已开始把独(不著四边,不赖依靠)与"主宰"联系起来,由意不受制于理性,进而导出了意支配理智的结论:意志犹如太极,它不附于心而又宰制心(主要是理智)的一切活动。就其本质而言,理性的内容往往关联着对必然之道(理)的认识。从这一意义上,可以把意志与理智的关系看作是意志

---

① 《一庵集》卷一。
② 同上。

与必然之道的关系在意识领域中的延伸。意志与必然之道的外部冲突,在理论上每每引向意志与理智的内在对立,而意志对必然之道的支配,则相应地将表现为意志对理智的主宰。从王艮的造命由我论到王栋的意为心之主宰论,体现的正是这样一种逻辑的进展,而这种进展,同时又是泰州学派的唯意志论原则由形成到进一步展开的过程。

要而言之,泰州学派在发挥王阳明注重个体意志这一面的同时,基本上撇开了王氏以普遍之理制约个体意志之说,从而在志(意)知之辩上将王学引向了唯意志论。泰州学派的唯意志论以蔑视必然之道与贬抑理性为主要特点,在理论上带有明显的非理性主义色彩。诚然,意志对主体的行为具有能动的调节作用,这一点,王阳明已注意到了,而泰州学派则进一步将它突出了。但是,如前文一再指出的,意志活动本身无法完全疏离对必然之理的认识。一旦脱离了以必然之理为内容的理智的制约,则意志势必蜕变为盲目的冲动,而后者又往往将转化为某种破坏性的力量。对此,黑格尔曾作过一番分析。黑格尔把与思维分离的意志称为否定的意志,并认为:"当它转向现实应用的时候,它在政治和宗教方面的形态就会变为破坏一切社会秩序的狂热……这种否定的意志只有在破坏某种东西的时候,才感觉到它自己的定在。"[1]在泰州学派那里,多少可以看到这种倾向。黄宗羲曾说:"泰州(指王艮——引者)之后,其人多能以赤手搏龙蛇。传至颜山农、何心隐一派,遂复非名教之所能羁络矣。……诸公掀翻天地,前不见有古人,后不见有来者。释氏一棒一喝、当机横行,放下挂杖,便如愚人一般,诸公赤身担当,无有放下时节,故其害如是。"[2]这里所说的名教,主要是指普遍的规范,不为名教所羁,首先

---

① [德]黑格尔:《法哲学原理》,第14页。
② 《明儒学案》卷三十二。

意味着排斥普遍之则（规范）。这一点，只要看一下王艮的再传弟子赵贞吉的如下议论，即不难了然："夫天然之则，在此物者不能以该于彼物；当可之处，在此事者不能以通于他事。"[①]天然之则亦即必然之理，当可之处则与当然之则相关。所谓"在此物者不能以该于彼物"，"在此事者不能通于他事"，实质上也就是否认必然之理与当然之则具有普遍制约性。这种看法在当时固然有质疑礼教的权威性、独断性这一面，但同时又包含着不加选择地否弃一切规范的倾向，后者不仅容易使主体的行为带有盲目性，而且往往会对一般的社会生活秩序造成破坏和危害。

与普遍的理性不同，意志主要与主体的自主性相联系，它在某种意义上构成了主体意识中的个体性规定。这样，当泰州学派强调意志作用时，相应地意味着张扬主体意识中的个体性这一面，后者在形式上与禅宗突出自心的观点又有相近之处。也许正是因为这一点，泰州学派常常被目为"狂禅"。不过，稍加分析即不难发现，二者在理论上具有不同的特点。禅宗主要把自心与顿悟联系起来，认为一旦自悟本心，即可"触类是道而任心"[②]，其内在意向在于通过直觉的方式来摆脱尘世的束缚，这种观点明显的带有直觉主义的性质。与此相异，泰州学派把意志的力量与主体对外部对象的作用联系起来，强调要"合下便在裁成天地、辅相万物上用功"[③]。为了更具体地了解这一点，我们不妨援引罗汝芳的一段议论："如山水虽得天性生机，然只成得个山水……惟幸天命流行之中，忽然生出汝我这个人来，却便心虑意妙，头圆足方，耳聪目明，手恭口止，生性虽同乎山水禽兽草木，

---

① 转引自《明儒学案》卷三十三。

② 《圆觉经大疏钞》卷三下。

③ 《一庵集》卷一。

而能铺张显设,平成乎山川,调用乎禽兽,裁制乎草木……而弘乎无为之道体。"①"心虑"泛指一般的意识活动,"意妙"则特别突出了意志的能动性。按罗汝芳的看法,主体(汝我这个人)不同于山水禽兽的根本之点,即在于前者具有以意志为主宰的能动意识。正是这种能动的力量,决定了主体能够制山川草木禽兽而用之。这种观点强调的不是"触类是道",而是"弘乎无为之道体";它或多或少以意志主义的形式高扬了主体的能动作用。从理论上说,离开对必然之道的认识而片面强调"弘乎无为之道体"当然是错误的,但它毕竟又有别于禅宗那种"触类是道"、随遇而安的任心。

正是以"弘乎无为之道体"取代"触类是道",使泰州学派的意志主义在理论上表现出禅宗的直觉主义所不具有的意义。为了说明这一点,我们可以将泰州学派的上述看法与传统的宿命论作一比较。自汉武帝独尊儒术以后,儒家的思想在正统的意识形态中长期占据统治地位,而儒家思想从先秦开始,便表现出某种宿命论倾向。孔子把天命视为不可抗拒的力量,要求"畏天命";孟子也认为天命非人力所能驾驭。荀子虽然提出了"制天命而用之"的命题,但这一思想并没有能在正统儒家中占主导地位。汉代以降,与尊天命、畏天命相联系的宿命论倾向以不同的形式绵绵相续。至两宋,以程朱为代表的正统理学进一步将天理规定为主宰万物的超验力量,并相应地把主体的一切行为均置于天理的绝对支配之下,从而在某些方面使宿命论倾向得到了进一步的发展。相对于此,泰州学派强调主体并不是消极地顺从天命,而是具有铺张显设、弘乎道体的能力,这无疑是对传统的宿命论的一种大胆挑战。如果说,王阳明主要由肯定道德践履中的自愿原则而多少纠正正统理学以天理为定命而无视主体内在

---

① 《会语》,《近溪子明道录》卷八。

意愿之偏,那么,泰州学派则通过突出意志的力量而对天命至上、天理至尊的正统观念作了更直接的冲击,它对于削弱宿命论的传统显然有一定意义。不过,唯意志论尽管在某些方面不失为宿命论的解毒剂,但它毕竟在理论上又构成了另一个片面,正是后者,决定了它本身必然将在志(意)知之辩的演进过程中被扬弃。

## 第二节　志道与顺乎无内外之则

与泰州学派突出自我之意不同,黄绾和胡直在肯定志的作用的同时,又着重考察了道(理)的普遍制约性。他们反对"惟意而出"、"自恣轻外",强调自我之意必须受制于普遍之则。

### 一、黄绾以"志道"否定"惟意而出"

黄绾字叔贤,号久庵。曾同王阳明、湛甘泉相与论学,彼此交谊甚笃。后闻王阳明致良知之教,极为推崇,感叹道:"简易直截,圣学无疑,先生(王阳明——引者)真吾师也,尚可自处于友乎?"于是执弟子礼①。黄绾晚年虽对王阳明的某些看法略有微词,但其基本思想始终不越王学②。

就王学的演变而言,黄绾思想中值得注意之点,主要在于对意与

---

① 参见《明儒学案》卷十三。
② 黄绾晚年对王学末流(包括泰州学派)否定工夫的倾向深为不满,其批评亦兼及王阳明。不过,在以心为本体,并把致良知视为达到天赋于心体的普遍之则等基本原则上,黄氏与王阳明并无二致。这一点,从黄氏晚年的如下论述中不难看出:"物者事也,有君臣则有君臣之事……所谓'有物有则'也。则非外铄,皆在人心独知之中。"(《明道编》卷五)"必于吾心独知之地实致其力。"(同上)据此,我认为,断言黄绾已与王阳明的学说"决裂"(侯外庐:《明道编·序》),似乎欠妥。

理的关系之考察。黄氏首先对"唯意而出"提出了批评："又如今人，欲敛饬则事足恭，安怠惰则事慆慢，凡语言、称呼、交际、礼仪所在，惟意而出，略不思其理当如何，此皆学之不明，今之通弊也。"①惟意而出又称"惟任己之好恶"②，其形式表现为以自我之意为行为的唯一依据，而完全不循必然之理。在这里，黄绾虽然未直接点出泰州之名，但其批评似乎也兼及泰州学派：所谓"惟意而出"，亦可视为泰州学派"造命由我"、"意为心之主宰"论的概括。从理论上看，黄绾把"惟意而出"与"不思理之当然"理解为彼此相关的两个方面，确实在一定程度上抓住了泰州学派的特点："惟意而出"意味着夸大自我之意，"不思理之当然"则有蔑视必然之理与普遍理性之意，而二者在泰州学派那里又完全被糅合为一体。

从另一个角度看，把否定"惟意而出"与反对"不思理之当然"联系起来，又内在地蕴含着意（志）与理相统一的看法。正是基于后者，黄绾指出："学者于凡日用事为之间，勉勉其志，必有以见其当然之理而不容已处，方为有益。"③这里的志，既是指专一的志向，又是指意志的坚毅性。黄氏认为"勉勉其志"须与"见其理之当然而不容已处"相结合，"方为有益"，意在强调：意志只有在普遍之理的制约下才能发挥其积极作用。在见理的前提下勉勉其志，又称志道。按黄氏之见，如果不能做到志道，则行为必不中节："若不知志道，则处事必不中节。"④所谓"志道"，也就是志向与普遍之道的一致。把以上两个方面综合起来，便可看到，黄绾实际上对意志的作用作了双重规定：当意志合乎普遍之理（道）之时，则能对日用事为起"有益"的调节作用；

---

① 《明道编》卷三。
② 同上。
③ 《明道编》卷六。
④ 《明道编》卷一。

一旦志与道(理)相悖(不能志道),则势必使行为带有盲目性("不中节")。这种看法明显地导源于王阳明:在王阳明那里,勉勉其志与穷理即已被视为相互联系的两个方面。不过,王阳明主要从理智对意志的制约上,肯定了穷理(唤醒主体意识中的天赋之理)的必要性,而黄绾则侧重于以理(道)本身作为确定意向的基础,后者在一定程度上更自觉地注意到了意志的自主性与必然之道及当然之则的关系。

如前所述,意志作为主体精神活动的内在机制,具有自主选择的功能,这种自主性在一定意义上构成了意志的自由品格。否认了意志的自主性,在理论上势必导向宿命论。正统理学的缺陷之一,便在于忽视了这一点。但另一方面,意志自由又并不表现为摆脱必然规律而独立,一旦离开了必然之理,则意志的自主性将降低为任性;后者在形式上虽然表现为对各种可能的决定进行任意的选择,但实质上却恰恰为"应该由它所支配的对象所支配"①,以这种选择为前提的行动,不可避免地具有自发的、盲目的性质,它最终将在严峻的必然性之前碰壁:这同时也就是泰州学派之意志主义的逻辑归宿。黄绾所说的道与理,当然还不完全等于客观法则,但他把志与理(道)联系起来,并从志与道(理)一致与否考察其不同作用,显然已多少触及了上述思想。如果我们进而看一下黄绾的如下议论,即可更清楚地了解这一点:"事物之来,各有其理,须当尽吾之心,穷尽其理,到当□②之于命处而委之,庶无卤莽而德日新。"③事物之理,即是外部的必然规律,把穷事物之理与尽吾之心等而同之,固然带有心学的色彩,但他强调只有穷事物之理,才能使行为避免盲目性(无卤莽),这无疑在

---

① 《马克思恩格斯选集》第3卷,北京:人民出版社,1972年,第154页。
② "当"后缺一字。参见《明道编》,北京:中华书局,1959年,第68页。
③ 《明道编》卷六。

一定程度上纠泰州学派离开必然之理（道）而片面强调以自我之意"造命"、"弘道"的偏向。

以必然之道（理）限制自我之"意"，在逻辑上必然以"知道"为前提，而把握道则以致知为条件："学以致知为先，必真见物则之当然，不容已、不容增、不容减方有得。"①"盖思是工夫"②，致知工夫和"思"的以上沟通，与泰州学派"不着致字"、"不识不知"论恰好形成对照，它通过摒弃贬抑理性工夫的现成良知说而进一步突出了理智的普遍制约作用，后者具体便表现为在"真见物则之当然"的基础上，使主体的意志活动及与之相联系的行为得到合理的调节。关于以上关系，黄绾在对格物的新阐释中作了具体的论述："《大学》之要，在'致知在格物'一句。其云致知，乃格物工夫；其云格物，乃致知功效。在者，志在也，志在于有功效也；致者，思也，'心之官则思，思则得之，不思则不得也'；格者，法也，有典有则之谓也。"③所谓"有典有则"是指行为完全合乎必然之理与当然之则。质言之，致知格物具体展开为如下过程：通过理性的工夫而把握必然之理与当然之则，然后又以此规范主体的行为，从而使后者完全合乎道与理（有典有则）。在这里，顺乎必然之理（道）与理智的调节表现为同一过程的两个方面；它与泰州学派由必然之道与意志的外部冲突引出理智与意志的内在对立的运思路径，在形式上相似而在内容上刚好相反。

有典有则的致知格物过程，最终又以成己成物为其目标。"《大学》之道，'成己'、'成物'而已。'成己'者，'明德'、'亲民'之事也；'成物'者，'齐家'、'治国'、'平天下'之事也；'成己'所以'成物'，

---

① 《明道编》卷三。
② 《明道编》卷一。
③ 《明道编》卷二。

合内外而一之也。其用功之要,只在'致知在格物'一句。"①成己即理想人格的自我培养,成物则指凭借主体的力量以裁成万物。以致知格物为成己成物之要,也就是强调德性的自我培养与主体对外部对象的作用,都必须以"知道"(则)为基础。这种观点,可以看作是解决主体的能动作用与必然之道(理)之关系的一种尝试:成己与成物分别从主体与自身和主体与对象的关系上肯定了主体的能动性,而以致知格物为要,则实质上将这种能动作用置于必然之道(则)的规范之下,后者在更一般的意义上扬弃了泰州学派离开必然之道而片面强调自我决定自我与自我决定非我(造命由我)的意志主义观点。

二、胡直以"顺乎无内外之则"拒斥"自恣轻外"

继黄绾以后,进一步对唯意志论偏向加以批评的,是胡直。胡直字正甫,号庐山。二十六岁时入欧阳德之门,后又曾从罗洪先问学,为王阳明的二传弟子。胡直对如何致知的问题发挥不多,其学以反对喜妙轻则,强调良知的普遍规范性为特点。

胡直首先对王艮以一身而为天下后世之师说提出异议:"先生(王艮——引者)录中有云:'出则为帝者师,处则为天下后世师。'予则以为圣人出为帝者师而未尝不师天下后世。"②一身而为天下后世之师,无非是自我决定非我的引申。在胡氏看来,这种倾向若进一步发展,势必导致猖狂自大:"而今之学者,未少有得,则皆好为人师……猖狂鼓舞,自为大于一时。"③这似乎可以看作是针对泰州学派片面突出与强化自我而发。在另一处,胡直更直截了当地批评王艮

---

① 《明道编》卷五。
② 《重刻王心斋先生遗集序》,《衡庐精舍藏稿》卷十。以下简称《藏稿》。
③ 《重刻王心斋先生遗集序》,《藏稿》卷十。

之徒"往往放达自恣"①。所谓自恣,亦即以自我之意为行为的唯一依据,而后者又与忽视普遍之则相联系。关于这一点,胡氏具体作了如下分析:"以故承学之士惟求良知之变化、圆通、不可为典要者,而不复知有至当、中、极、则、矩、至善、中庸、停停当当之所归,一切太过不及,皆抹杀而不顾,以致出处取予,多不中节,一种猖狂自恣、妨人病物,视先儒质行反有不逮。"②此处之变化流通而"不可为典要者",大致与良知的个体性品格相关;而与之相对的"则""矩"等,则以理(道)为内容,基本上构成了良知的普遍性品格。以上论述包括两个要点:其一,导致"猖狂自恣"的唯意志论倾向的根源,在于将良知的个体性("不可为典要者")推向极端。从王学的演变来看,泰州学派的唯意志论以突出自我之意为其特征,而以"意"为第一原理在一定意义上确实是强化心体的个体性规定的逻辑结果。胡直的以上看法显然注意到了这一点。其二,自恣之弊在于"妨人病物"。所谓妨人,是指不遵循调节人际关系的普遍规范(当然之则),"病物"则指蔑视以至否定事物的必然之理;前者可以看作是对泰州后学否定一般准则之倾向的批评,后者之锋芒则直接指向泰州学派的"造命"、"弘道"之说。较之黄绾,这种批评无疑更为深入与细致。

与泰州学派相对,胡直着重考察了良知中包含的本然之则:"夫良知者,乃吾人之天权、天度、天星、天寸者也。吾致其良知以应物,是犹平衡定准以称量天下之物者也。夫是以顺乎本然之则而不涉于安排者也。今若舍吾天权、天度、天星、天寸而推以穷索臆度,悬定物理之轻重长短,是未尝平衡而欲以称物,未尝定准而欲以量物,则非独涉于安排,且以颠越其轻重长短者多矣,又乌睹所谓

---

① 《困学记》,引自《明儒学案》卷二十二。
② 同上。

本然之则哉！"①"天权"即是普遍至上的准则。在这里,胡直实质上以先验论的形式突出了当然之则与必然之理的普遍制约性：作为本然之则的良知,其内容无非是理(道),从而,当胡直把良知提到天权的高度,并将它同个体之臆度对立起来时,同时也意味着强调理(道)的普遍性。这一涵义,胡直在以下作了更简要的阐述："理者,吾心之灿灿者也;以其至一理至不一者也。"②所谓"至不一者",在狭义上指主体的各种具体行为,在广义上则泛指千差万别的特殊对象。与此相应,以至一"理"至不一者,既是指当然之则对具体行为的规范作用,又是指必然之理对特殊对象的支配性。在心与理为一的前提下讲本然之则的普遍制约性,这当然仍是一种心学的思辨,但如果联系泰州学派的观点,则不难看到其理论意义。泰州学派从造命由我、意为太极的观点出发,认为"天然之则,在此物者不能在彼物",亦即将当然之则与必然之道限定于特殊的时空之中,而以个体之意为其主宰。在这种背景下,胡直肯定本然之则具有理"至不一者"的功能,并反对以个体之臆度悬定物理,无疑起了重新确认理(道)之普遍性规定的作用。

在胡直看来,良知(心体)所包含的普遍之则,同时又内在于天地万物之中："某以为心体诚无内外,故莫非吾心之文,则莫不有吾心不可损益之天则行乎其间者⋯⋯近世学者处物接人,进退取予,多不得其当,非良知之罪也,彼重良知于内而置事物于外,陵迟及于是病,而不知良知之无内外也。"③这种看法大体上可以归源于王阳明的本体原无内外论。不过,与王阳明主要肯定良知作为万物所以存在的普

---

① 《申言下》,《胡子衡齐》卷八。

② 《明中上》,《藏稿》卷二十九。

③ 《奉聂双江先生》,《藏稿》卷十九。

遍根据而与万物融为一体不同,胡直强调"无内外",着重于沟通良知之则与在物之则。正是在后一意义上,胡直指出:"惟人独有良知,则固所以通天地万物而理之者也。良知之通天地万物而理之,是乃所谓天然之条理者也。"①在泰州学派那里,片面抬高个体之意与重"内"(自我之意)轻"外"(普遍之物则)大致从不同侧面表现了同一原则。如果说,肯定良知中的本然之则具有理至不一者的功能主要针对泰州学派的前一偏向而发,那么,把这种本然之则理解为"通天地万物"的天然条理,则旨在以"无内外"之论救其"重内轻外之弊"②。显而易见,胡直在这里实质上以泛神论(内外为一)的形式,肯定了主体意识(包括意志)不仅必须与内在于良知的本然之则相一致,而且应当相应地合乎"天地万物"之理。后者稍加引申,即可得出随万物委顺之的结论:"我与天地万物皆不相有,而后随万物之低昂而委顺以应之,夫委顺则无事矣。"③这种观点尽管以心体无内外为前提,因而并没有超出王阳明的心学,但较之泰州学派以自我之意宰制天地万物之理,无疑又有其合理性。

就志(意)知之辩的演变而言,王阳明考察的主要是意志与理智的关系,对意志与外部必然性的关系则未作具体讨论。泰州学派在以意为心之主宰的同时,又提出了造命由我、吾身动则道运之说,从而使志(意)知之辩的范围由意志与理智的关系扩及意志与必然之道的关系。但是,在他们那里,"意"与"理"、"志"与"道"的关系,是以自我之意主宰必然之道的方式加以解决的。黄绾与胡直先后从不同的角度探讨了道(理)的普遍制约性,他们在肯定意志作用("勉勉其

---

① 《申言下》,《胡子衡齐》卷八。
② 《复孟两峰》,《藏稿》卷十九。
③ 《巽说》,《藏稿》卷十五。

志")的同时,又着重强调自我之志必须以普遍之道为依据。尽管黄、胡所说的道(理)不完全指客观法则,但通过对普遍之道(理)限制自我之意(志)的强调,他们毕竟在先验论的形式下,多少克服了泰州学派在意志与外部必然性的关系上所表现出来的唯意志论倾向,从而构成了志(意)知之辩演进过程中的重要一环。

## 第三节 "意蕴于心"与"知藏于意"
### ——刘宗周论意知关系

黄绾与胡直并未终结志(意)知之辩。在他们之后,刘宗周对意(志)的性质、功能及其与知(理智)、理的关系作了更为深入的考察。

刘宗周(1578—1645),山阴(今浙江绍兴)人,字起东,号念台;因讲学蕺山,学者称蕺山先生,万历辛丑进士,官至南京左都御史。南明覆亡后,绝食二十日而卒。刘氏虽未在师承关系上列于王门之下,但在哲学上却奉王学为宗①,他曾这样评价王阳明的致良知说:"良知之教,如日中天。昔人谓天不生仲尼,万古如长夜。然使三千年而后不复生先生(王阳明——引者),又谁与取日虞渊、洗光咸池乎?"②可谓推崇备至。就心物关系而言,刘宗周在肯定"心即天即地即万物"③的前提下,又认为"盈天地间一气而已矣"④,这种看法与王阳明心物一体的泛神论大致上一脉相承。在本体与工夫的关系上,刘氏主张

① 刘宗周曾从学于湛若水的再传弟子许孚远。不过,许的老师唐枢已颇慕阳明之学,而许本人则更是笃信良知之说,这种师承关系,使刘宗周一开始便较多地受到王学的影响。

② 《重刻王阳明先生传习录序》,《刘子全书》卷二十一。

③ 《证学杂解》,《刘子全书》卷六。

④ 《原性》,《刘子全书》卷七。

向事物上做工夫:"吾儒学问,在事物上磨炼,不向事物上做工夫,总然面壁九年,终无些子得力。"①而事上做工夫的过程,也就是致用的过程。这种观点接近于欧阳德及东林学者。在上述方面,刘宗周超出前人之处并不很多。从王学的演变来看,刘氏思想中真正值得注意的独特之点,在于他对意的考察。黄宗羲曾认为,刘宗周为学宗旨,在于慎独,而慎独之功,则在于"意",其与诸儒之异,亦体现于"意"②。这一评语并非虚发。刘宗周对意与知等关系的分析,在理论上确实较之王门的其他后学深入了一层。

## 一、"意为心之所存"

朱熹在《大学章句》中曾对意作了如下规定:"意者,心之所发也。"朱熹以后的理学家基本上沿袭了这一界说③。与朱熹不同,刘宗周认为:"意者,心之所存,非所发也。朱子以所发训意,非是。"④"心如舟,意如舵。"⑤依此,则意并不是心的消极产物,它内在于心,并对心起着制约作用,二者之关系一如舵之与舟。作为心之舵,意具有定向的功能:"心所向曰意,正如盘针之必向南也……凡言向者,皆指定向而言,离定字,更无向字可下。"⑥此处之意,与王阳明所说的志大致相当,事实上,刘氏在同一处即把意称为志:"意,志也,心所之曰志。"⑦这种具有定向功能而与志相通的意,也就是意向。依刘氏之

---

① 《会录》,《刘子全书》卷十三。
② 参见黄宗羲:《答恽仲升论子刘子节要书》,《南雷文定五集》卷一。
③ 王阳明在意应物而起,一时而发的意义上,亦把它视为心之所发;不过,王阳明同时又强调了志之定向对心的制约(详见本书第二章第一节)。
④ 《学言上》,《刘子全书》卷十。
⑤ 《会录》,《刘子全书》卷十三。
⑥ 《商疑十则·答史子复即翻董生前案》,《刘子全书》卷九。
⑦ 同上。

见,意同时又表现为好恶:"好善恶恶者,意之动。"①所谓好善恶恶,亦即趋善弃恶,它在本质上与自主的选择相联系:对善的肯定与追求和对恶的否定与拒斥,并不是外在强制的结果,它完全出于主体的内在意愿。把以上两个方面综合起来,"意"即表现为定向与选择的统一,而这二者基本上均属意志的品格。这样,当刘宗周认为意内在于心而制约心时,实质上便意味着肯定意志对心的调节作用。以上刘氏对意的界说,与泰州学派的王栋显然有相近之处。不过,从后文的分析中我们将可看到,在相近的外观之后,又隐存着深刻的差异;一旦对意知关系作进一步规定,这种差异就会显露出来。

意既与心相关,那么,为意所制约的心,又具有何种规定? 刘宗周所说的心,基本上有两方面的含义。其一,指"觉":"心也者,觉而已矣,觉故能照。"②此处之觉,相当于自觉的理性思维。其二,心又兼指与猖狂无忌惮相联系者:"夫求心之过,未有不流为猖狂而贼道者也。"③"任心之学,则小人而无忌惮矣。"④这种片面追求则将导致猖狂而无忌惮的"心",大致以个体之欲为其内涵⑤。与心的二重含义相应,意对心的制约也同样具有二重性。它首先表现为意对欲的规范。就广义而言,欲也可以看作是一种意向活动(意欲),正因如此,故如果毫不约束地一味任欲,则可能导向意志主义。事实上,在泰州学派那里,夸大意志作用与任欲即构成了相互联系的两个方面。王栋说:"察私防欲,圣门从来无此教法。"⑥颜钧、罗汝芳进而提出了"制欲非

---

① 《答史子复》,《刘子全书》卷九。
② 《易衍》,《刘子全书》卷二。
③ 《张慎甫四书解序》,《刘子全书遗编》卷六。以下简称《遗编》。
④ 《学言中》,《刘子全书》卷十一。
⑤ 参见《学言上》,《刘子全书》卷十。
⑥ 《一庵集》卷一。

体仁"论①。泰州学派的以上看法在当时固然有反对禁欲主义的一面,因而并非毫无积极意义,但诚如黑格尔所说:"欲望是任性或形式的自由,以冲动为内容。"②这种"冲动",主要表现为意志的盲动。就此而言,任欲而不制欲之说,又带有某种意志主义印记。刘宗周指出任心(任欲)的结果必然导致猖狂而无忌惮,表明他已在一定程度上注意到了上述关系。如何避免这种状况? 刘氏提出了诚意说:"今天下争言良知矣,及其弊也,猖狂者参之以情识……司世教者又起而言诚意之学。"③所谓"猖狂者",主要是指泰州学派及其后学,猖狂者所参之情识,首先表现为意欲,而诚意则是端正自我之意。以诚意之学救猖狂者任欲之弊,也就是以合理的意向,遏制与规范盲目的意欲冲动。刘宗周所理解的"诚",当然首先是指合乎封建的纲常,就这方面而言,刘宗周强调以诚意制约欲并不足取。但另一方面,这里又含有以合理(合乎必然之理)的意志来调节一般的意欲活动,使意欲得到健康发展,从而避免滑向唯意志论之意,后者显然有值得关注之处。

意对心的另一重制约,具体表现在意与觉的关系上。"人心径寸耳,而空中四达,有太虚之象。虚故生灵,灵生觉,觉有主,是曰意。"④如前文所述,"觉"含有理性思维之意;此处之意,则首先是指意向:"人有生以来,有知觉便有意向。"⑤从形式上看,刘宗周的以上看法似乎接近于王栋的意为心之主宰论。但稍加分析即可看到,二者事实上颇相径庭。这不仅在于它们的理论前提迥然相异(这一点,留待下

---

① 《罗近溪先生语要》。
② [德]黑格尔:《哲学史讲演录》第一卷,北京:商务印书馆,1981 年,第99 页。
③ 《证学杂解》,《刘子全书》卷六。
④ 《学言中》,《刘子全书》卷十一。
⑤ 《立志说》,《刘子全书》卷八。

文详论),而且表现在其内在涵义也相去甚远。王栋所说的意为心之主宰,是指意作为"自做主张,自裁自化"的至上太极而绝对地支配着理性活动,而在刘宗周那里,意为觉之主并不是指意无条件地主宰理智。这一点,只要看一下刘宗周的如下解释即不难了然:"止言心,则心只是径寸虚体耳,著个意字,方见下了定盘针,有子午可指。"①就是说,作为觉之主的意,其作用主要即表现为给理智活动下一"定盘针"(定向)。

关于意(志)对知(理性思维)的调节作用,王阳明已在一定程度上注意到了,不过,王阳明并没有将这一思想明确地加以展开。较之王氏,刘宗周的以上分析显然更为具体。理性思维本质上并不是与其他心理活动彼此隔绝的孤立现象,它与意志、情感等活动总是处于难分难解的联系之中,并不可避免地受到后者,特别是意志的影响。从横向看,当主体在认识过程中面临多种思路而又必须作出某一选择时,便不仅需要运用背景知识对不同的运思途径加以比较分析,而且最后必须借助意志的力量将最合理的思路确定下来。在这里,意志的作用既表现为定向,又表现为自主的选择。就纵向而言,主体从发现问题转向解决问题(或者说,从确定问题向提出解决问题的假设之转化),同样既要以理性思维为基础,又要诉诸意志的定向作用。没有意志这种心理机制,思维从一个环节到另一个环节的过渡,就无从实现(当然,由于现实的意识活动是在各种心理因素的交互作用中展开的,因而渗透其间的意向功能,不一定为主体所单独地自觉到)。一旦思维的方向确定,意志的作用则表现为排除各种消极因素对思维活动的干扰,保证思维的专注性,使之始终指向既定的目标;意志的这种专一品格,在一定意义上构成了逻辑思维所以可能的必要条

---

① 《答董生心意十问》,《刘子全书》卷九。

件。刘宗周把意视为心之定盘针,显然已触及了意志的以上功能。正如以诚意抑制无忌惮之欲,主要从意与欲的关系上肯定了意志的调节作用一样,以意为觉之主,着重从认识论的角度突出了主体意志的能动性。

二、"知藏于意"

意作为调节心(欲与觉)的能动因素,是否具有"不赖依靠"的自我封闭性质? 刘宗周的回答是否定的。在他看来,意对心固然具有制约作用,但它本身又以知为精神:"意之精神曰知。"①知泛指理智(理性思维),"精神"在这里含有主导之意,所谓知为意之精神,意即意向活动归根到底必须接受理智的范导。刘氏以如何诚意为例,对知与意的这一层关系作了具体阐述。根据他的观点,意对欲的调节以诚意为必要条件,而诚意则离不开知:"诚意之好恶,又却从致知格物来。"②质言之,要使好恶这种意向活动归于端正,首先必须对善恶本身获得理性的认识;无知善知恶之知,则无好善恶恶的合理意向。从这一意义上,刘宗周认为意与知表现为不可分之合相:"好即是知好,恶即是知恶,非谓既知了善,方去好善,既知了恶,方去恶恶。审如此,亦安见其所谓良者? 乃知知之与意,只是一合相。"③这一看法在以知为意之精神的基础上,肯定了意与知的内在统一性。

刘宗周的以上观点涉及了他与王栋的更本质的分歧。王栋将意规定为"不著四边,不赖依靠"的太极,而不赖依靠首先意味着排斥理性思维对自我之意的制约。后者既可视为意志主义的基本前提:以

① 《会录》,《刘子全书》卷十三。
② 《大学古文参疑》,《刘子全书》卷三十五。
③ 《学言下》,《刘子全书》卷十二。

意为绝对主宰可以看作是摒弃理性制约的逻辑结果;又构成了将意志等同于盲目冲动的理论根源。从一定意义上说,意志主义的核心即在于反叛或贬抑理性。与此相反,刘宗周对意知关系的看法,恰恰以高扬理性为其出发点。所谓知为意之"精神",无非是要求将泰州学派"不赖依靠"之意(与理性隔绝之意)重新置于理性的范导之下。如果说,把意的作用限制在定向、专一等方面,主要从意志作用的范围、方式上扬弃了泰州学派无条件地以意为第一原理的意志主义原则,那么,强调意必须受制于知,则进一步否定了唯意志论的理论前提。

在刘宗周以前,王阳明已提出了志的定向要以知为依据之说,刘氏的上述观点显然源出于此。不过,王阳明虽然注意到了志与知的联系,但并没有对意志与理智的内在统一性作具体考察。正是在这方面,刘宗周较之王氏又前进了一步。从理论上说,知作为意向活动的依据,并不是与意平行并列的,它往往渗入于意之中;同样,意志的自主选择,也总是内在地包含着理性思考(当然主体不一定自觉地意识到)。尽管我们可以在逻辑上把意与知区分开来加以考察,但就其现实的过程而言,意志活动却难以离开理性思维而孤立地展开。意一旦与知隔绝,则势必受挫于实践活动。用黑格尔的话来说:"意志本身成为达到自己目标路上的障碍,只是由于意志与认识分离了。"①刘宗周把意与知视为"一合相",并以此否定意知相分的意志主义观点,这与黑格尔的上述思想不无相通之处。

基于如上看法,刘宗周反对以念为意:"一念不起时,意恰在正当处也。念有起灭,意无起灭也。今人鲜不以念为意者,呜呼! 道

①  [德]黑格尔:《逻辑学》下,北京:商务印书馆,1976 年,第 526 页。

之所以常不明也。"①此处之念,是指建立在情之上的意欲:"欲动情炽而念结焉。"②而作为这种意欲之依据的情,其炽其流又与罔于理相联系:"情动而流或罔于理也。"③对意与念的上述分别,可以看作是对意志本身的一种区分。与念相对的意,无非是指在知规范下的自觉意向,正由于它与知一致,故能"恰在正当处";至于念,则是游离于理智之外(罔于理)而以意欲的形式表现出来的盲目意向。这一点,刘氏在另一处作了更为明了的阐述:"从良知定主意则诚,从情识定主意则欺且伪。"④由情识而定之意,也就是罔于理之念。在这里,意与念之分即直接以意本身的内在差异这一形式表现出来,这一看法与刘氏的诚意说有着逻辑的联系。当刘氏主张以合理之意(达到了诚的意)抑制盲目的情识(意欲冲动)时,实际上已开始涉及以上区分。从更广的范围来看,刘氏对偏离理之念的否定,显然也受到了湛若水的影响。如本书第二章所论及的,湛氏强调以天理为"真主",并以为一旦离开了天理的制约则将导致一念之私:"儒者在察天理……私皆从一身上起念。"⑤这种看法在强化天理的同时,又包含着以普遍理性调节个体(一身)之欲念之意。正是通过将后者与王阳明注重以知制约意的看法加以融合,刘宗周主张借助后天的致知工夫以"治念":"夫学所以治念也,与思以权,而不干之以浮气,则化念归思矣。"⑥所谓化念归思,是指将意向活动重新纳入理性规范的轨道。质言之,理性思维不仅作为内在的因素而保证意向活动的合理性,而且构成了

---

① 《答董生心意十问》,《刘子全书》卷九。
② 《学言中》,《刘子全书》卷十一。
③ 《曾子章句》,《刘子全书》卷三十五。
④ 《学言下》,《刘子全书》卷十二。
⑤ 《语录》,转引自《明儒学案》卷三十七。
⑥ 《治念说》,《刘子全书》卷八。

意志由罔(盲目)而诚(自觉)的必要条件。刘宗周的以上看法,可以视为对知制约意之说的进一步论证。

知作为意的内在调节者,本身又以何者为体? 刘宗周说:"意无体,以知为体,知无体,以物为体。"①这里的体,含有根据之意,物则指物则或物理,知以物为体,也就是以物理为知之依据。与此相应,以知规范意,在逻辑上即必须以明理为前提:"学以明理而去其蔽,则体物而不遗,物各付物,物物得所。"②所谓明理而去其蔽,亦即通过把握理而消除片面性与盲目性;体物而不遗物,则是指主体活动(包括意向活动)必须出于物理而不违乎物理。在这里,意与知的统一,进而表现为意(意志)知(理智)与物理的一致。这种看法与胡直一脉相通,不过胡直主要从良知之则无内外的角度反对重内轻外,而刘宗周则直接将物理视为知之体,并通过二者的联系而使知所规范的意向活动同时带有循乎物理的性质,这就在意(意志)知(理智)与必然之理的关系上,多少表现出偏离心学的倾向。从知为意之体,到知以物(理)为体,既体现了意(志)知之辩的内在逻辑,又是其历史演进的必然结果。

总起来,刘宗周对意、知、物的关系作了如下概括:"故意蕴于心,非心之所发也。又就意中指出最初之机,则仅有知好知恶之知而已,此即意之不可欺者也。故知藏于意,非意之所起也;又就知中指出最初之机,则仅有体物不遗之物而已。"③"心中有意,意中有知,知中有物。"④依此,则意向内在于一般的心理过程之中,并调节着知、欲等活动,而意向活动本身又受制于以物理为根据的知。换言之,知与意作

---

① 《学言下》,《刘子全书》卷十二。
② 《证学杂解》,《刘子全书》卷六。
③ 《学言上》,《刘子全书》卷十。
④ 《学言中》,《刘子全书》卷十一。

为主体意识的不同方面而彼此影响与制约,而这种相互作用又与体物而不遗(循乎物理)相联系。值得注意的是,刘氏在这里没有把主体的深层意识简单地归结为意向,而是强调知作为主体意识之更内在的层面而制约着意,这一见解无疑是颇有见地的。一般说来,非理性主义者往往赋予主体的深层意识(它常常以潜意识的形式表现出来)以非理性的性质,并以此作为贬抑理性的依据。在他们看来,深层的潜意识总是高于表层的显意识(包括自觉的理性思维),既然主体的深层意识是由非理性的因素所构成,那就表明非理性的意识是决定整个主体意识的更根本的方面:当王栋把意视为太极圈中"不著四边"而主宰乎其间的一点时,便明显地表现出这一倾向。事实上,主体意识固然有潜与显、深层与表层之分,但深层的潜意识绝非仅仅是非理性的。个体所接受的社会的(类的)认识成果以及个体在后天的探索中形成的理性知识,客观上并不总是作为显意识而存在,它往往经过长期的过程而积淀于主体的深层意识之中,并以潜在的形式起作用。这种潜在的作用突出地表现在如下两个方面:其一,为创造性思维提供理性的基础。在以直觉等形式表现出来的创造性思维中,我们总是可以发现某些在当时未为主体所意识到(亦即以潜意识的形式存在)的理性知识的作用。其二,作为内在的调节机制而规范主体意识中的非理性的方面(包括意志、情感等等)。刘宗周的"知藏于意"与"意中有知"说,显然在一定程度上触及了后一点:它否定了认为意志作为至上的主宰而在深层决定主体意识的意志主义观点。对意(志)知之辩的如上解决,在总体上具有理性主义性质。

综上所述,刘宗周在肯定意制约知的同时,又着重指出了知对意的规范作用;以知为中介,刘氏又考察了意与理的关系,强调意志活动必须合乎物理,从而对意与知及意与理的关系作了比较全面的规定。刘宗周的上述思想在一定意义上可以看作是对王门后学所展开的志(意)知之辩的总结,它在理论上所达到的深度与广度,显然已非王阳明所能企及。当然,尽管刘氏在某些方面对心学有所偏离,但他解决意与知和意与理之关系的基本前提,仍然是即心即物的泛神论。与此相联系,他所说的知,主要还是天赋之知,而物理则往往被视为心体的体现。此外,由肯定知的规范意义,刘宗周同时表现出某种强化普遍之理与普遍之性的倾向。就这些方面而言,刘宗周对意(志)知之辩的看法,仍有自身的限度。

# 第五章

## 从良知说到童心说

王阳明赋予心（良知）以个体性（吾心）与普遍性（天理）双重品格,从而不同于片面强化普遍天理的正统理学。当然,对良知所内含的普遍性规定,王阳明始终没有放弃。后者在理论上有双重意义,就其肯定以个体的形式表现出来的主体意志与一己之见应当受制于普遍的理性而言,它多少含有限制意志主义与相对主义之意;就其以纲常名教为天理的内容,并将主体的独立思考及内在意愿纳入天理的框架而言,又仍未越理学之矩矱;如果说,正统理学把天理归结为外在的强制,那么,王阳明则侧重于天理的内在抑制。然而,理论的演变,往往有其自身的内在逻辑。尽管王阳明并不赞成个体之心对普遍天理的偏离,但他既然赋予良知以个体性与普遍性之双重规定,那就无法阻止个体性原则以他并不企望的形式展开。事实上,泰州学派首先在志(意)知关系上把自我(个体)之意抬到了"主宰"的地位,而李贽则在泰州学派的影响与引发下,从另一个角度突出了个体性原则。

李贽(1527—1602),原姓林,名载贽,中举人后改姓李,后又因避穆宗之讳而易名贽;号卓吾,又号宏甫、温陵居士、思斋居士等,泉州晋江人。其祖先曾出洋经商,父为塾师。1552年中举人。曾任南京国子监博士、南京刑部员外郎、云南姚安知府。五十四岁后,辞官隐居湖北麻城,潜心于著述讲学。1602年,明神宗以"敢倡乱道,惑世诬民"的罪名,下诏将其逮捕。在狱中,以剃刀自刎而死。

李贽曾师事王艮之子王襞,并数次问学于王艮的再传弟子罗汝芳,其思想大致导源于泰州王学。在他看来,王门后学中,惟有泰州之学得王阳明之正传:"当时阳明先生门徒遍天下,独有心斋为最英灵。"[①]在理论上,李贽着重发挥了泰州王学强调个体性原则的思想。不过,与王艮等主要在意(志)知之辩上突出个体之意,并由此走向唯意志论不同,李贽通过对童心的规定而赋予个体性原则以新的内容,并由此出发,对传统的名教及价值观念作了多方面的冲击,从而将王学引向了异端之学。

## 第一节　童心说:天理的剔除与
## 个体性原则的突出

童心说在理论上以心物关系的考察为其前提。李贽首先对心物关系作了如下规定:"岂知吾之色身洎外而山河,遍而大地,并所见之

---

① 《为黄安二上人》,《焚书》卷二。

太虚空等,皆是吾妙明真心中一点物相耳。"①意即心构成了万物之本体,而万物则是心体的显现。但同时,李贽又认为,心作为本体,本身又离不开万物:"若无山河大地,不成清净本原矣,故谓山河大地即清净本原可也。"②清净本原无非是妙明真心的另一种表述,所谓山河大地即清净本原,也就是心体内在于万物,与万物融合为一。这种看法大体上是对王阳明心物一体论的发挥,它带有明显的泛神论色彩。

依据以上看法,李贽对正统理学的理生气、理生物之说提出质疑:"极而言之,天地一夫妇也,是故有天地然后有万物。然则天下万物皆生于两,不生于一,明矣。而又谓一能生二,理能生气,太极能生两仪,何欤?夫厥初生人,惟是阴阳二气,男女二命,初无所谓一与理也,而何太极之有?"③一些论者往往把李贽的这一看法视为其体系中的唯物主义因素,这至少是一种误解。李贽在这里固然否定了理在气先之说,但其立论的前提并不是以气为第一原理的气一元论,而是心物一体论。不妨说,李贽的以上议论乃是以王学批评正统理学。事实上,王阳明已在心体内在于万物的前提下,肯定了理气不可分。从理学演变的历史行程来看,这里真正值得注意的是李贽对作为太一的理——太极的否定。如前所述,在正统理学那里,理(太极)表现为超验的太一,它化生万物而又君临其上,这种以"一"(太极)消解多(具体对象)的观点,可以看作是从形而上的层面论证天理对于个体的优先性。李贽反对以"一"为万物之源,首先是针对正统理学赋予理以超验规定而发,在这一点上,李贽的见解与王阳明基本上一脉相通。不过,二者又存在着不可忽视的差异:王阳明所扬弃的,仅仅是

---

① 《解经文》,《焚书》卷四。
② 《观音问》,《焚书》卷四。
③ 《夫妇论》,《焚书》卷三。

理的超验性,至于以纲常为内容的天理本身,王氏丝毫不容有任何怀疑;李贽则将锋芒直接指向了理(太极)本身。所谓"何太极之有",即鲜明地表现了这一倾向。正是在这里,蕴含着王学的新的演化方向。

基于对太一之理(太极)的否定,李贽提出了童心说。关于童心,李贽首先作了如下界说:"夫童心者,真心也。若以童心为不可,是以真心为不可也。夫童心者,绝假纯真,最初一念之本心也。"①最初一念之本心,亦即天赋之心。就其以天赋之心为真心而言,这种看法与王阳明的良知说显然有理论上的渊源关系。但是,如果据此将李贽的"童心"与王阳明的"良知"完全等而同之,那就难免差之毫厘而谬以千里。如前文屡屡提及的,王阳明的良知既具有"吾心"这种个体的形式,从而不同于正统理学之超验的太极;同时又以天理为其普遍的内容,后者往往构成了良知的更主导的规定。作为良知内容的理,既含有理智(理性)之意,又指形而上化的名教规范及义理,而王阳明所突出的,常常也正是理的后一内涵。与此相应,当王阳明把理视为良知的本质规定时,亦意味着将这种规范、义理作为良知的主导方面。与王阳明不同,李贽不仅反对以名教义理为童心的内容,而且将义理视为丧失童心的根源:"童心者,心之初也。夫心之初曷可失也!然童心胡然而遽失也?盖方其始也,有闻见从耳目而入,而以为主于其内而童心失。其长也,有道理从闻见而入,而以为主于其内而童心失……夫道理闻见,皆自多读书识义理而来也。"②在这里,与童心相对的见闻道理,并不是关于一般对象的感知思虑,而是源于义理之知。换言之,李贽主要不是从认识论的意义上贬抑感知思虑,而是反对以正统的纲常义理"主于其(童心)内"。将义理视为失却童心的终

---

① 《童心说》,《焚书》卷三。
② 同上。

极原因,便突出地表现了这一点(也正是这一点,使李贽所突出的童心有别于陆九渊的吾心①)。与以上看法相联系,李贽将童心与六经等圣典视为对立的二极:"故吾因是而有感于童心者之自文也。更说甚么六经,更说甚么《语》、《孟》乎!"②这种看法在一定意义上可以追溯到魏晋时期的嵇康。嵇康在《难自然好学论》一文中,曾提出了"以六经为芜秽,以仁义为臭腐"之说。李贽对六经、《论语》、《孟子》之贬抑,与嵇康显然一脉相承。不过,嵇康的以上议论,主要针对当时门阀士族所标榜的名教之虚伪性而发,而李贽之反对以六经、义理抑制童心,则具有新的含义:它的注重之点在于个体性原则。可以说,李贽正是通过把良知中的个体性规定与嵇康以来摒弃系统化的纲常义理(六经、《语》、《孟》等)的非正统思想结合起来而突出了个体性原则③。

在李贽以前,泰州学派将自我之意提到至上的地位,实质上也同时从意(志)智关系上强化了个体性原则。这种强化对李贽的童心说显然起了某种触发的作用:李贽强调童心之个体性("自")品格,在

---

① 陆九渊作为理学家,在注重普遍义理(天理)这一点上与朱熹等并无二致,他与朱熹的不同,在于更抽象地夸大了主体意识的能动作用,以为通过吾心的直觉,即可洞见全体,使理绝对地同一于吾心,并相应地使主体的一切行为均合乎正统的规范(义理)。正是片面地强调吾心之直觉及天理与吾心的抽象合一,最后又使他在理论上导向了直觉主义与唯我论(详见本书第一章第二节)。

② 《童心说》,《焚书》卷三。

③ 关于李贽与王学的联系(特别是其童心说与良知说的联系),是学术界普遍肯定的事实。但遗憾的是,不少研究者在肯定李贽思想与王学的渊源关系时,常常忽视了二者的原则差异。如岛田虔次即认为:"他(李贽)的学问系统,无论怎样也首先是阳明学。"(《朱子学与阳明学》,第 119 页)"卓吾依然是主观唯心论者,王阳明的嫡派儿孙,其童心可以说是良知的成年。"(同上书,第 115 页)说李贽依然是唯心论者,这当然无可厚非;但把李贽视为王学的嫡派,并以为童心说完全未超出良知说的思路,却很难令人苟同。

一定意义上可以看作是对泰州王学的进一步引申。然而,在突出个体性这一相近的形式之下,二者又存在重要差异:在泰州学派那里,与自我(个体)之意相对的,主要是普遍的理智,其特点表现为抬高个体之意志而贬抑普遍的理智(理性);而童心所剔除的,则是以纲常规范为内容的义理。前者具有非理性主义的性质,后者则继承并发展了嵇康以来的非正统思想,带有明显的异端色彩。与以上区别相联系,二者产生的影响也各不相同:"意为主宰"与"造命由我"相结合,导致的是"赤手以搏龙蛇"这一类打上了意志主义印记的行为,而童心说则首先在晚明的文学领域引起了不可忽视的反响,在公安派"独抒性灵"这种多少含有某些人文主义萌芽的创作理论中,我们即可看到童心说的影子。

剔除了义理而又不同于"意"的童心,究竟指什么? 李贽对此作了如下的具体解释:"夫私者,人之心也。人必有私而后其心乃见,若无私则无心矣。"①这可以看作是对童心的进一步规定:童心的具体内容即私心。这一界说与泰州王学同样有一定的渊源关系。前文曾提到,泰州学派不主张绝对的禁绝"欲",此种思路发展到何心隐,进而演化为欲即本性说:"性而味,性而色,性而声,性而安佚。性也,乘乎其欲者也。"②私与欲有相关之处,从这个意义上说,李贽以私为本心无疑受到了泰州学派的影响。不过,在泰州学派那里,肯定欲虽然也有反对禁欲主义的意义,但它更多地与"猖于情识"相联系,而后者诚如刘宗周所批评的那样,又构成了导向唯意志论的重要缘由。与此相异,李贽所说的私,主要与个体的特殊利益与需要相关,而所谓私心,无非是个体的特殊利益与需要在主体意识中的表现形式。这

---

① 《德业儒臣后论》,《藏书》卷三十二。
② 《寡欲》,《何心隐集》,北京:中华书局,1981 年,第 40 页。

一点,李贽在另一处作了更为明了的阐述:"趋利避害,人人同心,是谓天成。"①此处的天成之心,也就是作为一念之初心的私心,而构成天成之心内容的趋利避害之念则既是个体自我保护的需要的反映,又是其特殊利益的观念表现。

以私心为主体的天成之心,这当然是一种先验论的看法,但这一观点同时又带有新的时代特征:它或多或少表现了不同于传统思想的市民意识,后者又与当时的社会状况相联系。明代中叶逐渐出现的雇佣劳动,至万历以后已有了引人注目的滋长,就纺织业而言,"机户出资,机工出力"这种比较稳定的雇佣关系开始形成。在苏州,机户的雇工已达"数千人"之多②。这种状况同时也表明商品经济在晚明已得到较为显著的发展。李贽生长于素以商业发达见称的泉州,其祖先又曾世代经商,耳濡目染,使他对从事工商业的市民寄予极大的同情:"且商贾亦何可鄙之有?挟数万之赀,经风涛之险,受辱于关吏,忍诟于市易,辛勤万状,所挟者重,所得者末。"③这种看法与鄙视工商业的传统观念恰好形成一个对照。如果说,剔除良知中的普遍之义理已开始逸出正统意识形态的轨辙,那么,以私心为本心则通过折射市民的意识而使童心说中的异端色彩更为明显。

从另一个角度看,以私心为童心的具体内容,同时也是童心的个体性规定的进一步展开:"私"所体现的不外是个体的特殊利益与需要,而私心则是关于这种个体的利益与需要的意识,这里的核心始终是个体(自我)。在李贽看来,正是这种与私心为一的童心,构成了人之所以为人的内在根据,一旦失去此心,则个体也就不成其为真人

---

② 参见《神宗实录》卷三百六十一。

③ 《又与焦弱侯》,《焚书》卷二。

了:"若失却童心,便失却真心;失却真心,便失却真人。"①以天赋的童心(私心)为真人的根本特征,这无疑应归入唯心史观之列,但它又不同于以义理(包括广义的人性)为人之先天根据的传统人论,按照人之为人在于有天赋之义理的观点,个体无非是普遍义理借以自我实现的工具,其本身并没有价值可言,它应当实现的唯一目标,即是融化于抽象整体(专制等级制度等)之中。与此相反,以童心(私心)为真人的内在根据,则蕴含着另一种思维路径:它意味着将目光从异己的整体转向个体,亦即从个体自身中寻找其固有的价值。

## 第二节 天生一人,自有一人之用

在以童心说取代良知说的前提下,李贽提出了一人自有一人之用论:"夫天生一人,自有一人之用,不待取给于孔子而后足也。若必待取足于孔子,则千古以前无孔子,终不得为人乎?"②"用"在广义上与价值相当,此处之孔子,则可以看作是正统礼教的化身,或者说人格化的礼教。所谓必待取足于孔子,无非是把个体视为礼教的附庸,而一人自有一人之用,则含有个人有其自身的价值之意。那么,个体(一人)之用的具体内容究竟是什么? 问题的答案即蕴含于童心说之中。如上所述,童心在李贽那里也就是私心,而私心则主要是个体的利益意识。这样,当李贽以童心为前提而肯定一人自有一人之用时,即相应地意味着从个体利益的角度考察个体的价值。依李贽之见,个体的存在离不开利:"富贵利达所以厚吾天生之五官,其势然也。"③

---

① 《童心说》,《焚书》卷三。
② 《答耿中丞》,《焚书》卷一。
③ 同上。

反过来,个体的价值首先即表现在实现这种利益的过程之中。后者也就是所谓自立自安的过程:"既无以自立,则无以自安。无以自安……吾又不知何以度日,何以面于人也。"①从理论上看,把个体之用归结为自立自安当然是片面的。不过,在个体基本上从属于专制制度的晚明,李贽高标天生一人自有一人之用的主张,却有其不可忽视的历史意义。瑞士历史学家雅各布·布克哈特曾指出:在中世纪,"人类只是作为一个种族、民族、党派、家族或社团的一员——只是通过某些一般的范畴而意识到自己",而到了文艺复兴时代,"人成了精神的个体,并且也这样来认识自己"。② 李贽生活的晚明,固然还未达到文艺复兴这样的时期,但他突出"一人",强调自立,却显然有别于通过"天理"等一般的范畴看人的正统思想,它多少表达了将个体从专制主义束缚中解脱出来的要求。

李贽的以上看法当然已非王学所能范围,但这并不意味着二者在理论上毫无联系。如前文一再指出的,王阳明的良知不同于程朱之天理的重要之点,即在于它内在地包含着个体性的规定。正是基于这种个体性的规定,王阳明提出了"成己"的主张,亦即反对将道德涵养片面地归结为自我否定,而强调德性培养是一个自我确认、自我肯定的过程。尽管王阳明所说的"成己"主要是指培养合乎传统道德理想的独立人格,而并没有进而从个体与整体的关系上肯定个体的价值,但是,成己的要求毕竟又是个体性原则在德性培养中的具体化,后者逻辑地包含着在更广的意义上加以引申的可能。当李贽通过剔除良知中的天理与突出其中的个体性规定而形成童心说时,实

---

① 《答周西岩》,《焚书》卷一。
② [瑞士]雅各布·布克哈特:《意大利文艺复兴时期的文化》,北京:商务印书馆,1979 年,第 125 页。

际上已同时为这种引申提供了理论前提,而"天生一人自有一人之用",则可以看作是基于童心说而对"成己"论中具体化了的个体性原则的进一步强化。当然,从德性培养中的自我肯定与自我确认到个体与整体关系上强调个体之用,并不仅仅表现为理论上的深化与拓展,它在本质上又是晚明社会经济关系变迁的朦胧映射。

承认个体(一人)之用,内在地蕴含着肯定主体为己自适的正当性。李贽说:"士贵为己,务自适。如不自适而适人之适,虽伯夷、叔齐同为淫僻;不知为己,惟务为人,虽尧舜同为尘垢秕糠。"①这里所说的为己,并不是指道德上的自我涵养,它更多地表现为处理人与人之间的利益关系的一般原则。所谓贵为己,也就是以个体利益的自我实现为出发点。正是基于这一看法,李贽进而认为:"为己便是为人,自得便能得人。"②这种将己置于人之上,并在实质上融为人于为己的观点,蕴含如下的内涵:反对无条件地牺牲个人利益。当历史还没有完全走出宗法等级制时,这种"为己"的呼声,无疑具有否定漠视、践踏个人利益的专制主义的意义,它从一个侧面将一人自有一人之用论中包含的个体性原则具体化了。

不过,应当指出的是,李贽的上述看法虽然在反对专制主义扼杀个人利益这一点上有其历史的合理性,但在理论上却包含着内在的缺陷。在李贽那里,与己相对的人,包括广义与狭义两类:从广义上说,它泛指一般的群体;在狭义上,则指以专制等级制度形式出现的抽象整体。与此相应,当李贽强调贵为己、务自适时,就不仅具有抨击专制主义这一面,而且多少表现出忽视群体利益的倾向。这一点,在李贽的以下论述中表现得尤为直截了当:"我以自私自利之心,为

---

① 《答周二鲁》,《李温陵集》卷四。
② 《答周柳唐》,《李温陵集》卷四。

自私自利之学，直取自己快当。"①一般说来，个体不仅仅是具有特殊的自然需要与利益的主体，它同时又处于一定的社会关系之中，表现为一定社会关系的承担者。因此，个人的价值，并不仅仅表现在个人利益的自我实现上，它往往以个体履行对群体（如民族）所负的社会责任这种形式表现出来。笼统地把贵为己、务自适作为行为的第一原理，显然有失偏颇：它实质上以另一种形式将个体与群体重新对立起来，从而走向与整体主义相对的另一个极端。这种理论上的片面性，在黄宗羲那里才有所克服。

与注重为己自适相应，李贽强调个人行为的方式，应当以他人是否尊重自己为转移："是故视之如草芥，则报之如寇仇，不可责之谓不义。"②视之如草芥，也就是对个体价值的蔑视与否定，义则含有合乎一般道德标准之意。对李贽而言，在人际关系中，主体行为的依据首先是他人对待主体的态度，而不是抽象的道德教条。如果个体受到蔑视，则虽"报之如寇仇"，也不能谓之不道德。这里的内在含义，在于要求把尊重主体作为道德行为的基本前提。道德关系就其本质而言应当是一种平等的关系。此处之平等，首先是指行为主体之间在人格上的相互尊重，这一点，先秦儒家已注意到了，如孟子早已提出了类似的看法③。李贽的以上见解把先秦儒家提出的道德行为上的平等原则与肯定个体价值的思想结合起来，从道德关系上进一步突出了个体之用。

在李贽看来，尊重个人不仅应当是一般道德行为的前提，而且同样应成为处理君臣关系的准则："彼无道之主，曷尝以国士遇我也？"

---

① 《寄答留都》，《李温陵集》卷四。
② 《序笃义》，《续焚书》卷二。
③ 参见《孟子·离娄下》。

"蚤知其不可谏,即引身而退者,上也。"①天道表现了对主体(我)的鄙弃,而一旦君臣处于这种关系之中,则主体即可"引身而退",不必再履行臣子之义。这种以君尊重我(主体)作为我报效君之必要条件的观点,与片面强调臣必须绝对效忠君的封建正统观念显然是格格不入的,它从更高层次(君臣关系)上肯定了个体价值。由在一般利益关系上肯定"贵为己、务自适"的正当性,到从道德关系上强调"视之如草芥,则报之如寇仇",再进而到在君臣关系上以君尊重臣作为臣报效君的前提,正是通过这种层层的逻辑进展,"天生一人,自有一人之用"论获得了越来越具体的规定。

尊重个体,主要表现为对主体以外的他人的一种要求。对主体自身,李贽则提出了不庇于人的主张。他对当时普遍存在的"庇于人"的状况深为不满:"今之人,皆庇于人者也,初不知有庇人事也。居家则庇于父母,居官则庇于官长,立朝则求庇于宰臣,为边帅则求庇于中官,为圣贤则求庇于孔孟。"②在专制制度下,宗法及等级关系对个体的禁锢与个人庇于这种关系往往构成了同一过程的两个方面。所谓庇于人,实质上即是依附于宗法等级关系。在这里,李贽已多少注意到了宗法等级关系使个体的独立性普遍丧失这一历史现象。依李贽之见,个体一旦沦于异己的关系而失去其独立性,则势必导致自身价值的贬落:"若徒庇于人则终其身无有见识力量之日矣。"③基于这一看法,李贽强调主体应当从庇于人的状况中挣脱出来:"若要我求庇于人,虽死不为也。历观从古大丈夫好汉尽是如此。"④概言之,从肯定

---

① 《初谭集》卷二十四。
② 《别刘肖甫》,《续焚书》卷一。
③ 同上。
④ 《与耿克念》,《续焚书》卷一。

个体(一人)之用,到强调不庇于人,一方面,个体进一步被提到突出的地位,另一方面,个体与整体——以宗法等级关系为核心的抽象整体——之间的对立愈渐明朗化。如果说,在"天生一人自有一人之用"的论断中,与一人(个体)相对的专制制度及礼教还以人格化的形式出现,那么,在不庇于人的要求中,这种压抑个体的力量则直接以其本来的形式表现出来,后者使反对专制束缚的要求具有更现实的历史内容。

李贽的以上看法在理论上与王阳明的豪杰(狂者)精神说有一定的渊源关系。王阳明曾从良知的个体性规定中引出了无所待而兴的要求,并以此作为豪杰之士的品格而加以推崇。这一思想对李贽产生了难以否认的影响:李贽不庇于人的主张在一定意义上即包含着无所待的要求。但是,正如童心说并不是良知说的重复一样,李贽所说的不庇于人同王阳明的所谓豪杰精神在内容上有着深刻差异。在王阳明那里,无所待主要是一种道德境界,其涵义不外是超脱所谓世俗之见,而使主体在精神上得到升华。同时,以无所待的形式表现出来的精神升华,首先意味着要求在个体与整体(以宗法等级关系等形式表现出来的抽象整体)关系上达到无我。相对于此,李贽所追求的,并不是"无我"的境界,它的基本目标恰恰是挣脱宗法等级制的压抑。二者的这一区别,可以看作是童心说与良知说之差异的延伸。以普遍天理为良知的主要规定,决定了王阳明的豪杰(狂者)精神不可能完全超脱整体主义的矩矱,而从剔除了天理的童心说中,却可以逻辑地引出个体独立性的要求。

然而,在李贽的时代,宗法社会虽已步入了暮期,但并未达到崩溃阶段。历史没有给"不庇于人"的主张提供现实的条件。面对强大的专制统治,李贽最后只能以归隐寺院的方式来寄托自己的理想:"今我亦出家,宁有过人者,盖大有不得已焉耳,非以出家为好而后出家也,亦非以必出家乃可修道然后出家也。在家不好修道乎？缘我平生不爱属人管……只以不愿属人管一节,既弃官,又不肯回家,乃其本心实意。"①"属人管"与"庇于人"相当,意为处于宗法等级关系的桎梏之中;不属人管,则指挣脱上述关系的束缚。这种通过出家以达到不属人管的主张,使李贽的"不庇于人"说带有不同于近代人文主义的特点。近代人文主义在总体上具有积极进取的趋向,它在经济上要求给个人以均等的竞争机会,在政治上主张给个人提供自由发展的条件。而李贽的不庇于人、不属人管说则显然缺乏上述带有近代意义的内容,它在某种程度上表现出遁世的倾向:以隐身佛寺为个人独立的途径,便说明了此点。当然,通过弃官出家以达到不属人管,毕竟又是对专制主义压抑个人的消极抗争,从这一意义上,又可以把它看作是个体性原则在处世方式上的引申。

## 第三节　性情不可以一律求

　　强调"童心者之自文"与肯定个体(一人)之用相结合,在性情等领域即表现为不矫情逆性:"不必矫情,不必逆性,不必昧心,不必抑志。"②不矫情,亦即大胆地流露自己的真情实感而不虚伪地加以掩饰;不逆性,含有顺从主体之本性之意;不昧心,即不障蔽自我之童心;不抑志,则指在行为中不违逆主体的内在意愿。在李贽看来,一旦情积于胸,则可不拘形式,随情宣露:"一旦见景生情,触目兴叹;夺他人之酒杯,浇自己之垒块;诉心中之不平,感数奇于千载。既已喷玉唾珠,昭回云汉,为章于天矣,遂亦自负,发狂大叫,流涕恸哭,不

---

① 《豫约》,《焚书》卷四。
② 《失言三首》,《焚书》卷二。

能自止。"①值得注意的是,李贽在这里将毫不自抑地表露内在的意愿及情感,与"自负"联系起来,这就使不矫情逆志带有主体的自我确认与自我肯定的意味。正是基于后一意义,李贽进而认为个体的性与情不可以一律求:"莫不有情,莫不有性,而可以一律求之哉!"②所谓性情不可以一律求,即是肯定主体可以具有自己独特的个性,而反对人为地强求一律。

李贽的以上看法,与王阳明注重主体内在意愿的思想,显然也有理论上的渊源关系。不过,王阳明肯定主体的行为应出于其内在意愿,是以这种意愿合乎纲常规范为其前提。正是根据这一观点,王氏在反对正统理学片面强化天理的外在强制的同时,又要求一有私念,即"与克去"③。这多少以良知的内在抑制取代天理的外在强制,这种抑制在某种意义上构成了对主体的无形束缚。在这方面,王阳明不仅没有完全超出对主体的情感、意愿加以自我压抑的传统观念,而且似乎使之取得了更为精致的形式。与王阳明不同,李贽首先抛弃了名教规范对主体的情感、志趣的限制,主张从志、情、性、心各个方面自由地表现自我,当喜则喜,当怒则怒,使主体的内在性灵生机勃然,得到充分伸张。就其反对以纲常规范压抑主体的情感、志趣而言,李贽的以上主张与嵇康的思想颇有相通之处。嵇康曾提出了"越名教而任自然"之说,亦即要求摆脱名教之羁绊而顺乎自然之情性,这一观点客观上对李贽的不矫情逆性之呼声起了某种触发作用。不过,在嵇康那里,"自然"同时又与个体的意愿(所欲)相对而构成了"审贵贱"的前提:"夫气静神虚者,心不存乎矜尚;体亮心达者,情不系于

---

① 《杂说》,《焚书》卷三。
② 《读律肤说》,《焚书》卷三。
③ 《传习录上》,《全书》卷一。

所欲。矜尚不存乎心,故能越名教而任自然,情不系于所欲,故能审贵贱而通物情。"①显然,这里并不含有强调个体性原则之意。与此不同,在李贽的以上看法中,则包含着发展个性的要求。把不逆性不矫情与反对在性与情上强求一律联系起来,便十分突出地表现了这一点。正如"不庇于人"说主要反对以宗法等级关系等形式表现出来的抽象整体对个体的外在压抑一样,不抑志逆性与性情不可以一律求论着重否定了纲常名教对主体的内在束缚。不妨说,李贽实质上正是通过把嵇康以来反对名教之束缚的主张,与王学中包含的肯定个体意愿的思想加以融合,将个体性原则更具体地展开了。尽管在李贽那里,发展个性的要求还具有抽象的、自发的性质,因而与近代个性解放的主张不可同日而语,但它在当时毕竟是一种与正统名教思想相对立的新的观念。

李贽的以上思想对晚明文学产生了不可忽视的影响。与李贽同时的著名戏剧家汤显祖曾说:"听以李百泉(李贽——引者)之杰,寻其吐属,如获美剑。"②仰慕之情,溢于言表。与李贽一样,汤显祖也从伸张个性的角度,对情采取了肯定的态度:"世总为情,情生诗歌,而行于神。天下之声音笑貌大小生死,不出乎是。因以憺荡人意,欢乐舞蹈,悲壮哀感鬼神风雨鸟兽,摇动草木,洞裂金石。"③这种观点可以看作是对李贽不必矫情逆性说的发挥,它同时又构成了汤显祖戏剧创作的基本原则。在名剧《牡丹亭》中,汤氏即以感人的笔触,描写了在礼教桎梏之下的杜丽娘对爱情的热烈向往与大胆追求。稍晚于汤显祖的冯梦龙,同样奉李贽的思想为"耆蔡",在其名著"三言"(《喻

① 《嵇康集·释私论》。
② 《答管东溟》,《汤显祖诗文集》卷四十四。
③ 《耳伯麻姑游诗序》,《汤显祖诗文集》卷三十一。

世明言》、《警世通言》、《醒世恒言》)中,冯氏一反理学家的陈腐说教,放笔直写真情真意。对个体之情的这种肯定和颂扬,当然不仅仅是思辨推演的产物,它同时带有晚明社会的时代烙印。如果说,李贽的不必矫情逆性与性情不可强求的一律说主要从哲学上反映了市民阶层对个性自由的向往,那么,汤显祖、冯梦龙等则以生动的艺术形象表达了同样的愿望。

不过,应当指出的是,李贽的不逆性、不抑志之说虽然具有反对压抑个性的正统观念之意义,但它本身在理论上又有其片面性。在主张松弛对个体之志束缚的同时,李贽多少忽视了普遍的理智(理性)对志的制约。从逻辑上说,如果离开了理性的制约而把不抑志推向极端,那就可能导向唯意志论。事实上,李贽把不必抑志与"自负"、"发狂"对应起来,确乎已在肯定与注重自我的同时,表现出某种意志主义的倾向。在这方面,李贽显然并没有完全摆脱泰州学派的影响。

与不必矫情抑志相联系的,是不必昧心(不蔽其童心)。正如前者蕴含着发展个性的要求一样,后者含有注重主体的独立思考之意。这种观点运用于是非价值评判,便表现为反对决是非于外在权威:"前三代,吾无论矣。后三代,汉唐宋是也,中间千百余年,而独无是非者,岂其人无是非哉?咸以孔子之是非为是非,故未尝有是非耳。"①所谓以孔子之是非为是非,亦即以孔子之观点为是非之唯一标准,而在李贽看来,这实际上也就意味着剥夺了个体判断是非的权利。正是基于以上看法,他强调:"但无以孔子之定本行罚赏也,则善矣。"②李贽的这一主张,明显地受到王阳明"求之于心而非也,虽其说

①　《藏书·世纪列传总目前论》。
②　同上。

出于孔子,不敢以为是也"之说的影响,不过,与王阳明以天理为心之内容,并相应地把"求之于心"主要归结为以内在于心体之天理(道)为准则不同,李贽的以上论断以不昧其童心为前提,而童心区别于良知的根本之点,即在于它基本上摒弃了一般的纲常义理。这样,在李贽那里,否定以孔子之是非为是非,同时即意味着反对以正统的纲常义理压抑个体的独立思考。后者与性情不可强求一律论在理论上彼此相应,实质上从是非评判的角度,对以僵化的教条禁锢主体思想的文化专制作了大胆的冲击,它同时也进一步突出了一人自有一人之用的个体性原则。

然而,从认识论上说,以主体的童心作为判断是非的准则,虽然具有反对独断论的意义,但它本身又在解决相对真理与绝对真理的关系上走向了另一个片面。从李贽的以下论述中,便不难看出这一点:"人之是非,初无定质;人之是非人也,亦无定论。无定质,则此是彼非并育而不相害;无定论,则是此非彼亦并行而不相悖矣。"[1]是非无定质,意味着抽去真理的客观内容;无定论,则多少取消了真理的客观标准。在这里,李贽显然由于不了解真理的绝对性与相对性的关系而从反对独断论导向了相对主义。这是一个值得注意的理论思维教训。

可以看到,李贽在泰州王学的引发下,通过凸出良知中的个体性规定与剔除其中的普遍天理而将良知说引申为童心说;从童心说出发,李贽进而提出了"天生一人,自有一人之用"的命题,强调性情不可强求一律,反对以孔子之是非为是非,从而使童心说中包含的个体性原则层层展开。李贽的上述思想在总体上与正统的观念相对而带有明显的异端性质。这种异端思想的形成与展开过程,同时也就是

---

① 《藏书·世纪列传总目前论》。

李贽从王学出发,通过吸取与发挥嵇康以来的非正统思想而走向王学反面的过程,它既体现了理论演变的内在逻辑,又打上了晚明社会的历史烙印。

李贽的异端思想客观上对明清之际的黄宗羲产生了重要的影响。从一定意义上说,它从一个侧面构成了黄宗羲修正王学的理论先导。

# 第六章
# 王学的终结

　　良知的二重性与良知说的内在矛盾,导致了王学向不同方向的演化。其中,工夫派、刘宗周及李贽等已从各个侧面表现出偏离或越出王学的倾向,这种倾向实际上预示着王学将在理论上走向自我否定。到了明清之际,以剧烈的社会震荡与普遍的历史反省为背景,这种自我否定终于完成于黄宗羲。

　　黄宗羲(1610—1695),字太冲,号南雷,又号梨洲,浙江余姚人,曾师事刘宗周。清兵入关南下后,曾举兵抵抗。明亡,隐居不仕,专意著书。晚年恢复刘宗周创立的证人书院,并聚门生讲学于此。博通天文、历算、乐律、经史诸子之学,史学上造诣尤深,为清代浙东史学的开创者。著作有《孟子师说》、《南雷文案》、《南雷文定》、《南雷文约》、《明儒学案》、《宋元学案》(由全祖望、黄百家续成)、《明夷待访录》等。

章学诚曾说：黄宗羲"上宗王（王阳明——引者）、刘（刘宗周——引者），下开二万（万斯同、万斯大——引者）"。这一看法是合乎事实的。黄宗羲在从学于刘宗周的同时，也接受了王学的影响，其思想客观上多方面地导源于后者。不过，从王学出发，黄氏又沿着工夫派、刘宗周及李贽的演化方向，通过吸取张载、罗钦顺、王廷相等的某些思想而对王学本身作了原则的修正，并最终在理论上扬弃了其思辨体系。后者在一定意义上可以看作是明代王学的终结。

## 第一节　从以心为体到心为气之灵处

在心物关系上，王阳明提出了本体原无内外论，以为心作为本体并非超然于万物之外，而是内在于万物之中。这种心物一体论在黄宗羲那里留下了明显的印痕，这首先表现在黄氏的如下看法上："盈天地皆心也，变化不测，不能不万殊。"①即心体遍存于天地，同时又流行不息，而千差万别的具体现象，都是心体的不同表现。作为充盈天地的本体，心具有内外统一的特点："心无分于内外。"②这里所说的外，主要是指气，故心无分于内外，意味着心与气为一："心即气也。"③由心与气一体无间，黄氏又导出了盈天地皆气的命题："盈天地间皆气也，其在人心，一气之流行。"④上述看法表明，黄宗羲在以心为体的同时，又赋予气以本体的性质。黄氏的这些论点直接导源于刘宗周。

---

①　《明儒学案·自序》。
②　《与友人论学书》，《南雷文案》卷三。以下简称《文案》。
③　《孟子师说》卷三。以下简称《师说》。
④　《明儒学案》卷六十二。

刘宗周曾在即心即气的前提下,提出了"盈天地一气而已矣"①的论断。不过,刘宗周并没有将以上看法充分展开,黄宗羲则进而从气与质的区别上,对气的本体性作了比较具体的论证:"自气而至五行,则质也,而非气也。气无始终,而质有始终;质不相通,而气无不通。"②所谓质,即具体的物质形态,它们具有特殊的规定性,彼此之间存在确定的界限("不相通"),因而是有限的("有始终");气则是一切存在物的共同本原,它无始无终,流行不息。唯其如此,故能化生人物:"天以气化流行而生人物,纯是一团和气。"③这样,气与心作为万物的本体完全融为一体:心表现为万殊的过程,同时也就是气化流行、聚生人物的过程。这种心气一体说基本上可以归源于王阳明的心物一体论,但二者又有不可忽视的区别:与王阳明泛泛而论心物无间不同,黄宗羲继刘宗周之后,特别强调心与气之相通,并将心为本体与气为本体等量齐观,从而使王阳明体系中无关轻重的气获得了引人注目的地位。正是在这里,蕴含着黄宗羲与王阳明在心物关系上更本质的分歧之契机。

从心气相通的准泛神论出发,黄宗羲进而对气与理及气与心的关系作了考察。黄氏首先从变与不变的角度,对理与气各自的特性作了分析:"盖大化流行,不舍昼夜,无有止息。此自其变者而观之,气也。消息盈虚,春之后必夏,秋之后必冬。人不转而为物,物不转而为人……此自其不变者而观之,理也。"④质言之,气表现为一个运动不息的永恒过程,而理则是这一过程中稳定的、确定不移的联系

---

① 《学言中》,《刘子全书》卷十二。
② 《与友人论学书》,《文案》卷三。
③ 《师说》卷四。
④ 《明儒学案》卷一。

（如四季之更替）。作为气化过程中的必然联系，理离不开气。后者突出地表现在，由于气化过程的制约，理本身往往要经历一个从已往之理到方来之理的变迁过程："不以已往之气，为方来之气，亦不以已往之理，为方来之理。不特气有聚散，理亦有聚散。"①就是说，理的不变性（稳定性）只是相对的，它虽然不以某一过程中的个别对象的变化而变化，但一旦该过程本身成了"已往之气"，则内含于这一过程之中的理也就随之成为"已往之理"。这种观点在反对正统理学将理超验化这一点上接近于王阳明的看法，但二者的运思方向又并不完全相同。王阳明主要以心体无内外论取代了朱熹析心与理为二说：在他那里，扬弃理的超验性与突出心体表现为同一过程的两个方面。黄宗羲则直接以理依存于气论否定了朱熹理在气先的观点，其注重之点主要是气。黄宗羲的这一观点在理论上明显地受到张载、罗钦顺、王廷相的影响。在理（道）气之辩上，张载提出了"由气化，有道之名"②的命题，意谓道作为普遍规律，即内在于气之中。罗钦顺对张载的这一思想作了进一步的发挥，认为理即是气之理，"初非别有一物，依于气而立，附于气以行也"③。与罗钦顺大致同时的王廷相，更明确地强调理并非超然于气之外："万理皆出于气，无悬空独立之理。"④"故元气之上无物、无道、无理。"⑤这些看法贯穿了元气本体论的原则，对理与气的关系作了较好的解决。黄宗羲在反思宋明理学思想的演变过程时，也注意到了这一点。在评述罗钦顺与王廷相的哲学

---

① 《明儒学案》卷七。
② 《正蒙·太和》。
③ 《困知记》，转引自《明儒学案》卷四十七。
④ 《太极辨》，《王廷相哲学选集》，北京：中华书局，1965 年，第 170 页。
⑤ 《雅述·上篇》。

思想时,黄氏一再指出:"盖先生(罗钦顺——引者)之论理气最为精确。"①"先生(王廷相——引者)主张横渠之论理气,以为气外无性,此定论也。"②而在黄氏对理气关系的以上规定中,确实也渗透着张载、罗钦顺、王廷相的元气论思想,不妨说,正是通过在理气观上引入了张载、罗钦顺、王廷相之说,黄氏将"盈天地皆气"的命题展开了。

与"盈天地皆气"相应的命题是"盈天地皆心",在以前者作为解决理气关系之依据的同时,黄宗羲又将后者运用于心理关系,提出了心与理为一的命题:"穷理者,尽其心也,心即理也。"③对心理关系的这一看法,大致也可上溯到王阳明,不过,与提升气的地位相联系,黄氏并没有停留于上述结论。他力图进而把"心即理"与"盈天地皆气"这两个命题结合起来:"夫所谓理者,气之流行而不失其则者也……我与天地万物一气流通,无有碍隔。故人心之理,即天地万物之理,非二也。"④这里的人心之理,即是内在于心之理,天地万物之理,则是气化流行过程中的必然之则;二者之"非二",同时也就表现为心、气(物)、理的合一。这种观点当然尚未超出即心即理的准泛神论,但值得注意的是,黄氏在这里特别以"一气相通"作为"人心之理"与"在物之理"非二的前提,这就使气成为沟通心与物、心与理的中介,从而进一步突出了"盈天地皆气"这一命题。

基于如上看法,黄宗羲对心与气的关系作了更深一层的规定:"人受天之气以生,只有一心而已。"⑤这里包含三项:即气、人、心。人禀气而生,心则随人而来。作为人的伴随者,心对主体(人)具有依

---

① 《明儒学案》卷四十七。
② 《明儒学案》卷五十。
③ 《师说》卷七。
④ 《明儒学案》卷二十二。
⑤ 《明儒学案》卷四十七。

存性："心不能离身以为心。"①由于人（主体）本身又以气为本原，因而心从属于人，同时也就意味着心依存于气："天地间只有一气充周，生人生物。人禀是气以生，心即气之灵处。"②概言之，心作为气的构成物——人的属性，归根到底是气本身的一种精微的表现。笼统地说心为气之灵处，当然并不确切，因为作为精神现象的心，并不仅仅是人的一种自然属性。但重要的是，黄氏在这里把心理解为一种从属于气的现象。正是以"心为气之灵处"这一观点为依据，黄氏进而强调心、气（物）、理统一于气："理也，气也，心也，歧而为三，不知天地间只有一气……草木之荣枯，寒暑之运行，地理之刚柔，象纬之顺逆，人物之生化，夫孰使之哉？皆气之自为主宰也。"③"故理是有形之性（心），性（心）是无形之理……要皆一气为之。""天地万物以何者为一体乎？苟非是气，则天地万物为异体也，决然矣。"④这种看法不仅已非王阳明所能范围，而且也有别于刘宗周。刘氏虽然提出了"盈天地皆气而已矣"之说，但同时又把心视为心气一体之源："一者，心也。"⑤"一阴一阳，专就人心中指出一气流行不已之妙。"⑥即气化流行，始终不外乎心。它表明，在心物关系上，刘宗周最终并未超出王学。而在黄宗羲的以上论述中，心与气以及天地万物统一的基础，已由心转到"自为主宰"的气。后者可以看作是对张载以来气本体论的引申。张载在论述世界的统一性原理时，曾指出："凡可状，皆有也；

---

① 《明儒学案》卷三十八。
② 《师说》卷二。
③ 《明儒学案》卷三。
④ 《与友人论学书》，《文案》卷三。
⑤ 《明儒四先生语录序》，《刘子全书》卷二十一。
⑥ 《周易古文钞》，《刘子全书》卷三十三。

凡有，皆象也；凡象，皆气也。"①在这里，气即被规定为万物所以统一的普遍本体。按张氏之见，这种构成万象统一基础的气，也就是一而二的物质实体："一物两体，气也，一故神（自注：两在故不测），两故化（自注：推行于一），此天所以参也。"②此处之气作为普遍的本体，即表现为阴与阳的对立统一，正是阴与阳的相互作用，使气展开为一个矛盾运动的过程（两故化），这里内在地包含着实体的运动以其自身矛盾为根源之意。当黄宗羲强调非气则天地万物皆为异体，而气又自为主宰时，即意味着循沿着张载的思路而为心、物、理寻找统一之体。不过，在黄宗羲那里，以气为统一之体，又与即心即气的观点相联系，就这方面而言，黄氏关于心与气、理之关系的看法，又与斯宾诺莎的实体说有相通之处。斯宾诺莎以自然为实体，同时又赋予实体以神的形式，因而其唯物主义的实体说带有泛神论的色彩。在斯宾诺莎看来，实体以自身为原因而不依赖于外在的精神主宰，其基本的属性为广延与思维；它是唯一的，但又体现于（内在于）千差万别的样式（具体事物）之中。黄宗羲认为"天地间只有一气"，并以自因（"自为主宰"）为气的根本规定，从而使其气在一定意义上接近于斯宾诺莎的实体；同样，天地万物及心（性）皆源于气之说，与斯宾诺莎以广延与思维为实体的属性，以及将样式理解为实体之特殊状态的观点，也大体殊途而一致。对心与气及气与理等关系的以上界说，显然已开始越出心学的轨辙。

概而言之，黄宗羲在肯定王阳明以心为体，心无内外的准泛神论的同时，又引入了张载、罗钦顺、王廷相等气本体论的观点，以"一气相通"作为理气心"非二"的根据，并由此提出了"心为气之灵处"与

① 《正蒙·乾称》。
② 《正蒙·参两》。

心与气统一于气的观点,亦即将气与心规定为体用(实体与属性)之关系,这就使心物一体的准泛神论建立在气为心之体的观点之上。这种以气为体的看法通过扬弃王阳明以心为体之说,使心物一体的准泛神论突破了心学之域①。就哲学思想的演变而言,它对清初的颜元产生了重要的影响,从颜元关于"知理气融为一片,则知阴阳二气,天道之良能也"等断论中,便不难看到这一点。就黄宗羲思想本身的逻辑结构而言,它又构成了黄氏从工夫与本体的关系上修正致良知说的理论前提。

## 第二节　工夫与本体关系的再思考

### 一、无工夫则无真本体

王阳明强调良知得之于天,但同时又肯定只有经过一个致知过程,才能自觉地达到天赋之知。在王门后学中,以欧阳德、钱德洪、尤时熙及东林学者等为代表的工夫派着重发挥了王阳明的致知过程论,并作了多方面的引申。黄宗羲以工夫派的思想为先导,对本体与工夫的关系作了更深入的考察。

与工夫派一样,黄宗羲关于知的看法,是在王阳明致良知说的影响下形成的。在他看来,主体中确实存在着"不因触不触为有无"的

---

① 当然,黄宗羲在突破心学的同时,并未完全割断与心学的联系,直到晚年,黄氏仍保留了"盈天地皆心"的提法。不过,联系其关于心物关系的整个论述,即不难发现,这里的心,已不是王阳明所说的心之简单重复,它已经过重新规定而被赋予新的涵义。就其实质而言,这种心也就是作为"气之灵处"之心,故不能笼统地将黄氏的以上提法与王阳明的观点完全等而同之。事实上,心学的影响在这里主要表现为它使黄宗羲的思想始终没有摆脱泛神论的形式。

"知"："大学言知,是明有一知在人,不因触不触为有无也。"①不过,黄氏又着重指出,这种"在人之知"主要即是纲常伦物之则："纲常伦物之则,世人以此为天地万物公共之理,用之范围世教,故曰命也。所以后之儒者穷理之学,必从公共处穷之。而吾之所有者唯知觉耳,孟子言此理是人所固有,指出性真,不向天地万物上求。"②在这里,黄氏将理区分为两类:作为纲常伦物之则的理与天地万物公共之理。后者存在于天地万物之中,前者则是"人所固有"。黄宗羲认为,世人把纲常之则当作天地万物之理是错误的："吾心之化裁,其曲折处谓之礼,其妥帖处谓之义,原无成迹。今以为理在事物,依仿成迹而为之,便是非礼之礼,非义之义。"③此处之礼义,即是理之当然者。为什么理之当然者与在物之理彼此相异? 按黄氏之见,这主要在于人与一般的对象虽同为气所构成,但又有不同的性："人有人之性,物有物之性,草木有草木之性,金石有金石之性,一本而万殊。如野葛鸩鸟之毒恶,亦不可不谓之性。孟子性善,单就人分上说。"④性之内容也就是理⑤,所谓人与物有不同的性,是指人与物具有不同的本质,或者说,人与物受不同的理之支配;而礼义等当然之则,即是在人际关系中起作用(与人相关)的理。关于物之理,黄氏曾借用罗钦顺的话作了说明："然此阴阳之动静也,千条万绪,纷纭胶輵,而卒不克乱。万古此寒暑也,万古此生长收藏也,莫知其所以然而然,是即所谓理也。"⑥不知其所以然而然,亦即不受主体(人)的制约而自发的起作

---

① 《与友人论学书》,《文案》卷三。
② 《师说》卷七。
③ 《师说》卷四。
④ 《师说》卷三。
⑤ 参见《师说》卷六。
⑥ 参见《宋元学案》卷十二。

用。在黄氏看来,肯定纲常之则之在人心,并不意味着否定天地万物之理的独立存在:"非谓天地万物竟无理也。"①

黄宗羲的上述观点出于王阳明而又不同于王氏。王阳明将良知归结为一种先验的知识大全,它不仅包括正统的道德规范,而且兼指"不知其所以然而然"的天地万物之理,依此,则当然之则与必然之理毫无例外都天赋于主体之中。黄氏则通过区分理之当然者与天地万物之理而把先验之知圈定在当然之则的范围内,并相应地在一定程度上将在物之理划出了天赋之域。这无疑是对王阳明天赋良知说的重要限制。

作为"固有之知"的当然之则,是否以现成的形式存在于主体之中? 黄宗羲的回答是否定的:"道者,吾之所固有,本是见在具足,不假修为,然非深造,略窥光影以为玩弄,则如蜂触纸窗,终不能出。故必如舜之好问,禹之克艰,孔之发愤,腊尽春回,始能得其固有。"②道在这里指理义,亦即先验的道德本体;深造则指工夫。由深造而得固有之道,也就是通过后天的工夫以把握先天的本体:"喜怒哀乐未发之体,未尝不与圣人同,却是靠他不得,盖未经锻炼,一逢事物,便霍然而散,虽非假银,却不可入火,为其平日根株久禅宗席。平旦之气,乃是暂来之客,终须避去。明道之猎心,阳明之隔虐,或远或近,难免发露,故必须工夫,才还本体。"③这种看法与王阳明的渊源关系是显而易见的:由工夫而得其所固有,可以视为对王阳明通过致而达到先天良知说的发挥。不过,耐人寻味的是,黄氏特别强调本体若无工夫,则"靠他不得",这就不仅仅是一般地突出后天工夫的作用,而且

---

① 《明儒学案》卷二十二。
② 《师说》卷四。
③ 《师说》卷六。

兼有本体离不开工夫之意。在这里,黄宗羲与王阳明在本体与工夫上的分歧,已初露端倪。

根据黄宗羲的观点,通过工夫而还本体的过程,同时也就是本体在工夫中表现出来的过程:"学问思辨行,正是虚灵用处,舍学问思辨行,亦无以为虚灵矣。"①此处之虚灵,即指固有之本体。在黄氏以前,欧阳德、邹守益等已提出了良知展开于日履说,以为良知并非如归寂派所断言的那样,存在于感应变化之外,而正是呈露于实际的感应过程之中。黄宗羲的以上看法,无疑出于工夫派之说,但其观点又并非工夫派的简单沿袭。所谓"舍学问思辨行,亦无以为虚灵",不仅仅是指本体必须通过日履而表现出来,而且意味着一旦离开了致知过程,则本体本身也就不复存在。正是由此出发,黄宗羲提出了无工夫则无真本体论:"无工夫而言本体,只是想象卜度而已,非真本体也。"②这里的工夫,已不仅仅是达到本体的手段,它同时构成了本体本身(真本体)借以形成的基础。不难看出,黄氏的以上论断,实际上由强调本体只有通过工夫才能把握,进而肯定了本体对工夫的依存性。黄宗羲以善(道德本体)与知(工夫)的关系为例,对本体与工夫之间的依存关系作了具体阐述:"夫善岂有形象,亦岂有一善从而知之?知之推极处,即是善也。"③质言之,本体并不是作为既成的对象而存在于致知活动之先,相反,它乃是作为致知过程的产物而出现于该过程的终点("推极处"),这种看法已开始越出先验论的樊篱。

基于无工夫则无本体论,黄宗羲提出了仁义是虚,事亲从兄是实说:"盖仁义是虚,事亲从兄是实;仁义不可见,事亲从兄始可见。"④仁

---

① 《明儒学案》卷五十二。
② 《明儒学案》卷六十。
③ 《明儒学案》卷五十八。
④ 《师说》卷四。

义即当然之理,事亲从兄则指后天的践履活动。关于以上提法的内在涵义,黄氏作了如下解释:"仁义礼智乐,俱是虚名。人生坠地,只有父母兄弟,此一段不可解之情,与生俱来,此之谓实,于是而始有仁义之名。'知斯二者而弗去',所谓知及、仁守、实有诸己,于是而始有智之名。当其事亲从兄之际,自有条理委曲,见之行事之实,于是而始有礼之名。不待于勉强作为,如此而安,不如此则不安,于是而始有乐之名。"①所谓"此一段不可解之情",在此处是指父母兄弟之间的亲缘关系。人一旦降生到世间,便处于一定的人伦关系(如父母兄弟之间的亲缘家庭关系)之中,而"仁义"即是基于这种现实的关系而形成的,随着认识与修养活动的展开(知及仁守),逐渐产生了"智"这种品格,至于"礼乐",则起源于后天事亲从兄的道德践履。上述看法概括起来即是:"人自形生神发之后方有此知。"②在这里,黄氏明确肯定当然之则的产生必须以现实的社会关系(家庭关系)及后天的认识、践履活动为基础,这可以看作是对无工夫即无真本体论的更具体的界说:道德本体形成的过程,也就是主体的践履(事亲从兄)与认知等工夫循序而进的过程。正是以上述见解为依据,黄宗羲对王阳明提出了批评:"阳明言以此纯乎天理之心发之事父便是孝,不知天理从父母而发,便是仁也。"③"纯乎天理之心发之事父",是以当然之则天赋于主体为前提的,而"天理从父母而发",则强调本体来自后天事父事母的道德践履,黄氏以后者否定前者,即意味着反对以天赋来解释本体的形成。

如果将黄宗羲的以上看法与罗钦顺、王廷相的思想作一比较,那

---

① 《师说》卷四。
② 《答万充宗论格物书》,《南雷文定前集》卷四。
③ 《万公择墓志铭》,《南雷文定五集》卷三。

就不难发现二者之间的理论联系。在王学开始抬头之时，罗钦顺便对王阳明的致知说提出了批评与责难："人之有心，固然亦是一物，然专以格物为格此心，则不可。"①所谓以格物为格此心，亦即将格物的工夫归结为达到先验的心体（良知）。在罗氏看来，一旦以天赋之心（良知）规定工夫，则意味着将道与理置于人的安排之下："乃欲致吾心之良知于事事物物：则是道理全在人安排，出事物无复本然之则矣。"②这里的本然之则，既是指内在于天地万物的必然之理，又是指存在于人伦关系之中的当然之则。罗氏的以上批评表明，在先验论的前提下用工夫，并不能真正把握本来意义上的普遍之理；对致知（达到本然之则）过程来说，天赋良知论不仅是一种赘物，而且是一种障碍。继罗钦顺以后，王廷相对王门的致良知说作了进一步的反思。不过，与罗钦顺主要指出了先验论无法成为工夫的基础有所不同，王廷相着重从本源意义上突出了知对行的依存性："学之术二：曰致知，曰履事；兼之者上也。"致知与履事的统一，也就是"知行兼举"③。从形式上看，王廷相这一看法与王阳明的知行合一说似乎颇有相近之处。但进一步的论述则显露了二者的本质差异。与王阳明把履事（行）视为达到天赋良知之中介相对立，王廷相强调知本身即发生于行之中："行得一事即知一事，所谓真知也。"④他举例说："赤子生而幽闭之，不接习于人间，壮而出之，不辨牛马矣，而况君臣、父子、夫妇、长幼、朋友之节度乎？"⑤所谓接习于人间，也就是展开于社会关系之中的践履。易言之，从分辨自然对象（如牛马），到把握普遍的道德

---

① 《答允恕弟》，转引自《明儒学案》卷四十七。
② 《答欧阳少司成》，转引自《明儒学案》卷四十七。
③ 《慎言·小宗》。
④ 《与薛君采二》，《王氏家藏集》卷二十七。
⑤ 《石龙书院学辩》，《王氏家藏集》卷三十三。

规范,均以实际践履为其基础。如果说,罗钦顺通过对天赋良知的质疑而表明将工夫建立在先验论之上是没有出路的,那么,王廷相则通过肯定知来源于行而对先验论作了更直接的否定,二者从不同的角度为黄宗羲改造王阳明的致良知说提供了理论先导:先验论之误的揭露,促使黄宗羲对天赋良知说由限制到偏离;对知行之真实关系的一定程度的澄明,则使黄氏不能不从新的角度去理解工夫的作用。事实上,黄宗羲在《明儒学案》中,即不无深意地辑录了罗钦顺、王廷相批评先验论的论述;而在黄氏本人的无工夫则无真本体、礼义之名来自事亲从兄之实等断论中,我们更可以明显地看到罗、王之说的影子。黄宗羲与罗、王的这种理论关系,形成于黄氏对明代思想史的总结:正是对有明学术的系统而深刻的回顾和反省,使黄氏多少注意到了罗、王抨击先验论的理论意义,这种反思与工夫派突出后天致知过程的思想相互作用,无疑使黄氏在考察本体与工夫的关系时获得了新的视野。

不难看到,黄宗羲从承认"固有之知"出发,通过区分当然之则与必然之理而限制了天赋之知,并进而在继承工夫派观点的同时又吸取了罗钦顺、王廷相之说,由强调本体对工夫的依存性而突破了天赋观念论,从而对王阳明的致良知说作了原则的修正。就工夫与本体之辨的演进而言,这种修正有其不可低估的意义。前文(第三章)曾论及,工夫派已开始将致知过程理解为本体与工夫的动态统一,但由于他们仍以良知的天赋性为这种统一的基础,因而没有真正克服王阳明的先天本体(良知)之蔽:先天本体既是致知过程的逻辑前提,又是工夫所趋的目标。这种看法对工夫与本体的统一过程起着内在的窒息作用。正是在这方面,黄氏迈出了重要的一步:当他将致知过程论与无工夫则无真本体论联系起来时,实质上也就意味着将致知理解为通过工夫而形成知、又由知而进一步展开工夫的反复过程。在这里,工夫与本体的动态统一开始摆脱了天赋良知说的桎梏而表现为一种基于现实过程的辩证进展。

黄宗羲在工夫与本体的关系上对王学的以上修正,在逻辑上构成了从王阳明到颜元的中介。颜元早年曾"肆力于"王学①,后虽对其有所批评,但并未完全割断与王学的渊源关系。与黄宗羲一样,颜元着重对王阳明注重行的思想作了发挥,并由此形成了其"习行"之学。颜氏首先继王阳明之后,对朱熹割裂知与行提出了批评:"朱子知行竟判为两途。"②分知分行的结果,则是将穷理"解成个致知在致知"③。按颜元之见,知只有通过格物才能达到,而格物也就是实做其事:"此格字乃手格猛兽之格,格物谓犯手实做其事……故曰致知在格物。"④这种看法显然吸取了王阳明由行而致知之说。当然,二者又有原则的差异,这不仅在于颜元所说的"实做其事",较之王氏的"行"涵义更广,而且表现在,与王氏把行(格物)视为由本然的天赋之知到明觉之知的环节不同,颜氏强调,知本身即起源于格物过程,并随着格物工夫的展开而不断完善:"手格其物而后知至。"⑤"迨见理于事,则彻上彻下矣。"⑥这一看法在理论上更接近于黄宗羲,它可以看作是对黄氏无工夫则无真本体论的进一步引申。

---

① 《未坠集序》,《习斋记余》卷一。

② 《存学编》卷三。

③ 《四书正误》卷一。

④ 《刚峰》,《颜习斋先生言行录》卷上。

⑤ 《四书正误》卷一。

⑥ 《存学编》卷二。嵇文甫认为,王学与"专讲实习实用的颜、李学说有许多共鸣之点"(参见嵇著《十七世纪中国思想史概论》,《嵇文甫文集》上,郑州:河南人民出版社,1985 年,第 60 页),这一见解已注意到了颜元与王学的渊源关系,但嵇氏未能进一步分析颜元与王学在相同的形式(重行)之下的内在差异。

## 二、学道与事功非两途

除了以良知的先天性为前提外,王阳明致良知说的特点还表现在主要把致知工夫限制在道德涵养与道德践履的范围之内。尽管王阳明本人有平定宁王叛乱等赫赫武功,并且也提到了《大学》八目中的治国平天下,但其致良知说始终把个人的修身置于核心地位。这样,王阳明虽然通过把心体的展开视为历史过程而触及了类的认识的历史性,但这种看法由于缺乏现实的基础而具有抽象的性质。对王氏来说,由工夫而达到良知,基本上即是指通过个体的道德践履以体认先天之知。这种规定不仅使王学中的行(工夫)带有非常狭隘的性质,而且在逻辑上蕴含着由片面强调个人的心性修养而漠视民族兴亡、人民安危的可能。事实上,至明清之际,这种弊端在王学末流中已表现得相当明显了。在黄宗羲以前,东林学者及刘宗周已开始注意到了这一点,并试图通过突出经世致用以纠王学此弊。黄氏继东林学者及刘宗周之后,在这方面作了进一步的努力。

黄宗羲首先将学道与事功联系起来:"道无定体,学贵适用,奈何今之人执一以为道,使学道与事功判为两途。"①所谓学道,是指通过后天工夫以把握道体,事功则大致属于经世致用的类(社会)的活动,反对将学道与事功判为两途,也就是肯定把握道体之工夫与经世活动的统一。在这里,黄氏实际上将学道工夫扩及事功,使之从个体的道德践履与修养中解脱出来,并相应地将致知理解为在类(社会)的事功中展开的历史过程。这种看法与东林学者及刘宗周的思想有明显的渊源关系,但二者又不尽相同。东林学者与刘宗周的经世致用说大致可以概括为两个方面:其一,在经世活动中领悟道体(心体),

---

① 《姜定庵先生小传》,《南雷文定五集》卷三。

它多少含有反对离开类的经世活动而仅仅通过个人涵养以追求心体之意;其二,学以致用。二者的共同前提,则是肯定主体具有天赋之知:所谓经世致用,总起来也就是在体认先天本体的基础上,进而施之于经世活动。这样,东林学者与刘宗周在把致知工夫与经世活动联系起来、从而将工夫与本体的动态统一置于超乎个体日履的基础之上的同时,又并未放弃先验论。与此相应,致知工夫展开为一个历史过程的思想在他们那里同样带有思辨的色彩。在黄宗羲那里,情形已有所不同。为了具体地了解这一点,我们不妨看一下黄氏的如下论述:"自仁义与事功分途,于是言仁义者陆沉泥腐……岂知古今无无事功之仁义,亦无不本仁义之事功。"①这一断论从更广的视角将无工夫则无真本体论进一步展开了:仁义等道德本体的形成,不仅仅以事亲从兄等个体的道德践履为条件,而且离不开经世致用(事功)等类(社会)的活动②;事功这种类(社会性)的活动在被列入工夫的同时,又被规定为本体形成的基础。而本体一旦通过工夫而产生,则又反过来制约着广义的工夫:所谓"亦无不本仁义之事功",便从一个侧面强调了这一层关系。这样,工夫与本体的关系在总体上即表现为:在超乎个体心性涵养的类的活动中产生本体,又在本体的制约下进一步展开类的工夫。这种相互作用在本质上又被理解为一个辩证进展的历史过程:在"道无定体"等断论中,内在地蕴含着对致知过程这种无止境性的确认。黄氏的以上看法不仅将东林学者关于本体与工夫的动态统一展开为一个历史过程的思想明确化与具体化了,而

---

① 《国勋倪君墓志铭》,《南雷文定四集》卷三。

② 稍早于黄宗羲的黄道周已提出了类似的观点:"经世治心……岂有二种道理?"(《榕坛问业》卷十四)而二者统一的基础即是"实实用工"(《榕坛问业》卷七)。黄宗羲在《明儒学案》中曾肯定"先生(黄道周)之说为长"(《明儒学案》卷五十六)。从理论上看,黄宗羲的以上看法可能受到黄道周的影响。

且通过否定先验论的前提而使之更接近于人类认识的辩证运动。

黄氏反对将工夫局限于修身养性,而把事功提到突出地位,与当时的历史条件有着深刻的联系。从他对理学末流(包括王学末流)的抨击中,我们不难窥见这一点:"儒者之学,经纬天地,而后世乃以语录为究竟,仅附答问一二条于伊洛门下,便厕儒者之列,假其名以欺世。治财赋者,则目为聚敛;开阃扞边者,则目为粗材;读书作文者,则目为玩物丧志;留心政事者,则目为俗吏。徒以生民立极,天地立心,万世开太平之阔论钤束天下,一旦有大夫之忧,当报国之日,则蒙然张口,如坐云雾,世道以是潦倒泥腐。"①早在顾宪成、高攀龙之时,晚明社会已在各种矛盾的交互作用下,面临深重的危机,正是对这种危机的敏锐觉察,使东林学者将学问功夫与经世活动联系起来。而到了黄宗羲的时代,潜伏的危机终于爆发,整个社会处于剧烈的震荡变乱之中。所谓世道"潦倒泥腐",即是对这种状况的概括。在黄氏看来,理学末流(包括王学末流)鄙视扞边、治财、政事等事功活动的迂阔说教,对造成以上的历史悲剧负有难以推脱的责任。这种从理学末流的空谈中寻找世道潦倒之原因的看法,当然并未真正揭示问题的症结,但重要的是,黄氏在这里通过对历史与现实的沉痛反省,曲折地表达了反对将学道工夫与经世致用的历史活动割裂开来以及通过事功来改变"潦倒泥腐"之世道的主张。后者同时又或多或少反映了时代的要求。可以说,黄宗羲正是在把握时代脉搏的基础上,否弃了王阳明把致知工夫主要等同于个体道德践履的视界。从另一个侧面看,这种否弃,又与当时王夫之、顾炎武、朱之瑜、傅山、李颙等人的"明道救世"主张彼此呼应,它在客观上构成了明清之际时代思潮的一个重要方面。

---

① 《赠编修弁玉吴君墓志铭》,《南雷文定后集》卷三。

### 三、明自然之理：致知工夫的拓展

王学作为心性之学，不仅容易流于轻视事功，而且以贬抑科学为其特征。王阳明曾说："明伦之外无学矣。"①从这种观点出发，王氏把科学知识视为无用之物。《传习录上》有如下记载："问《律吕新书》。先生（王阳明——引者）曰：'学者当务为急，算得此数熟，亦恐未有用。必须心中先具礼乐之本方可……学者须先从礼乐本原上用功。'"这里多少将探索自然之理的科学活动排斥在致知工夫之外。与这种理学的观念不同，黄宗羲在强调学道与事功非两途的同时，又将工夫与科学探索联系起来。黄氏对自然之理作了多方面的研究，其涉及的领域包括天文、数学、地理等，各类科学著作多达二十二种（多数已佚）。正是对科学的注重，使黄氏对工夫的领域作了新的拓展。

黄氏首先将自然对象列入了致知范围，并强调明自然之理必须从自然对象出发。就历学而言，制定历法必须以客观的"天象"为据。他曾批评明儒喻春山以《周易》之卦象附会昼夜之长短，而完全无视天象："舍明明可据之天象，附会汉儒所不敢附会者，亦心劳而术拙矣。"②耐人寻味的是，黄宗羲在这里并不是泛泛地主张参之以事实，而是特别要求以天象（自然对象）为据。在黄宗羲以前，欧阳德等曾突出了直接经验（感知）在致知过程中的作用，尤时熙进而提出了于发见处见良知的主张，这些看法尽管包含着由圣传经典、心性涵养转向外部对象的可能，但无论是欧阳德，抑或尤时熙，都终于未能挣脱心学的束缚。相形之下，黄氏的以上看法则迈出了引人注目的一步：以天象为据，意味着面向自然、以自然为考察对象。这一主张与方以

---

① 《万松书院记》，《全书》卷七。
② 《答范国雯问喻春山律历》，《南雷文定前集》卷四。

智"物有其故,实考究之"①的倡议彼此呼应②,本质上属于实证科学的要求,它所表现的,是一种不同于心学的新的时代观念。

考察自然对象,旨在把握客观之理,如何达到这一点? 黄氏提出了借数以明理的主张:"古人借数以明理。"③所谓借数以明理,也就是以数学的方法揭示对象的本质及规律。这种看法可以看作是本体与工夫之辨在明自然之理中的引申:以数明理,在一定意义上也就是以本体制约工夫说的具体运用。正是从以上观点出发,黄宗羲批评明代学者韩邦奇在研究乐律时,不明算法,以至终成谬说:"近世韩苑洛(即韩邦奇——引者)作《志乐》,律管空围,不明算法,割裂凑补,终成乖谬。"④在此处,黄宗羲从是否把握算法的角度分析乐律研究中产生错误的根源,这表明他对数学方法在科学研究中的意义和价值已有了比较自觉的认识。从科学史的发展来看,近代实验科学的方法大致包括两个特点:其一,注重实验手段;其二,要求在掌握精确数据的前提下,通过严密的逻辑思维及数学推导,建立数学模型及提出科学的假设。尽管黄宗羲所说的算法与近代科学中的数学方法并不是一回事,但他要求把算法引入科学研究之中,这在一定意义上与近代科学发展的趋向是一致的,它与王阳明对历数研究的排斥恰好形成对照。

在主张借数以明理的同时,黄宗羲将自然之理在实际生活中的应用提到了重要的地位。他对宋代道学家疏于历算及其应用深为不满:"有宋名臣,多不识历法。朱子与蔡季通极喜数学,乃其所言者,

---

① 《物理小识·自序》。

② 黄宗羲与方以智束发相游,交谊甚笃,其明自然之理的思想,可能亦受到方的影响。

③ 《答忍庵宗兄书》,《南雷文定五集》卷一。

④ 《叙陈言杨勾股述》,《吾悔集》卷二。

影响之理,不可施之实用。"①黄氏在这里已涉及明自然之理与应用自然之理的关系：要施之实用,即必须精通科学,而不能停留于"影响之理"；另一方面,达理又应当以实际应用("施之实用")为其归宿。与宋儒不同,黄氏十分注重科学研究与实际应用的结合。如他探讨汉代律历时,曾试图作"三统推法",以便使汉代的律历志获得应用价值。黄氏还在广泛参考"诸图志"及实地考察的基础上,撰著《今水经》,为研究河流水道及其演变提供了具体的指导。这种把"明理"与"施之实用"统一起来的致思路径,与专注于心性涵养而鄙视科学活动的传统偏见迥然相异。

就本体与工夫之辨的演进而言,黄宗羲的以上考察无疑是一种新的转向。它标志着致知工夫已开始由体认道德本体而向明自然之理扩展。这种转向在某种意义上可以视为从理学观念向近代的思维方式迈出了一步,它在本质上已开始超出了王学的视界。

要而言之,如果说,"无工夫则无真本体"之论着重通过肯定本体对工夫的依存性而扬弃了本体与工夫统一的先验论前提,将事功列入工夫之中,主要通过工夫与经世活动的联系而进一步将这种动态统一理解为基于类的历史活动的辩证过程；那么,工夫与明自然之理的沟通,则赋予致知过程论以新的理论意蕴。从强调无工夫则无真本体,到以事功解释工夫,再到以工夫明自然之理,这既是理论本身的深化与展开,又深深地镌刻着时代的印记。

## 第三节　从心体的历史展开到学脉的历史展开

黄宗羲将无工夫则无真本体及致知工夫表现为一个历史过程的

---

① 《答万贞一论明史历志书》,《南雷文定后集》卷一。

观点运用于学术史研究的领域,通过对宋元及明代学术思想史的深入考察而扬弃了王阳明关于心体展开为一个历史过程等观点,并由此提出了比较系统的学术史观及学术史方法论。后者从另一个侧面构成了对王学的改造。

## 一、学术之途"不得不殊"

如何评判以往的学术思想的价值?这是对学术思想史加以反省总结时首先面临的问题。黄宗羲在《明儒学案·发凡》中,提出了如下看法:"学问之道,以各人自用得着者为真。凡倚门傍户,依样葫芦者,非流俗之士,则经生之业也。"所谓"自用得着",即是通过自我探索而得出的独到见解,"倚门傍户,依样葫芦",则是拘守旧说,拾人牙慧。黄氏肯定前者而否定后者,意在强调,奠定某种学术思想在学术史上之地位的,并不是它对前人的依傍附和,而是它所提供的创造性见解。在黄氏看来,以自得之见评判各家学说的根据,在于正是这种独特之见,构成了一本之万殊:"有一偏之见,有相反之论,学者于其不同处,正宜着眼理会,所谓一本而万殊也。以水济水,岂是学问?"①一本亦即道体,含有真理之意,所谓"一本而万殊",是指真理表现为一个由多方面的规定(万殊)所构成的统一体,而自得之见(一偏之见)则分别构成了统一体的各个侧面。这样,黄氏便从一本(统一的真理)与万殊(真理的各个环节)的关系上,论证了创造性见解在认识史中的地位。

从动态的过程来看,自用得着的一偏之见,是对真理独特探索的产物,因此,承认一偏之见的价值,也就意味着肯定学术发展的多途性:"是以古之君子宁凿五丁之间道,不假邯郸之野马。故其途亦

---

① 《明儒学案·发凡》。

不得不殊。奈何今之君子,必欲出于一途,使美厥灵根者,化为焦芽绝港。"①"其途不得不殊",可以视为"一本而万殊"论的逻辑引申。一本(作为统一体的真理)通过万殊(真理的各个环节)而表现出来的过程,同时也就是有创见的思想家(君子)从不同的途径接近真理(一本)的过程。如果试图将殊途人为地纳入一途,则势必扼杀一切活生生的,有价值的内容("美厥灵根者")。在这里,学术思想的发展史,已被理解为以往的思想家通过多样化的探索而把握真理的过程。黄宗羲以百川归海为喻,对此作了形象的阐述:"夫道犹海也,江、淮、河、汉,以至泾、渭蹄涔,莫不昼夜曲折以趋之,其各自为水者,至于海而为一水矣。"②质言之,历史上的各种创造性体系,犹如江、淮、河、汉,最后汇为真理(道)之海。

依据如上看法,黄宗羲对执成说以裁量古今学术提出了批评:"世之庸妄者遂执其成说以裁量古今之学术,有一语不与之相合者,愕眙而视曰:此离经也,此背训也。于是六经之传注,历代之治乱,人物之臧否,莫不各有一定之说。此一定之说者,皆肤论瞽言,未尝深求其故,取证于心。"③所谓"成说",是指某种来自"经""训"的教条,以成说裁量古今学术,也就是以某种教条(经训)作为评判古今学术的标准,而如此裁量的结果,则是把整个学术史塞入单一的框架(一定之成说)。不难看出,黄氏把来自经训的成说斥为"肤论瞽言",包含着反对以道统来编排学术思想史之意。从这一意义上说,黄宗羲的以上批评,同时也是针对传统的道统说而发的。道统说的基本特点是以一排斥多,它奉周孔之道为至尊的教条,将正统儒学之外的一

---

① 《明儒学案·自序》。
② 《明儒学案·自序》(改本),《南雷文定五集》卷一。
③ 《恽仲升文集序》,《文案》卷一。

切理论都斥为异端而加以否定。在道统的巨大阴影下,一切创造性的体系都消失了,整个人类思想的发展过程被归结为单一的、僵硬的儒学正统的重复和延续①。黄宗羲反对把古今学术纳入一定之成说,无疑是对这种带有独断论色彩的道德统说的否定,就理论的逻辑演进而言,它同时又是"学术之途不得不殊"论的进一步展开。

如果把黄宗羲的上述学术史观与王阳明的良知准则论作一比较,那就可以发现:二者之间既有某种理论上的渊源关系,又存在着重要的差异。王阳明认为,良知作为天赋之知,同时又是判定是非的准则。王氏首先赋予这种良知以"吾心"的形式,亦即肯定良知作为是非的标准,内在于每一主体之中,如前所述,这一看法或多或少承认了主体在判断是非中的自主性。然而,在王阳明看来,良知不仅具有个体(吾心)的形式,而且以普遍的天理为内容,这样,当王阳明把良知作为判断是非的准则时,也相应地将主体的自主性、能动性限制在天理的框架内,后者包含着以普遍的天理(形而上学化的正统儒学教条)抑制主体的创造性与独立思考的可能。黄宗羲在一定程度上吸取了王阳明肯定主体在判断是非中具有自主性的思想:黄氏注重自得之见的看法在某种意义上便导源于此;但同时,黄氏又由肯定一偏之见、相反之论,进而强调学术之途"不得不殊",反对以来自经训的成说作为评判古今学术的标准,从而扬弃了王阳明以天理抑制主

---

① 如果再追溯得远一点,那么在被称为第一篇哲学史论文的《庄子·天下》中,已表现出责难学术殊途发展的倾向。我们不妨引其中一段总纲式的文字:"天下大乱,贤圣不明,道德不一,天下多得一察焉以自好。……是故内圣外王之道,暗而不明,郁而不发,天下之人各为其所欲焉以自为方。悲夫,百家往而不反,必不合矣!"在这里,尊崇统一的内圣外王之道与反对百家之殊途演变构成同一论题的两个方面。尽管《庄子》对个体性原则予以了较多关注,但在悲百家之不合这一点上,却与后来的道统说颇有相通之处。

体之独创性的理学观点①。

## 二、学术演变内含学脉

殊途演进的学术思想,是不是表现为偶然现象的杂陈? 黄宗羲对此作了否定的回答。在他看来,"万殊"的学术思想的演变,并非无章可寻,其间包含着一以贯之的发展线索。黄氏以明代学术史为例,对此作了阐述:"有明学术,白沙开其端,至姚江而始大明……逮及先师蕺山,学术流弊,救正殆尽。"②在这里,黄氏以心学为明代学术之主流,而心学本身又有一个由发生到极盛,由极盛而生流弊,又由流弊的产生到救正的演变过程;换言之,宗旨纷然的有明学术,贯穿着心学这一主线。这种主线,黄氏称之为"学脉"。学脉不同于一时之偏重,而是一种内在于学术演变过程的比较稳定的联系。黄氏在谈到朱陆异同时,对这一点作了具体的解释:"非尊德性则不成问学,非道问学则不成德性。故朱子以复性言学,陆子戒学者束书不观……此一时教法,稍有偏重,无关于学脉也。"③所谓一时之偏重,亦即从整个学术的发展来看带有偶然性的现象,按黄氏之见,"以复性言学"与"戒学者束书不观"就属这样一种偶然的提法;而与这种偶然之偏重相对的学脉,则表现为具有必然性的联系。这样,当黄宗羲把万殊的明代学术思想看作是一个有脉络可寻的过程时,也就意味着肯定学

---

① 晚明的吕坤认为:"人必有一见,集百人之见可以决大计。"(《呻吟语·慎言》,转引自《明儒学案》卷五十四)吕由此强调学者可以不顾拘儒之大骇而"发圣人之未发"(《呻吟语·道体》)。黄宗羲对吕坤的思想十分推崇,认为他"一生孜孜讲学,多所自得"(《明儒学案》卷五十四)。从逻辑上看,黄氏否定成说而把学术思想视为殊途演进的过程,似乎亦与吕坤的影响有联系。

② 《移史馆论不宜立理学传书》,《南雷文定前集》卷四。

③ 《复秦灯岩书》,《南雷文定前集》卷四。

术思想的发展包含内在的规律。

黄宗羲的以上看法,与王阳明的经(道)史统一论同样有着理论上的联系。王阳明认为,道即内在于历史过程之中,而六经则是对道的历史展开的记载。这既包含着对历史发展过程中存在必然之道的某种猜测,又兼有作为类的认识主体对道的体认表现为一个历史过程之意。但同时,王氏又把与历史过程融为一体的六经之道,归结为"吾心之常道"。这样,历史之道便多少被主观化了,而类的认识史也相应地被归结为心体的展开过程。① 黄宗羲客观上接受了王阳明关于六经之道内在于历史过程中的思想,并将这一观点运用于学术史考察。从一定意义上可以说,学脉即历史之常道在学术史中的具体表现形式。但是,与王阳明将历史之道归结为心体不同,黄氏引入了无工夫则无真本体论,强调学脉并不是先验心体的展开。在《明儒学案·自序》中,黄宗羲写道:"心无本体,工夫所至即其本体。"此处之心,是指以精神现象的形式出现的学术思想,工夫则是主体的探索活动。就是说,作为精神现象的学术思想,并不表现为一系列的先验体系,它本质上是主体的探索工夫的产物。就明代思想而言,《明儒学案》所列的各家思想,即是这种工夫的结果:"诸先生深浅各得,醇疵互见,要皆功力所至,竭其心之万殊者而后成家。"②在黄氏看来,万殊而一致的学脉正是在后天的探索工夫及其产物(不同的思想体系)中表现出来的:"夫苟工夫著到……则万殊总为一致,学术之不同,正以见道体之无尽。"③这种肯定学术思想对工夫的依存性,强调学脉(道体)即存在于探索活动及其成果中的看法,显然已扬弃了把道体归结

---

① 参见本书第二章第二节。

② 《明儒学案·自序》。

③ 《明儒学案·自序》(改本),《南雷文定五集》卷一。

为先验心体的心学观点。

当然,黄宗羲虽然肯定学术思想的产生离不开后天的探索工夫,反对把各家思想归结为先验的体系,但却不了解学术思想的形成演变最终总是与一定的社会历史条件相联系。黄宗羲说:"夫先儒之语录,人人不同,只是印我之心体,变动不居。"①这里的"我",泛指一般的主体,以先儒之语录印"我"之心体,则是指后起的学术思想(心体)与先行的体系之间的彼此印证。这样,黄氏似乎或多或少地把学术史的演变理解为由工夫产生的各个思想体系之间的相互影响、印证,亦即主要从流(表现为万殊的学术思想),而没有同时从源(具体的社会历史条件等)上考察学术思想的发展过程。

三、由迹而入理,由偏而大成

承认学术思想的演变包含内在脉络,也就是肯定前后相继的各家学说之间有着内在的联系。黄宗羲认为,这种前后联系首先表现为由迹而入理的合乎规律的发展。在比较程朱与明儒在辟佛上的差异时,黄氏具体阐述了这一观点:"尝谓有明文章、事功皆不及前代,独于理学,前代之所不及也。牛毛茧丝,无不辨晰,真能发先儒之所未发。程朱之辟释氏,其说虽繁,总是只在迹上,其弥近理而乱真者,终是指他不出。明儒于毫厘之际,使无遁影。"②所谓"迹",即是外在现象,"近理而乱真者",大致与内在本质相当。在黄宗羲看来,程朱对佛学的批判,仅仅停留于外在的现象;而明儒则通过细致的辨析,揭露了佛学貌似正确的内在本质。认为明儒对佛学的批判已深入毫厘,这当然未必确切,但值得注意的是,黄氏在这里把学术思想的演

①　《明儒学案·自序》。
②　《明儒学案·发凡》。

变看作是一个由迹而入理的深化过程,后者无疑有其合理性。

学术思想由迹而入理的演进,从另一个角度看,则表现为由偏而大成的发展过程。黄宗羲写道:"有明学术,宗旨纷如……或创新渠,导水入海而反填淤。唯我蕺山,集夫大成,诸儒之弊,削其畦町,下士闻之,以为雷霆。"①这里,重要的不是以刘宗周为明代学术的"集夫大成者"这一看法究竟包含何种程度的正确性,而在于黄氏实际上提出了如下思想:每一个独创的体系都以其一偏之见、相反之论而为学术发展的长河提供了新的水流(创新渠)。但一偏之见本身又不可避免地有其片面性(弊),当学术思想演变到一定阶段时,就会有思想家出来对以往的学术思想作出总结,这种总结并不是完全推翻前人的体系,而是在去其弊的同时,又吸取其中一切有价值的东西:所谓"集夫大成",强调的正是这一点。这种看法在某些方面接近于黑格尔的哲学史观。黑格尔曾说:"最晚出的、最年轻的、最新近的哲学,就是最发展、最丰富、最深刻的哲学。在这里面,凡是初看起来好像是已经过去了的东西,被保存着,被包括着。"②黄宗羲关于后起的思想家通过"集夫大成"而推进学术发展的观点,显然包含着与黑格尔相类似的思想。

总起来看,黄氏的以上论述可以视为学术演变内含学脉论的进一步推绎:学术思想合乎规律的发展,具体表现为由迹而入理,由一偏之见、相反之论而集夫大成,而这一过程又是通过后起的思想家对先行的思想加以反省总结而实现的。如果说,把学脉与"工夫所至即是本体"联系起来在一定程度上克服了王阳明经(道)史统一论中的先验论倾向,那么将学术思想依学脉而演变的过程理解为由迹而入

---

① 《陈乾初先生墓志铭》,《南雷文定后集》卷三。
② 〔德〕黑格尔:《哲学史讲演录》第一卷,第45页。

理、由一偏之见而集夫大成的过程,则使王阳明关于历史过程包含常道这一思想具体化并深化了。

## 四、得其宗旨、明其学脉的学术史方法

把学术史的演变看作是一个由偏而集夫大成的过程,同时又蕴含着如下思想:后起的学者只有通过总结前人的思想,才能进而别创新渠,推进学术思想的发展。黄宗羲著述《明儒学案》,在一定意义上即是为了给后人提供这样的基础。在《明儒学案·自序》中,黄氏对这一意图作了明确阐述:"此(指《明儒学案》——引者)犹中衢之罇,后人但执瓦瓯樽杓,随意取之,无有不满腹者矣。"所谓"无有不满腹",是指在吸取前人认识成果的基础上得到充实和提高。考察与总结学术史,离不开合理的方法,这样,方法论问题就突出起来。正是在对这一问题的探索中,黄宗羲进一步由以上的学术史观导出了其历史主义方法。后者大致包括如下几个方面:

首先,与强调"工夫所至即是本体"、否认学术思想是先验心体的展开相联系,黄宗羲主张在广泛"搜罗"材料的基础上,还学术思想的本来面目:"每见钞先儒语录者,荟撮数条,不知去取之意谓何。其人一生之精神未尝透露,如何见其学?是编皆从全集纂要钩玄,未尝袭前人之旧本也。"[1]这里的内在含义,在于以全面的考察否定随意的寻章摘句。正是基于这一看法,黄氏对周汝登的学术史方法提出了批评:"海门(周汝登——引者)主张禅学,扰金银铜铁为一器,是海门一人之宗旨,非各家之宗旨也。"[2]"扰金银铜铁为一器",亦即以一己之见裁剪前人的思想材料。对这种主观方法的摒弃,同时也从另一

---

[1] 《明儒学案·发凡》。
[2] 同上。

个侧面突出了客观性原则。那么,遍为搜罗是否意味着将各种材料杂乱地加以堆积? 黄氏的回答是否定的。在他看来,详尽地占有材料之后,还必须进而加以"甄别"。在对孙奇逢的责难中,黄氏阐述了这一主张:"钟元(孙奇逢——引者)杂收,不复甄别,其批注所及,未必得其要领。"①此处所说的甄别,主要不是指分辨真伪,而是指对材料加以取舍整理,亦即舍去无关宏旨的方面,保留能反映对象之"要领"的材料。不难看出,这种甄别事实上含有分析之意,把甄别视为得其要领的条件,相应地意味着肯定分析方法在整理取舍材料中的作用。正是后者,使黄氏遍为搜讨的主张不同于狭隘的经验论原则。

其次,从"自用得着者为真"的观点出发,黄宗羲认为,在考察前人的学术思想时,必须揭示其宗旨:"大凡学有宗旨,是其人之得力处,亦是学者之入门处。"②所谓宗旨,即是体系的主导思想。依黄氏之见,学者的独创性思想(得力处),集中体现于这种宗旨之上,而其整个体系,则是围绕这一宗旨而展开的,因此只有得其宗旨,才能在把握学者"自用得着者"的同时,又统观其整个体系。黄氏以《易经》研究为例,对把握宗旨的意义作了具体阐述:"吾观圣人之系辞六爻,必有总象以为之纲纪,而后一爻有一爻之分象以为之脉络。学易详分象而略总象,则象先之旨亦晦矣。"③宗旨犹如《易》之总象,它在整个体系中起着纲纪之作用,如果仅仅逐一探求个别观点而不能触其纲纪,则所研究的整个体系都将晦暗不明,其情形一如得其分象而失其总象。这种看法把前人的独创性思想理解为一个具有内在联系的系统,它含有反对毫不相关地罗列并举,而要求进而统驭其贯穿整个

---

① 《明儒学案·发凡》。
② 同上。
③ 《原象》,《易学象数论》卷三。

体系的主线(内在联系)之意。

第三,根据学术史的发展有其内在脉络这一看法,黄宗羲强调,在揭示各家宗旨之后,还必须通过"分源别派"以揭示其中的内在关联:"于是为之分源别派,使其宗旨历然,由是而之焉,固圣人之耳目也,间有发明,一本之先师,非敢有所增损其间。"①学术思想在历史的演进中,并非杂而无序,而是有其内在学脉。从另一方面看,正由于学脉具体地体现于宗旨各异的学术体系中,因而要把握学脉,就必须将不同的体系联系起来加以研究。在这里,黄氏实质上把分源别派与综合考察视为同一过程的两个方面,这一思想显然触及了分析与综合相统一的辩证观点。黄宗羲研究明代学术史,基本上贯彻了上述方法论原则。在《明儒学案》中,黄宗羲于分别概括各家宗旨的同时,又力图勾画出其中一以贯之的内在脉络:"《学案》宗旨杂越,苟善读之,未始非一贯也。"②如果说,得其宗旨主要是把握一定体系自身的内在线索,那么,通过分析与综合的统一而明其"数百年之学脉"③则进而要求揭示学术思想演变之整个过程的规律性的联系。尽管由于历史的局限,黄氏不可能把握思想发展的真正规律,但他以相当自觉的形式将上述要求列为方法论的基本原则,无疑有其难以抹去的理论意义。

在黄宗羲以前,王阳明曾对陆九渊"六经注我"的观点作了引申,提出了"六经原只是阶梯"论:"万理由来吾具足,六经原只是阶梯。"④其意大致为:普遍之理即内在于心体之中,而六经不过是达到万理的手段或工具。这种看法的主观主义性质是显而易见的,但其

---

① 《明儒学案·自序》。
② 同上。
③ 同上。
④ 《林汝桓以二诗寄次韵为别》,《全书》卷二十。

中又含有反对拘泥于经典的具体陈述，而主张以把握内在之理为致知目标之意。这一点，王氏在另一处作了更明白的阐述："凡看经书，要在致吾之良知，取其有益于学而已，则千经万典，颠倒纵横，皆为我之所用。一涉拘执比拟，则反为所缚。"①在王阳明那里，良知与理（道）为一，所谓"要在致吾之良知"，无非是强调读经阅典，都必须以得其理（道）为鹄的。王氏的这一看法与其肯定历史过程中存在必然之道并要求由事（史）而得道（心体）的观点有着逻辑的联系；正如经史统一、由事得道之说者构成了黄宗羲学术史观的重要来源一样，"六经原只是阶梯"论对黄氏的学术史方法论也产生了无可否认的影响：黄氏反对停留于材料的罗列与现象的描述而要求得其宗旨、明其学脉，与王阳明由经典而达万理的主张，在一定意义上确有相通之处。当然，二者又存在深刻的差别，这不仅在于黄宗羲以注重全面考察的客观态度否定了王阳明"千经万典，皆为我用"的主观主义原则，而且相应地表现在黄氏扬弃了王阳明将达理（道）等同于返归心体的观点，把明其学脉理解为揭示学术史自身的规律性联系，从而在某种程度上触及了逻辑与历史相统一的思想。

黄宗羲对王阳明关于心体展开为一个过程等观点的扬弃，为浙东史学提供了直接的理论先导。在章学诚那里，我们即可具体地看到这种影响。近人叶瑛曾说：章学诚之学"盖远祖阳明、蕺山，近祧梨洲"②。从某种意义上说，章学诚确实是沿着黄宗羲的致思方向，对王学的某些观点作了引申和发挥。在《文史通义》中，章氏开宗明义提出了"六经皆史"的命题，后者明显地导源于王阳明"五经亦史"之说。在章学诚看来，经也就是在一定历史条件下的政教典籍，它记载了先

---

① 《答季明德》，《全书》卷六。
② 《文史通义·题记》。

王"经纬世宙之迹",而道即展开于这一历史轨迹之中①。这一观点同样多少渗透着王阳明经(道)史统一之说。不过,与王阳明把道归结为心体的展开不同,章学诚将经理解为器,以为道即内在于六经之器中:"夫六艺者,圣人即器而存道。"②正是从这一观点出发,章学诚强调道并不以人的意志为转移:"故道者,非圣人智力所能为,皆其事势自然。"③这一看法继黄宗羲之后,进一步否定了王阳明对道的先验规定。与道不离器的观点相应,章学诚强调即器而明道:"道不离器,犹影不离形……六经即其器之可见者也。后人不见先王,当据可守之器,而思不可见之道。"④所谓据可守之器,思不可见之道,也就是通过对具体的历史事实的考察,以揭示内在于其中的普遍之道,这种观点可以看作是对黄宗羲的历史主义观点的发挥:如果说,黄宗羲主要将心体的历史展开引申为学脉的历史展开,并由此提出了明其学脉的要求,那么,章学诚则在黄氏的引发下,通过扬弃王阳明道(心体)史统一之说而在更普遍的意义上突出了把握历史过程之道的主张。从认识史的发展来看,黄宗羲的学术史观与历史方法在逻辑上构成了一个承前(王阳明)启后(章学诚)的环节。

## 第四节　个体与整体之辩:启蒙思想的前奏

在黄宗羲以前,李贽提出了"天生一人,自有一人之用"的命题,通过突出个体的价值而对传统的价值观念作了多方面的抨击。李贽

---

①　参见《易教》,《文史通义》卷一;《原道》,《文史通义》卷二。
②　《原道下》,《文史通义》卷二。
③　《原道上》,《文史通义》卷二。
④　《原道中》,《文史通义》卷二。

的这种异端思想以童心说为其理论前提,而童心说又是通过剔除良知中的普遍天理而形成的。就此而言,李贽对正统价值观念的否定,同时也可以看作是对王学的改造。黄宗羲继李贽之后,通过对个体与整体、君主与天下之人等关系的重新思考,进一步突破了王学。

如前所述,商品经济在晚明已有了一定的滋长,这种社会经济因素同样在黄宗羲那里留下了其历史的烙印。黄氏对贬抑工商的传统观念明确提出异议:"世儒不察,以工商为末,妄议抑之。夫工,固圣王之所欲来,商又使其愿出于途者,盖皆本也。"①从理论上说,既然工商皆本,那么,从事工商业的市民要求冲破宗法制度的束缚、促进工商业发展的愿望,以及与此相应的观念,也都应当是合理的。这种看法抛弃了王阳明鄙视功利的偏见,而接近于李贽的思想。但李贽基本上还只是从商人(市民)经营活动的艰辛("辛勤万状")上肯定其值得同情,故其市民意识更多地带有直观的、自发的色彩。而黄氏则从工商业在整个社会生活中的作用上肯定了其地位,由此表现出来的市民意识,是经过理性反思的、比较自觉的观念。

从市民的观点出发,黄宗羲首先对人的本性作了考察:"有生之初,人各自私也,人各自利也。"②这种自私即本性的观点,与李贽的思想也有相通之处。不过,李贽主要把自私视为个人的天赋本性,而黄氏所说的"有生之初",则是指类的历史发生,其侧重之点在于从类的历史起源这一角度,肯定自私自利是普遍的类的本性。根据黄宗羲的看法,专制主义的非正义性,首先即表现在否定天下之人自利的权利:"后之为人君者不然,以为天下利害之权皆出于我,我以天下之利尽归于己,以天下之害尽归于人,亦无不可,使天下之人不敢自私,不

---

① 《明夷待访录·财计三》。
② 《明夷待访录·原君》。

敢自利。……向使无君,人各得自私也,人各得自利也。"①所谓天下之人,即是个人的总和,亦即每一个个人。就是说,肯定自私自利的天然合理性,也就意味着承认每一个主体都有追求和维护自身利益的权利。值得注意的是,在这里,黄氏没有把自私自利狭隘地归结为一己之利,而是广义地理解为每一个体的利益,这多少表现了试图把个体之利与群体(作为个体之总和的天下之人)之利协调起来的运思倾向:从"自私自利"与"人各得"之联结中,便不难窥见这一特点。从王学的演变来看,王阳明通过赋予良知以吾心与天理之双重品格而肯定了个体性与普遍性的统一,正是从这一原则出发,王阳明在主张以普遍之天理规范个体行为的同时,又多少注意到了道德行为应当出于个体的内在意愿,从而有别于正统理学片面地以普遍天理排斥个体意愿。但另一方面,作为良知之主要规定的天理,同时又体现了以"君"为象征的整体意志,与此相应,当个体性与普遍性的关系超出了道德领域而表现为个体(己)与整体(宗法等级制)的关系时,王阳明就立即又回到了以整体消融个体的正统观念之中:以"无我"为二者统一之前提,便清楚地说明了这一点。与王阳明不同,李贽以童心扬弃了良知中的普遍天理,强调一人自有一人之用,从而空前地突出了个体性原则。这种看法在反对专制主义压抑个性这一点上,无疑有其历史的合理性。但在以个体性原则否定专制主义的同时,李贽又在一定程度上表现出忽视群体利益的倾向。在"贵为己"、"务自适"的主张中,利己实质上被夸大为至上的、唯一的原则,这在理论上显然有其片面性。黄宗羲的以上看法在一定意义上吸取了王阳明肯定个体性与普遍性之统一的思想,但二者又有不可忽视的差别:其一,与王阳明将整体归结为专制制度及宗法等级关系不同,黄宗羲所

---

① 《明夷待访录·原君》。

理解的整体主要是天下之人,亦即作为个体之总和的群体;其二,在黄氏那里,个体(己)与整体(天下之人)的统一,并不是以整体吞并个体为前提,而是基于个体利益(自利)的充分实现。这种看法已多少逸出了正统的价值观念而开始向近代意义上的群己之辩靠拢:事实上,它在某些方面确实已接近于近代所谓合理利己主义。尽管上述论点对个体与整体的关系之理解本质上仍是抽象的,但它毕竟在否定王阳明所维护的整体主义的同时,又多少克服了李贽将为己、自利推向极端之弊。

当然,黄宗羲的上述看法并不仅仅是个体性与普遍性关系之思辨推演的产物,它有着更深刻的历史根源。明清之际,除了商品经济的滋长及其对社会生活各个领域(包括观念领域)的影响之外,另一个不可忽视的历史现象即是民族矛盾的突出。1644 年,清兵长驱入关,随之而来的是残酷的民族压迫,而这种压迫又理所当然地遭到了关内各族人民的反抗。正是反对民族压迫的斗争,使整体的利益不能不受到相当的重视。黄氏曾举兵抗清,对这一点有着切身的感受,而这种感受是李贽未曾经历过的。如果说,黄氏肯定自利的合理性主要体现了与商品经济相联系的市民观念,那么,把自利与天下之人联系起来,则在一定意义曲折地反映了反对民族压迫这一历史要求;前者为黄氏超越了王阳明的眼界提供了可能,后者则促使他反思并避免李贽的片面性。

在肯定"人各得自私,人各得自利"的正当性的前提下,黄宗羲对君主的作用作了如下规定:"原夫作君之意,所以治天下也。"①而治天下的具体内容,就是使天下受其利:"有人者出,不以一己之利为利,而使天下受其利;不以一己之害为害,而使天下释其害,此其人之勤

---

① 《明夷待访录·置相》。

劳必千万于天下之人。"①一般说来,在传统的宗法社会中,君主往往被视为整体的化身,它常常以马克思所说的"虚幻"整体的形式出现。这种虚幻的形式,使君主获得了超越于个体之上的至尊性,而后者又使君主对天下之人"自利"权利的剥夺带有"合理"的外观。恰恰是这种虚幻的形式,为黄宗羲所摒弃:当他把君主还原为"一己"时,也就意味着否定君主的超然性而将其置于从属于"天下之人"的地位之上。也正是基于这一观点,黄氏认为出仕应当为天下而不为一姓:"故我之出而仕者,为天下,非为君也;为万民,非为一姓也。"②质言之,君主作为"一己",并没有高于其他个体之处,真正应当受到注重的,不是表现为虚幻整体的君主,而是每一个体之利:所谓"为天下"、"非为一姓",确认的正是这一点,它以人各得自利的观点,否定了以虚幻的整体(君)消解作为个人之总和的天下之人的传统观念。

根据"非为君"、"非为一姓"的原则,黄氏进而大胆地得出了君为"天下之大害"的结论:"今也,以君为主,天下为客,凡天下之无地而得安宁者,为君也。是以其未得之也,屠毒天下之肝脑,离散天下之子女,以博我一人之产业,曾不惨然!曰:我固为子孙创业也。其既得之也,敲剥天下之骨髓,离散天下之子女,以奉我一人之淫乐,视为当然,曰:此我产业之花息也。然则为天下之大害者,君而已矣。"③就其理论渊源而言,黄氏这种"君害"论与鲍敬言的"无君论"以及邓牧对君主专制的批判显然有着不可忽视的联系。不过,鲍敬言、邓牧之主张无君,旨在返归初民之世。如鲍敬言说:"曩古之世,无君无

① 《明夷待访录·原君》。
② 《明夷待访录·原臣》。
③ 《明夷待访录·原君》。

臣,穿井而饮,耕田而食,日出而作,日入而息,泛然不系,恢尔自得,不竞不营,无荣无辱。"①邓牧也认为:"废有司,去县令,听天下自为治乱安危,不犹愈乎?"②从历史的观点看,这种看法无疑带有消极的色彩。相形之下,黄氏则着重从君主与天下之人的关系上,揭露了君主对天下之利的扼杀,其出发点是在保证每一个体的利益与价值得到充分实现的基础上,达到个体与整体(个体之总和)的统一。这种观点在扬弃王阳明的个体性与普遍性之辨的同时,又否定了王氏所维护的君臣之义,从而表现出明显的人文主义倾向。它本质上并不是向往古的回复,而是对新的时代特征的敏锐映射,其中蕴含着积极的启蒙意义。

黄宗羲的以上思想在尚未走出中世纪的明清之际,不啻是时代的强音,它在当时及尔后都引起了不少思想家的共鸣。从清初的唐甄那里,我们便不难看到这一点。唐甄在哲学上曾受王阳明的良知说的影响:"阳明子以良知辅教,如引迷就路。"③在他看来,良知首先表现为内在于主体的个体意识:"良知,在我者也。"④由注重"在我者",唐甄进而突出了个体的地位:"言,我之言也"⑤,"得乎己,则所生皆安矣"⑥,"君子之道,先爱其身"⑦。从理论上看,这种观点已由强化良知中的个体性规定而越出了王学,它的基调与李贽有相近之处。不过,与李贽仅仅强调个体性原则不同,唐甄在肯定"先爱其身"

---

① 转引自《抱朴子·诘鲍》。
② 《伯牙琴·吏道》。
③ 《潜书·法王》。
④ 《潜书·宗孟》。
⑤ 转引自《西蜀唐圃亭先生行略》。
⑥ 《潜书·格定》。
⑦ 《潜书·有为》。

的同时,又主张"无伤于人":"损人以益己,必不可为者也;损己以益人,亦不可为者也;有益于己,无伤于人,斯则可为者也。"①在这里,己(个体)与人(他人、群体)表现为一种相容的关系:追求个体之利(有益于己),并不意味着排斥他人(群体)之利(无伤于人),它的基本前提是承认每一个体(每一个"己")之利都应得到充分实现。就其试图把个体(己)与群体(人)之利协调起来而言,上述看法显然更接近于黄宗羲。也正是基于如上论点,唐甄对君主专制痛加斥责:"覆天下之军,屠天下之城,以取天下,是食天下人之肉以为一人养也!"②"自秦以来,凡为帝王者皆贼也……杀天下之人而尽有其布粟之富,而反不谓之贼乎!"③换言之,君主专制之罪恶,首先在于践踏了天下之人(每一个体)都有肯定自身利益的权利这一原则。在这种抨击中,我们可以更清楚地看到黄宗羲思想的影子:不妨说,黄宗羲在个体与整体之辨上对王学的改造与突破,在一定意义上构成了唐甄由王学走向反君主专制的启蒙主义的理论前导。

可以看到,在深入地反省、总结宋明思想史与自觉地把握时代脉搏的前提下,黄宗羲从心与物(气),工夫与本体,个体与整体等关系上,对王学作了系统的改造。这种改造既是王学本身演变的逻辑结果,又可以视为在更广的理论背景上对王学的反思:一方面,王学所包含的有价值的因素(构成认识史一定环节的因素)经过扬弃而被纳入了哲学发展的新的过程之中;另一方面,其内在张力(包括个体性与普遍性、先天本体与后天之致等)在一定程度上得到克服。如果说,明清之际剧烈的社会变动与实学思潮的兴起,使王学失去了继续

①　《潜书·柅政》。
②　《潜书·止杀》。
③　《潜书·室语》。

演进的历史前提,那么,黄宗羲对王学的以上反省,则使王学失去了进一步发展的内在根据:在历史与逻辑的双重制约下,王学作为明代理学的一个流派已不可避免地走向了自己的终点。当然,作为一个学派的王学之终结,并不意味着王学的思想影响也就此告终,事实上,王学对尔后的哲学思想的发展,特别是对中国近代哲学,仍有其不可忽视的制约作用。

# 第七章

# 历史的余响：王学与中国近代哲学

　　明清之际的启蒙思潮随着清王朝统治地位的稳固而渐趋沉寂。1712年，康熙下诏特升朱熹配享孔庙，并命朝臣编纂《朱子大全》，朱学再次成为钦定的官方哲学。与此相联系的是文化上的高压与思想上的钳制。迭兴的大狱与日密的文网，使士子只能埋首于训诂考据，朴学因此而大盛于有清一代。朱学的独尊使超验的天理重新压倒了主体的良知；朴学的注重实证则与挺立心体（良知）格格不入：王学受到了历史的冷落。尽管清儒之中不仅不乏反对排王而主张会通朱王者（如孙奇逢、汤斌及李颙等①），而且甚至间有直接护

---

　　①　孙奇逢认为，"朱、王入门虽有不同，及其归也，总不外知之明、处之当而已"。（《答常二河》，《夏峰集》卷七）（转下页）

卫王学者(如王源、李绂等①),但他们在理论上很少为王学注入新的内容,因而并未能使王学再度崛起。

然而,中国哲学步入近代以后,情况开始发生变化。不同时期的启蒙思想家在为独立自强的政治方案作论证或构筑其思辨体系的过程中,一方面不断将目光投向西方,另一方面又频频地向传统回顾。而王学则以其不同于正统理学的独特面目,受到了近代思想家的注重。除了严复等对王学有所批评之外,从魏源到康有为、谭嗣同、梁启超、章太炎,再到梁漱溟、熊十力、贺麟等,几乎无不推崇王学。可以说,王学在近代形成了复兴之势,它与东渐的各种西方思潮彼此交织,对中国近代哲学产生了颇为复杂的影响。

## 第一节 从心物一体到"体用不二"

王阳明在以心(良知)为本体的同时,又以为心体并不具有超验的形式,而即内在于天地万物之中。这种带有泛神论色彩的心物一体说为不少近代思想家所接受。魏源早年曾"究心阳明之学",在其"心在身中"、"身在心中"、"无外之非内也"②之说中,便明显地渗入

---

(接上页)"文成之良知,紫阳之格物,原非有异"。(《四书近指》卷一)李颙亦云:"姚江考亭之旨,不至偏废,下学上达,一以贯之矣。"(《富平答问》,《二曲集》卷十五)。

① 王源曾指斥诋王学者:"今之诋阳明者,行伪而品陋,识暗而言欺。"(《与朱字录书》,《居业堂文集》卷七)李绂亦云:"至有明文成公出,始大著儒者之效……而世俗无知小人,谬附讲学者,辄以空言诋之,不知此辈何所用于天地间也。"(《书程山遗书后》,《穆堂初稿》卷四十五)"自阳明先生倡绝学,然后士知有躬行实践之功。"(《文学刘生墓志铭》,《穆堂初稿》卷二十六)。

② 《默觚·学篇五》、《默觚·学篇六》。

了王学。康有为、谭嗣同等作为王学的信奉者①,亦深受心物一体论的影响。不过与王阳明主要强调以心为体这一前提不同,康、谭开始将侧重之点转向心与物的彼此相通。在他们看来,心与以太、电等并无内外之分:"不忍人之心,仁也,电也,以太也,人人皆有。"②而这种融为一体的心、电、以太等,归根到底又都是所以通之具:"以太也,电也,心力也,皆指出所以通之具。"③从以心为第一原理到以通为第一原理的转换,当然并不仅仅是思辨兴趣变化的结果,在它的背后,是更深刻的观念的更替。这一点,只要看一下康、谭的如下议论即不难了然:"通之象为平等。"④"万物一体,慈悯生心……人人平等,人人自主。"⑤在这里,自然哲学构成了政治哲学的理论前提:植根于近代社会之中的人人平等的政治主张,在形式上直接表现为心物一体、物我相通等准泛神论的逻辑引申。正如在心与电(以太)之间划上等号可以看作是沟通传统哲学与西方近代科学的一种尝试一样,从心物相通引出"人人平等"表现了将传统思想与西方近代资产阶级的社会政治学说加以融会的运思特点。后者固然仍带有幼拙比附的痕迹,但它又毕竟赋予康、谭的心物一体论以王学所不可能具有的近代内容。

如果说,康、谭在以心物一体相通作为近代政治主张的哲学根据

<hr />

① 康有为早年从学于朱九江。朱九江曾"讲陆王之学于举世不讲之日",但同时仍以程朱为主。康有为则"独好陆王",以阳明学为其体系的出发点(梁启超:《南海康先生传》)。同样,谭嗣同也摒弃程朱之学而信奉王学,在其主要哲学著作《仁学》篇首所标的书目中,谭氏不列程朱之著,但却特举"王阳明之书",对王学的推崇,由此可见一斑。

② 康有为:《孟子微》卷一,总论第一,北京:中华书局,1987年,第9页。

③ 《谭嗣同全集》(修订本),北京:中华书局,1981年,第291页。

④ 同上。

⑤ 康有为:《孟子微》卷一,总论第一,第23页。

的同时,并没有在理论上对心物一体论本身作更多的思辨引申和发挥,那么,现代新儒学的重镇之一熊十力的注重之点,则恰恰在后者。作为专业哲学家,熊十力的兴趣主要不在糅合自然哲学与政治哲学,而在于解决"形而上"的哲学问题。他曾融贯华梵,建立了一个名之为"新唯识论"的思辨体系。从总体上看,熊氏虽然吸取了不少佛学的思想资料,并运用了佛家辨析名相的方法,但其思想根底,基本上不越儒学。这一点,熊十力本人亦并不讳言:"新论确是儒家骨髓。"①而熊氏所说的儒学,主要也就是王学:"儒者之学,唯有阳明善承孔孟。"②"阳明之学,确是儒家正脉。"③熊氏在建构其新唯识论体系时,事实上也多方面地受到王学的影响,这种影响首先表现在其体用不二说上。

新唯识论的核心,是体用之辩。在熊氏那里,体用关系主要表现在本体与现象之间。何为本体?熊氏的看法是:"夫心即本体。""唯吾人的本心,才是吾身与天地万物所同具的本体。"④如所周知,旧唯识论以万法唯识立宗,而万法唯识即意味着万物"皆不离心"⑤。熊氏的以上观点与此大致一脉相承。不过,与唯识宗强调"遮无外境"不同。熊氏不仅反对唯遮境有,而且认为,心作为本体即内在于外境(天地万物)之中:"其实,我们所谓本体虽不同世俗妄执现实世界,却亦不谓本体是在一切物外的。"⑥离开了现象界,则心体本身亦不复存

---

① 《十力语要》卷三。

② 《十力语要》卷二。

③ 《十力语要》卷三。

④ 熊十力:《新唯识论》,北京:中华书局,1985 年,第 10、251 页。以下凡引该书,简称《新论》。

⑤ 窥基:《成唯识论述记》卷一。

⑥ 《新论》,第 270 页。

在:"若无境,即心之名也不立了。"①这样,心与物彼此交融,内外无间,完全合为一体。用熊氏自己的术语来概括,也就是"体用不二"②。对体用、心物关系的这种规定明显地区别于旧唯识论而接近于王学。事实上,熊氏本人一再强调,王学的大处与深处,首先在于将心与物"打成一片"③,他还进而以王阳明"即体而言,用在体;即用而言,体在用"之说作为体用不二的注脚:"往复推征体用毕竟不可分,是事无疑。今当以二义明不可分:一曰,即体而言用在体……二曰,即用而言体在用。"④以心为万物之体,这当然是一种思辨之论,但就其强调本体不能离开现象而存在,反对将体与用加以割裂而言,则又多少包含了某些辩证的因素。这种二重性在王阳明的心物一体论中已显其大端,它同样构成了熊十力体用不二说的内在特征。

不过,如果作进一步的分析,那就可以看到,熊十力的体用不二说与王阳明的心物一体论又存在着某些不可忽视的差异。与王氏着重强调"即体而言用在体"不同,熊十力更多地侧重于"即用而言体在用"。他曾说:"新论全部旨意,只是即用显体。"⑤所谓即用显体,也就是把本体看作是一个展开于具体现象之中的流行过程,而主体则在这一流行过程中把握本体。这种看法在逻辑上蕴含着如下前提:即承认现象(用)的实存性。正是由此出发,熊氏不赞同片面扫相:"必须施设现象界,否则吾人所日常生活之宇宙,即经验界不得成立。因之,吾人知识无安足处所,即科学为不可能。佛家说五蕴皆空(原注:五蕴谓现象界),似偏于扫相一方面。新论说本体之流行,即依翕

① 《新论》,第 270 页。
② 熊十力:《体用论》,北京:中华书局,1994 年,第 157 页。
③ 《十力语要》卷二。
④ 《新论》,第 434—435 页。
⑤ 《十力语要》卷一。

辟与生灭故,现象界得成立。"①所谓施设现象界,也就是肯定"万象又莫非真实"②。在这里,承认现象界的实在性,已不仅仅是见体的前提,而且构成了日常经验与科学知识所以可能的条件。从即用显体,到以用(现象界)为科学的基础,表现出沟通玄学与科学的运思倾向。就其实质而言,通过施设现象界而为科学知识提供安足处,当然仍是一种抽象的思辨。这不仅在于它依然以心体为万象真实的根据,而且在于它多少把科学限制在现象的领域。然而,较之王学,熊氏的上述观点无疑又是一种历史的进步。王阳明虽然在心物一体的前提下肯定了现象界的存在,但在他那里,现象界仅仅是达到先验心体的基础,与此无关的一切科学的探索都毫无例外地被归入贬斥之列,这种看法显然未能对价值的关切与科学的认知作出合理的定位。熊氏曾对此作了如下批评:"王学力求易简直捷,在哲学上极有价值,惜不为科学留地位。"③如果说,康有为、谭嗣同以近代实证科学的材料为泛神论提供论证已在某种意义上扬弃了王阳明鄙视科学的倾向,那么,熊十力由即用显体进而强调给科学以立足之地,则更直接地对王阳明以追求心体排斥科学探究的理学观点作了否定。

当然,熊十力以体用不二立宗,并不仅仅是为了给科学所以可能提供哲学论证,它有着更为深刻的历史根源与理论意蕴。新唯识论形成之时,正是科学与玄学鏖战之日④,后者在一定意义构成了体用不二说提出的理论背景。作为论战一方的科学派以丁文江、王星拱、胡适为主要代表。丁、王是马赫主义者,胡适则信奉实用主义,而马

---

① 《十力语要》卷二。

② 《十力语要》卷一。

③ 《十力语要》卷二。

④ 熊十力于 1923 年开始在北京大学讲授新唯识论,而科学与玄学的论战,亦于是年拉开序幕。

赫主义与实用主义在哲学上均属于实证主义流派。作为实证主义，科学派主张"以现象为宇宙的本体"，而所谓现象，则又被归结为感觉。王星拱说："只有感触——眼所见的，耳所听的，手所摸的——是实在的。即以桌子而论，桌子的本体不是实在的，颜色形式等等性质是实在的。"[①]丁文江也认为："我们所晓得的物质，本不过是心理上的觉官感触。"[②]质言之，除了主体的直接感知之外，一切均无实在性。与科学派的实证主义观点相对，以张君劢为主将的玄学派则认为，在物质现象的背后，还存在着神秘的宇宙本体，而这种本体是科学所不能解释的："科学家以官觉达坦(sense-data)为张本，苟其解释能满足人心之要求，斯亦已矣，无如其所解释者，不外乎前后现象之相关，而宇宙之神秘，初不之及。"[③]这种超现象的宇宙本体，只能由玄学来解释："玄学之名，本作为超物理界、超感觉界解释是也。"[④]概而论之，科学派通过将实在归结为现象，并把现象理解为感觉而否定了物质实体，玄学派则将实体等同于物质现象之后的超验本体，二者实质上从不同的角度将本体与现象割裂开来。

对科学派与玄学派的如上看法，熊十力深为不满。他写道："哲学家或只承认有现前变动不居的万象，为互相联系之完整体，即计此为实在。如此计者，实只知有现象界而不承认现象之有其本体……或虽计有本体，而不免误将本体说为超脱乎现象界之上，或隐于现象界之后，致有二重世界之嫌。其于体用之本不二而究有分，虽分而仍

①　王星拱:《环境改造之哲学观》,《哲学》第 4 期,1921 年 11 月。

②　丁文江:《玄学与科学——评张君劢的人生观》,亚东图书馆编:《科学与人生观》,上海：亚东图书馆,1925 年,第 9 页。

③　张君劢:《再论人生观与科学并答丁在君》,亚东图书馆编:《科学与人生观》,第 63 页。

④　同上。

不二者,从来哲学家于此终无正解,此新论所由作。"①所谓只知有现象而不承认现象之有本体,可以看作是对科学派以现象(感觉)为终极实在的实证主义观点的批评,而"二重世界"之讥,则显然是对玄学派将本体超验化的形而上学看法而发。依熊氏之见,前者与后者虽然各执一极端,但在不懂得体与用的统一这一点上却又殊途而同归,而其体用不二说,正是意在从根本上救二家之弊。从理论上看,熊十力在解决本体与现象(体与用)的关系上,确实比科学派的实证主义与张君劢的玄学观点高出一筹:正是试图以体用不二说将科学派与玄学派所分离的体与用(本体与现象)重新归于统一,使熊十力的新唯识论成为中国近代哲学史中不可忽视的一环。

然而,熊十力以王学作为体用不二说的出发点,又使他对体用关系的解决,一开始便包含着理论上的缺陷。后者突出地表现在,熊氏所谓体与用的统一,乃是以心即本体为前提的。后者不仅带有思辨的性质,而且本身内在地蕴含着体用的离异:以心为体,本质上仍是在真正的物质实体之外去虚构一个超自然的本体。就这方面而言,熊十力并没有完全摆脱玄学的观点。不妨说,他似乎试图在玄学的立场上,论证体与用之非二,正是这一倾向,决定了熊十力不可能真正重建体与用、本体与现象的统一。

与体用不二相联系的,是翕辟成变说。熊十力把本体看作是一个展开于用(现象)之中的流行过程,而这一过程即以一翕一辟的形式表现出来:"一翕一辟之谓变。原夫恒转之动也,相续不已。动而不已者,元非浮游无据,故恒摄聚。惟恒摄聚,乃不期而幻成无量动点,势若凝固,名之为翕。翕则疑于动而乖其本也。然俱时由翕故,常有力焉,健以自胜,而不肯化于翕。以恒转毕竟常如其性故。唯

---

① 《十力语要》卷一。

然,故知其有似主宰用,乃以运乎翕之中而显其至健,有战胜之象焉。即此运乎翕之中而显其至健者,名之为辟。一翕一辟,若将故反之而以成乎变也。"①翕表现为一种摄聚凝固的趋势,辟则构成了刚健自强的力量,二者相互作用,使本体处于永恒的流转之中。这种看法可以视为体用不二说的逻辑引申:承认体与用之统一,内在地蕴含着对实体自己运动的肯定。当王阳明强调"即体而言,用在体;即用而言,体在用"时,即已触及这一思想。不过,王阳明并没有对自己运动的作用作具体考察,而熊氏则将体用不二说与《周易》的辩证法思想结合起来,进一步探讨了实体自己运动的根源:"大易谈变化的法则,实不外相反相成。"②而相反相成也就是矛盾双方的相互作用:"因为说到变化,就是有对的、是很生动的、有内在的矛盾的,以及于矛盾中成其发展的缘故。"③这样,翕辟成变在总体上即表现为根源于内在矛盾的实体自己运动的过程。列宁曾说:"要认识世界上一切过程的'自己运动'、自生的发展和蓬勃的生活,就要把这些过程当作对立面的统一来认识。"④熊十力通过融合王学与易经的朴素辩证法思想而把实体运动的自因理解为矛盾的相反相成,显然不自觉地接近了这一点。

更值得注意的是,熊十力试图以进化论的观点解释变化运动的过程:"循环法则,实与进化法则交相参,互相涵,道以相反而相成也。"⑤关于进化与循环之"交相参、互相涵",熊氏作了如下的具体阐释:"进化之中有循环,故万象虽瞬息顿变,而非无常迹;循环之中有进化,故万象

---

① 《新论》,第 68—69 页。
② 同上书,第 316 页。
③ 同上书,第 315 页。
④ 《列宁全集》第 38 卷,北京:人民出版社,1959 年,第 408 页。
⑤ 《十力语要》卷一。

虽有往复,而仍自不守故常,此大化所以不测也。"①在这里,熊十力把循环理解为进化过程中表现出来的稳定的、必然的联系。所谓有循环,故虽变而"非无常轨",阐述的正是这一涵义;而进化过程本身则表现为一个"不守故常"的螺旋式上升运动。后者在一定程度上克服了古代朴素辩证法所未能摆脱的循环论缺陷,带有明显的近代特征。

但是,在把体用不二、翕辟成变说与进化论联系起来的同时,熊十力又对王阳明的心学与柏格森的生命哲学作了沟通。柏格森把生命之流或生命冲动视为普遍的本体,这种生命之流既有向上的喷发,又有向下的逆转,后者即坠落为物质。与柏格森一样,熊氏也将辟与翕分别等同于心与物:"夫翕凝而近质,依此假说色法。夫辟健而至神,依此假说心法。"②这样,翕与辟相反相成的过程,便被归结为精神与物质的彼此相对,而在心与物的交互作用中,心又始终居于主动的方面:"所谓辟者,亦名为宇宙的心。我们又不妨把辟名为宇宙精神……盖翕的方面,唯主受,辟的方面,唯主施。……施是主动的意思。"③这就不仅使翕辟成变说具有唯心之论的性质,而且相应地使之带上思辨构造的特点。这一归宿同时也表明:从心物一体论出发去讲大化流行、自己运动,在理论上是没有出路的。


## 第二节　个性与直觉：良知说的二重影响

### 一、从自主自愿到伸张个性

在王学中,与物为一体的心（良知）本身包含着个体性（吾心）与

---

①　《十力语要》卷一。
②　《新论》,第 69 页。
③　同上书,第 328 页。

普遍性(理)双重品格;王学不同于正统理学(程朱理学)的突出之点,便在于它多少承认了个体性原则。中国社会进入近代以后,随着新的社会力量登上历史舞台与思想启蒙运动的深入,个性解放逐渐成为一种时代的要求。近代的启蒙思想家(特别是五四以前的启蒙思想家)在引入主张个性自由的近代西方启蒙思想的同时,也不断地试图从传统思想中寻找反对专制压迫的理论依据,而肯定个体性原则的王学,因此即受到了推重。对王学的尊崇与对片面强化普遍天理的程朱理学的贬黜,恰好构成了深刻的对照,这里内在地蕴含着某种历史的选择。当然,就其实质而言,王学本身并没有超出传统意识形态的范畴。但是,从它所包含的个体性原则中,客观上却可以引申出对专制主义的否定。在晚明的李贽那里,我们事实上已看到了这一情形,而在近代,启蒙思想家在某种意义上又以新的形式重演了这一过程。

以纲常规范作为压抑、束缚主体的工具,是专制统治的基本特征之一。自宋以后,以程朱为代表的正统理学通过将天理归结为绝对命令而使道德压抑进一步获得了形上根据。在近代,天理的阴影并没有消失。康有为说:“今人开口便以宋儒道德律人。”①这颇足说明正统理学在近代影响之烈。作为资产阶级的思想家,康有为等对天理的压抑深感不满。他们一再批评朱熹片面强调以义禁欲:“人身本有好货、好色、好乐之欲,圣人不禁……朱子之学在义,故敛之而愈啬。而民情实不能绝也。”②此处之“义”即普遍的封建道德规范,欲则与个体的意愿相联系。所谓敛,也就是以普遍的规范禁绝主体的意愿。在这里,康有为显然注意到了正统理学的内在缺陷,在于忽视

① 康有为:《南海康先生口说》,广州:中山大学出版社,1985 年,第 44 页。
② 康有为:《孟子微》卷四,第 101 页。

了道德行为应当出于主体的内在意愿。这种批评,与王阳明反对以道心排斥人心,主张行为应"自慊其心"之说,在理论上有明显的渊源关系。事实上,康有为的弟子梁启超即已较为直接地点明了二者的联系。他曾对王阳明的思想与程朱作了比较,认为"他(王阳明——引者)思想接近原始儒家,比程朱好。"①所谓接近于原始儒家而比程朱好,即是指王阳明发挥了先秦儒家肯定自觉原则与自愿原则之统一的思想,从而纠程朱忽视自愿原则之偏。

不过,王阳明虽然不赞同程朱将自觉原则与自愿原则加以对立,但对纲常规范本身的合理性却并没有加以怀疑。与此不同,康有为等近代资产阶级思想家则由反对正统理学以天理(义)压抑主体意愿,进一步将锋芒直接指向纲常规范体系。谭嗣同写道:"中国之五伦,详于文而略于法……强遏自然之天乐,尽失自主之权利。"②天理本身无非是纲常的形而上化。在天理压抑的背后,是纲常的束缚,后者通过外在的强制而扼杀了主体的内在意愿,而对内在意愿的否定,同时也就意味着勾销主体的自主权利。作为一种权利,自主的要求已在某种意义上超出了道德关系。从突出道德上的自愿原则、反对天理的钳制,到否定传统的伦常规范、要求主体的自主权利,表现为一个深刻的观念转换过程,这一过程一方面在理论上与强调个体性原则相联系:肯定自愿原则与反对以五伦剥夺主体的自主权利,都在不同程度上包含着对个体的确认,而这种个体性原则既在形式上与王学有相通之处,又在内容上与之迥然有异;另一方面,它又以中国近代社会的剧烈变革为其历史背景。

---

① 梁启超:《儒家哲学》,《饮冰室合集·专集》第 24 册,上海:中华书局,1936 年,第 102 页。

② 《谭嗣同全集》,第 198 页。

与注重自愿与自主相联系,近代启蒙思想家提出了自由的要求。梁启超说:"自由者,天下之公理,人生之要具,无往而不适用者也。"[①]这种自由,首先是指道德行为上的自由选择:"苟欲言道德也,则其本原出于良心之自由。"[②]一般说来,肯定行为必须出于主体的内在意愿,同时也就意味着承认主体能够对行为加以自由选择,这一关系,王阳明已在一定程度上注意到了,而王门后学则从不同角度对此作了进一步的探讨。梁启超的上述思想一方面吸取了西方近代启蒙学者的观点,另一方面又是对王学的发挥。对后者,梁氏本人并不讳言,他自称其《新民说》专述王阳明及其后学之言,并对此作了如下解释:"专述子王子与其门下之言者,所愿学在是,他虽有精论,未尝能受也。"[③]不过,王阳明虽然涉及了道德行为与主体选择的关系,但并未对这一点作深入的理论分析,梁启超则对此作了较为具体的论证:"且自由权又道德之本也,人若无此权,则善恶皆非己出,是人而非己也。"[④]就是说,如果主体的行为不是出于自由选择,而是迫于外在的强制,那么,为善作恶,即无法由主体自身负责,从而,道德评价也就失所依据。这种看法已接近于卢梭的如下观点:"放弃自己的自由,就是放弃自己做人的资格……使自己的意志失去全部自由,就等于使自己的行为失去全部道德价值。"[⑤]事实上,在《卢梭学案》中,梁启超即曾特别摘录了卢梭的以上论述。可以说,正是通过引入卢梭等启蒙主义者的伦理思想,梁氏多少使道德行为上的自愿原则取得了

---

① 梁启超:《新民说》,《饮冰室合集·专集》第 3 册,第 140 页。
② 同上书,第 141 页。
③ 同上书,第 143 页。
④ 梁启超:《卢梭学案》,《饮冰室文集》第 6 册,第 101 页。
⑤ 北京大学哲学系外国哲学史教研室编译:《十八世纪法国哲学》,北京:商务印书馆,1979 年,第 168 页。

近代的形态。

由强调道德上的自由，梁氏进而将自由与天赋人权联系起来："天生人而赋之以权利，且赋之以扩充此权利之智识，保护此权利之能力，故听民之自由焉。"①这里的自由，显然已不仅仅是道德上的自主选择，它具有更广的涵义。作为每一个主体都具有的普遍的天赋权利，自由又以独立为其内容，而独立则首先是指个体的独立："吾以为，不患中国不为独立之国，特患中国今无独立之民，故今日欲言独立，当先言个人的独立，乃能言全体之独立。"②所谓"个人的独立"，既是指在政治上摆脱专制的桎梏，又是指充分地伸张个性。将个人独立视为全体独立的必要条件，表明梁氏已在一定程度上注意到了实现民族独立与冲破专制主义束缚之间的联系。正是基于这种认识，梁启超力倡强矫不倚的豪杰精神："若夫豪杰之士，虽无文王犹兴……强矫不倚，独往独来于世界之上，以一人而造举世之风潮者也。"③如前所述，王阳明曾将"无所待而兴"作为豪杰（狂者）的品格而加以推重，尽管王氏所说的无所待主要是指通过道德涵养中的超凡脱俗，以达到传统的理想道德境界，而并不含有摆脱专制主义的压抑之意，但无所待的要求如果进一步加以引申，则可能导向王学的反面。事实上，李贽正是由此提出了"不庇于人"的主张。同样，梁启超的上述思想一方面在理论上与王学存在着某种历史的联系，另一方面又绝非仅仅是后者的沿袭：王阳明所追求的，是不为世俗所染的完美的传统的理想人格，而梁启超所向往的，则是具有天赋权利、个性充分发展的近代自由人格。后者溶入了西方近代的新观念，它所反

---

① 梁启超：《新民说》，《饮冰室合集·专集》第 3 册，第 58 页。
② 梁启超：《十种德性相反相成义》，《饮冰室合集·文集》第 2 册，第 44 页。
③ 梁启超：《论独立》，《饮冰室合集·文集》第 5 册，第 8 页。

映的,是中国近代维新志士的要求。作为从传统中走出来的思想家,梁启超常常不自觉地将目光投向以往的思想资料,而对时代脉搏的把握,又使他自觉地赋予传统命题以新的内涵。

　　如何实现自由?梁启超首先分析了达到自由的阻力。在他看来,自由之对立面,即是奴隶:"自由者,奴隶之对待也。"[1]而奴隶之中,又以心中之奴隶为大:"辱莫大于心奴,而身奴斯为末矣。"[2]所谓心奴,主要是指盲目地依傍服从外在权威。从历史上看,专制主义总是与蒙昧主义难分难解地结合在一起,前者一般表现为直接的强制,后者则以贬抑理性、崇尚信仰(盲从)为特征。奴性在本质上即是以上二者双重作用的产物,而它一旦产生,又反过来构成了达到个性自由的内在障碍。正是这一事实,决定了近代启蒙思想家在提倡个性自由的同时,又不能不把破"心奴"放在突出地位:"若有欲求真自由者,其必自除心中之奴隶始。"[3]

　　作为达到个性自由的前提,除心奴的基本要求是反对盲从。康有为说:"夫勉强为学,务在逆乎常纬。"[4]所谓逆乎常纬,也就是以理性思考否定对传统权威的迷信。关于这一点,康的弟子梁启超作了更具体的阐述:"我有耳目,我物我格;我有心思,我理我穷。高高山顶立,深深海底行。其于古人也,吾时而师之,时而友之,时而敌之……自由如何也?"[5]在这里,主体(我)取代了外在的偶像,我思成为裁断的唯一准则。康、梁的上述看法明显地渗透着王阳明良知准

---

① 梁启超:《新民说》,《饮冰室合集·专集》第 3 册,第 40 页。

② 同上书,第 46—47 页。

③ 同上书,第 48 页。

④ 康有为:《长兴学记·桂学答问·万木草堂口说》,北京:中华书局,1988 年,第 4 页。

⑤ 梁启超:《新民说》,《饮冰室合集·专集》第 3 册,第 48 页。

则论的影响,这不仅可以从理论本身的比较中窥其大概:在肯定主体具有判断是非的能力这一点上,二者大致前后相承;而且可以从梁启超对良知准则论的评价中得到印证:"学者或问王子:'近来工夫稍知头脑,然难寻个稳当处。'子曰:'只是致知。'曰:'如何致?'子曰:'一点良知是尔自家的准则,尔意念着处,他是便知是,非便知非,更瞒他一些不得,尔只不要欺他,实实落落依着他做去,善便存,恶便去,何等稳当!'此真一针见血之言哉!"①推崇之意,颇溢言表。不过,如前文一再指出的,在王阳明那里,作为准则的良知既具有吾心这种个体形式,又以普遍的天理为其内容,而后者往往构成了其更根本的规定。换言之,至上的天理归根到底内在地抑制着主体的独立思考。相形之下,康、梁在肯定王阳明将良知视为个体"自家准则"的同时,又完全摒弃了王氏把自家准则限制在天理框架内的理学观点。对康、梁来说,所谓"我有心思","我理我穷",也就是通过主体的独立思考以破"心奴"的过程,而破"心奴"同时意味着否定对天理的盲从。这种以我思破"心奴"的主张带有理性启蒙的性质,它实质上已融入了西方近代崇尚理性、反对信仰的人文主义观点。从某种意义上说,康、梁等近代启蒙思想家正是以西方近代的启蒙思想对王阳明的良知准则论作了扬弃,而这种扬弃又以中国近代迫切需要思想启蒙为其历史根据。

概而言之,冲破宗法专制的束缚、自由地发展个性,是中国近代提出的历史要求。相对于这种要求,王学具有明显的二重性:作为传统理学,它多少包含与近代的启蒙思潮相对的一面;但它对个体意愿的注重,对道德行为中自主性原则的确认,对个体在判断是非善恶中的能动作用的肯定,又在某种程度上为近代启蒙思想家提供了可资

---

① 梁启超:《新民说》,《饮冰室合集·专集》第 3 册,第 139 页。

利用与改造的思想资料。这样,当受过西方近代人文主义思潮初步洗礼的康、谭、梁等试图将西方近代的新观念与中国传统思想加以会通,以便使近代的理性启蒙获得传统根据时,即十分自然地注目于王学。正是这种时代的需要,使王学在近代获得了正统理学所难以达到的地位。

### 二、梁漱溟:良知即直觉

与康有为、谭嗣同、梁启超等主要将王学中包括的个体性原则与个性自由等要求联系起来不同,梁漱溟着重从主体意识的角度对它作了发挥。梁氏在哲学上熔儒、佛及柏格森、叔本华的思想为一炉,而他所推重的儒学,主要就是王学。

王学之中首先为梁漱溟所瞩目的,是良知说。良知本来是王学的核心范畴,在王阳明那里,它既是与物为一的本体,又兼有主体意识之意。作为主体意识,良知表现为个体性(吾心)与普遍性(理)的统一。王氏所说的理,首先是指形而上化的正统义理(天理),但同时又含有理智之意。与此相应,当王阳明以理为良知的内容时,既意味着以天理抑制主体的独立思考,又在某种程度上肯定了理智的制约作用,而康有为、梁启超等所否定的,则主要是前者。与康、梁相异,梁漱溟将理的后一重作用归入了摒弃之列:"所谓感觉作用和概念作用(即理智——原注)者,都非良知。"①普遍的理智一旦被剔除,良知即被等同于纯粹的个体意识,而这种良知在梁氏看来也就是直觉:"及明代而阳明先生兴,始祛穷理于外之弊,而归本直觉——他叫良知。"②这实

---

① 梁漱溟:《评谢无量著阳明学派》,《漱溟卅前文录》,上海:商务印书馆,1923年,第224页。

② 梁漱溟:《东西文化及其哲学》,上海:商务印书馆,1922年,第149页。以下简称《哲学》。

质上从认识论的角度,强化了良知中的个体性这一面,而这种强化同时又成为王学与柏格森的直觉主义相沟通的理论前提。

在把良知规定为直觉的同时,梁氏又对直觉的特点作了考察:"凡直觉所认识的只是一种意味、精神,趋势或倾向……我们看某人的书法,第一次就可以认识得其意味,或精神;甚难以语人,然自己闭目沈想,固跃然也,此即是直觉的作用。"①所谓"难以语人",也就是无法以普遍的语言概念加以表达。这一点,梁氏在另一处作了更明了的表述:"凡直觉所认识者,只许以直觉的模样表出之,不得著为理智之形式。"②质言之,直觉以无法言传的"意味"为内容,这种"意味"仅仅存在于直觉形成的刹那之间,它永远无法为普遍的理智形式加以凝固。梁氏在这里显然忽视了,直觉作为一种认识方式,并非游离于理性活动之外,这不仅表现在直觉总是以长期的理性思维过程为其前提,而且在于直觉所把握的内容只有凝结为理性的概念、判断,并进而通过逻辑思维的论证,才能转化为本来意义上的认识成果。梁漱溟强调直觉所认识者不得著为理智的形式,实质上把直觉归结为与普遍的理性相隔绝的纯个体的感受。如果说,王阳明以理为良知的内容,多少在认识论上克服了陆九渊将主体意识片面等同于"吾心"之弊,那么,梁漱溟以良知为直觉,并把直觉理解为个体的感受,则意味着从王学倒退到了陆学。

当然,从王学走向陆学并不是梁漱溟的最后归宿。由否定与良知为一的直觉受制于理智,梁氏又引入了柏格森的观点,将直觉置于理智之上。梁漱溟认为,宇宙是一个不可分的整体,而理智总是将对象加以分割:"在直觉中,'我'与其所处的宇宙自然是混然不分的,而

---

① 梁漱溟:《哲学》,第 72 页。
② 梁漱溟:《宗教问题讲演》,《漱溟卅前文录》,第 162—163 页。

在这时节被他打成两截,再也合拢不来,一直到而今,皆理智的活动为之也。"①这种看法源出于柏格森。柏格森把直觉规定为一种主体"置身于对象之内"而与之交融的活动,它的反面是理智的分析②。梁氏对直觉与理智的以上理解,基本上没有超出柏格森的思想。从理论上看,直觉作为认识过程的一个环节,具有洞见全体(从总体上把握对象的内在联系)的特点。但梁氏根据柏格森的观点将直觉的综合作用理解为我与宇宙混然不分,这就不免使之主观化与神秘化了。与此相联系,梁氏将理智的功能仅仅归结为分析(打成两截),也表现出对理性思维过程的误解。事实上,理智方法的基本特点之一,便在于分析与综合的统一。这一点,王阳明已在一定程度上有所窥见。王氏在肯定"讲学中自有去取分辨"的同时,又认为:"凡学问之功,一则诚。"③所谓"一",在此处即指理性的综合。正是通过将学问之功视为分辨与合一的统一,王氏突出了理智活动的作用。梁漱溟把理智等同于分截而加以贬抑,显然偏离了王学的理性主义倾向。不妨说,他在某种意义上以柏格森的直觉主义改铸了王学。

基于上述看法,梁漱溟认为,理智在分割整体的同时,又截断了生生不息的宇宙之流,因而是"静观的"④,唯其静观,故带有机械的性质:"今日科学家的方法……偏于机械一面。"⑤与此相对,直觉则"既不同乎呆静之感觉,且亦异乎固定之概念,实一种活形势也。"⑥于是,

---

① 梁漱溟:《哲学》,第63页。

② 参见[法]柏格森:《形而上学导言》,刘放桐译,北京:商务印书馆,1963年。

③ 《传习录中》,《全书》卷二。

④ 梁漱溟:《哲学》,第158页。

⑤ 梁漱溟:《中国文化要义》,成都:路明书店,1949年,第145页。

⑥ 梁漱溟:《哲学》,第73页。

结论自然是：把握相续不断的宇宙本体，只能诉诸直觉。在本书第二章中曾论及，王阳明把良知看作是一个"变动不居"、"无一息之或停"的过程，正是良知的过程性，构成了致知过程论的逻辑前提。梁氏显然受到了王阳明这一看法的影响。但是，与把良知个体化为直觉相应，梁氏同时又对良知"变动不居"说作了不同于王阳明的发挥。在梁漱溟那里，良知的过程性实际上成了个体直觉优于普遍理智的根据：所谓直觉是一种与概念相对立的"活形势"，无非是对王阳明以上看法的片面引申，而这种引申，又在理论上与柏格森的思想掺杂在一起。根据柏格森的观点，真实的实在表现为绵延的生命之流，而理智的特点恰恰在于以固定的感觉、概念为工具①。因此，实在无法由理智来把握，它只能通过与理智相对的直觉而达到②。梁漱溟从动与静的角度规定直觉与理智，并据此抬高直觉而排斥理智，可以看作是从另一个侧面以柏格森的直觉主义修正王学。与柏格森一样，梁漱溟似乎不了解，理性的概念固然与对象具有确定的对应关系，因而有其相对静止的一面，但通过概念之间的联系、转化，它们同时又展开为一个流动的过程。正由于概念本质上是静与动的统一，因而它不仅能反映对象的相对静止，而且也能够把握其运动变化的过程。把理性概念等同于静止、固定的形式，显然未能把握概念的辩证本性。

不难看到，梁漱溟在抽取王阳明对良知的个体性规定的同时，又剔除了良知中所包含的普遍理智，从而将良知个体化为直觉。这一过程在逻辑上又与引入柏格森的直觉主义相交错：从一定意义上说，正是通过以柏格森的思想会通王阳明的良知说，梁漱溟由王学走向了直觉主义。

---

① 参见［法］柏格森：《形而上学导言》。
② 同上。

## 第三节　王学与中国近代的唯意志论思潮

在王阳明那里,对个体性原则的确认,同时意味着肯定主体意志的作用。事实上,反对无视个体意愿,本身即是以注重意志作用为前提的[①]。然而,至泰州学派,后者被片面地引向了极端。就哲学史的演变而言,中国近代哲学不同于古代哲学的显著特点,是意志主义的抬头。从龚自珍到谭嗣同、梁启超、章太炎等,都在不同程度上表现出唯意志论的倾向。而在五四以后,梁漱溟则进一步对唯意志论作了新的发挥。可以说,在中国近代,唯意志论已开始成为一种引人瞩目的思潮。这种思潮的产生,既有其深刻的社会历史根源,又受到西方近代的意志主义哲学以及传统思想的制约,而王学(包括泰州王学)则因其突出意志作用而对强化心力、意欲的近代哲学家产生了尤为显著的影响。

### 一、以心力改造天地

突出自我、强调心力,是五四以前唯意志论者的一般倾向。在龚自珍那里,它已初露端倪。与传统的儒家天命论相对立,龚自珍将自我提到了至上的地位:"众人之宰,非道非极,自名曰我。我光造日月,我力造山川,我变造毛羽肖翘,我理造文字语言,我气造天地,我天地又造人。"[②]这种将自我作为第一原理的看法,与王艮的"造命却由我"之说颇有合辙之处。在龚自珍看来,自我的力量,集中地体现

---

① 参见本书第二章第一节。

② 《壬癸之际胎观第一》,《龚自珍全集》,上海:上海古籍出版社,1999 年,第 12 页。

于心力："报大仇、医大病、解大难、谋大事、学大道，皆以心之力。"①以心之力，反映了当时改革派试图以意志力量变革衰世的愿望。继龚自珍之后，近代的改良派及革命派对意志的作用作了进一步的强化。康有为说："欲救亡无他法，但激励其心力，增长其心力。"②对心力的推重，一如龚自珍。不过，从总体上看，在康有为的体系中，唯意志论尚未占主导地位。以王学及佛学等为思想资料而从不同方面将唯意志论加以展开的，是与康氏大致同时的谭嗣同、梁启超、章太炎等。

前文一再提到，自主自立是中国近代的历史要求。这一要求客观上包括二重含义：它既反映了摆脱专制主义束缚的强烈愿望，同时又意味着崇尚自我的力量。正是从后者出发，谭嗣同引出了求自强于一己的结论："反躬自责，发愤为雄，事在人为，怨尤胥泯，然后乃得一意督责，合并其心力，专求自强于一己。"③所谓怨尤胥泯而求自强于一己，也就是立足于一己而不倚赖外力。这种论点令人很自然地联想起泰州王学"不怨天尤人而求诸己"之说：在以己为决定力量这一点上，二者无疑一脉相通。不过，在谭嗣同那里，"己"主要表现为一种自强的力量，而自强则更多地是指民族的独立与强盛，这就使谭氏所说的"求诸己"具有不同于泰州王学的历史内容。

"己"何以能成为自强之力？在解决这一问题时，谭嗣同提出了心力说："心力可见否？曰：人之所赖以办事者是也……无是力，即不能办事，凹凸力一奋动，有挽强持满，不得不发之势，虽千万人，未或能遏之而改其方向者也。"④即主体（己）的力量最终根源于心力，后

---

① 《壬癸之际胎观第四》，《龚自珍全集》，第15—16页。

② 《京师保国会第一集演说》，《康有为政论集》，北京：中华书局，1981年，第241页。

③ 《谭嗣同全集》，第361页。

④ 同上书，第363页。

者具有自主(非外部力量所能"遏之")与专一(非外力所能"改其方向")二重品格①,而二者大致即构成了意志的规定。这种把自我之作用归源于心力之奋动的观点,与泰州王学将自我视为人格化的意志之倾向,同样前后相应。但与泰州王学进而从意志与理智的关系上强调意志对理智的主宰不同,谭氏着重突出了心力变革现实的功能:"心之力量虽天地不能比拟,虽天地之大,可以由心成之、毁之、改造之,无不如意。"②以心力成毁改造天地,当然是对意志作用的无限夸大,但它同时又反映了近代启蒙思想家在缺乏现实力量的历史条件下,力图以意志力量开辟历史新纪元(改造天地)的进步心态。

与谭嗣同由主张自主自立进而强调求诸于己不同,梁启超主要将自由与强权联系起来。依梁氏之见,达到自由不仅必须以除心奴为条件,而且离不开强权:"世界之中,只有强权,别无他力。强者常制弱者,实天演第一大公例也。然则欲得自由权者,无他道焉,惟当先自求为强者而已,欲自由其一身,不可不先强其一身。"③与破"心奴"侧重于通过主体自身的独立思考冲破传统权威的内在束缚相异,强权的作用主要表现为排除外力的妨碍:"强权与自由权,其本体必非二物也,其名虽相异,要之,其所主者在排除他力之妨碍,以得己之所欲,此则无毫厘之异者也。"④此处之"他力",即是压抑、禁锢个体的专制势力。作为排除他力而达到自由的手段,强权更多地与主体的勇决与坚毅相关,而在梁氏看来,王学之长,也正在于后者。他一再称道"王学之激扬蹈厉",并认为"晚明士气,冠绝前古者,王学之功

---

① 关于心力的专一品格,谭氏在另一处作了更明了的描述:"盖心力之用,以专以一。"(《谭嗣同全集》,第361页)

② 《谭嗣同全集》,第460页。

③ 梁启超:《自由书》,《饮冰室合集·专集》第2册,第31页。

④ 同上书,第30页。

不在禹之下也"①。所谓"激扬蹈厉"之士气,主要即表现为意志的力量。在这里,梁启超显然注意到了王学注重意志作用的特点,并试图将王学的这一思想与排除他力而达到自由之说加以融通。

如何通过自强以排除他力?梁启超同样引入了心力:"盖心力散涣,勇者亦怯;心力专凝,弱者亦强。是故报大仇,雪大耻,革大难,定大计,任大事,智士所不能谋,鬼神所不能通者,莫不成于至人之心力。"②把心力视为宇宙之体力,以为一旦诉诸心力,则事无不成,这种看法的意志主义倾向是显而易见的。从形式上看,梁氏对心力的推重与谭嗣同的心力说几乎如出一辙,但若作一较深入的比较,则仍可发现二者的某些差异。与谭氏主要突出了心力的专一性与自主性不同,梁氏更注重心力的坚毅性。对梁氏来说,所谓成于心力,也就是成于毅力:"有毅力者成,反是者败。"③谭、梁在强调心力上的这种差异,既有具体的历史根源,又有理论上的缘由。就历史条件而言,梁启超对心力说的系统发挥,是在戊戌政变之后。如果说,在戊戌以前,维新志士面临的问题主要是历史的选择(变或不变),那么,变法失败以后,面对顽固派的高压,以意志的努力激发斗志的问题就更突出了。梁启超对意志坚毅性的凸出,在一定意义上折射了这一历史特点。从理论上看,谭嗣同的观点客观上更接近于泰州王学求诸己而不怨天尤人之说。这一思想可以进一步引申为自我决定非我,后者表现于心力说,便具体展开为强调心力的自主品格。相形之下,梁氏的心力说则更直接地与王阳明注重意志努力的思想相联系:他所推崇的,主要是王学的"激扬蹈厉"之气,而后者则更集中地体现了意

---

① 梁启超:《新民说》,《饮冰室合集·专集》第 3 册,第 126 页。
② 同上书,第 115 页。
③ 同上书,第 76 页。

志的坚毅性品格。正是由此出发,梁氏较多地强化了意志努力的作用。

与梁启超几乎同时走向唯意志论的,是章太炎。章太炎在政治上不赞同谭、梁的改良主义,但在注重意志力量这一点上,却与谭、梁彼此相近。从理论上看,章氏迈向意志主义的过程,与王学的影响同样有着内在的联系。他曾对王学的理论价值作了如下概述:"王学岂有他长?亦曰'自尊无畏'而已。"①所谓自尊,既是指主体的自我肯定,又是对行为的自愿原则的确认;无畏则与意志的坚毅性相关,章氏在他处曾更明白地点出了这一涵义:"文成(王阳明——引者)之术,非贵其能从政也,贵夫敢直其身、敢行其意也。"②章太炎对王学之长的这一分析,确实抓住了王学肯定意志的自愿性与坚毅性的特点。

与推重王学之"自尊"相应,章氏认为,主体行为不应当受制于他律:"人本独生,非为他生。而造物无物,亦不得有其命令者。吾为他人尽力,利泽及彼,而不求圭撮之报酬。此自本吾隐爱之念以成,非有他律为之规定。"③质言之,个体有其自身的价值,而非异己力量之附庸,正是这一点,决定了个体的行为应当出于内在的意愿(自本隐爱之念),而不能为外在的规范所强制。在这里,章太炎一方面对肯定主体意愿的思想与西方近代启蒙思想家注重个体价值的观念作了会通,从而突破了王阳明的理学眼界,另一方面又多少将出于主体内在意愿(自律)与遵循普遍规范(他律)对立起来,从而开始向意志主义迈出了一步。

---

① 《答铁铮》,《章太炎全集》(四),上海:上海人民出版社,1985 年,第369 页。

② 《检论·议王》,《章太炎全集》(三),上海:上海人民出版社,1984 年,第461 页。

③ 《四惑论》,《章太炎全集》(四),第 444—445 页。

作为资产阶级的革命家,章太炎将推翻清王朝视为近代志士的责任,而"彼我势不相若"的严峻现实,又使他不能不更多地诉诸主体意志的力量:"排除生死,旁若无人,布衣麻鞋,径行独往,上无政党猥贱之操,下作惯夫奋矜之气,以此揭橥,庶于中国前途有益。"①"独有密怀匕首,流血五步,与夫身遭厄困,百折而不回者,斯乃个人所为,非他能代,故足重耳。"②正如以自本隐爱之念排斥他律之规范,主要表现为强化意志的自愿品格与自主品格一样,将个体的独行独往与"排除生死"、"百折而不回"联系起来,着重突出了意志的坚毅性(意志努力)。不难看出,谭嗣同与梁启超的意志主义的不同趋向,在此处已开始被糅为一体。

自本意愿而不为他物所制与百折不回、敢行其意的意志努力相结合,在总体上即表现为依自不依他:"仆所奉持,以'依自不依他'为臬极。"③这里的依自,既是指尊重主体的内在意愿,"然所以维持道德者,纯在依自"④,又体现了对自我力量的崇尚;与此相对应的不依他,同样有二重含义,它不仅是指道德行为上的不依他律,而且兼指自我之作用可以不以外部的必然之理为依据之意:"云何合法? 心之合法。与其归敬于外界,不若归敬于自心。"⑤后者与章太炎对因果关系的看法有着逻辑的联系。按章氏之见,因与果并不是一种现实的客观关系,而仅仅是主体的先验观念:"因果非物,乃原型观念之一端。"⑥作为原型观念,因果关系当然不足以构成决定主体行为的必然

---

① 《答铁铮》,《章太炎全集》(四),第 375 页。
② 《国家论》,《章太炎全集》(四),第 465 页。
③ 《答铁铮》,《章太炎全集》(四),第 374 页。
④ 同上。
⑤ 《建立宗教论》,《章太炎全集》(四),第 412 页。
⑥ 《四感论》,《章太炎全集》(四),第 452 页。

力量。从肯定王学的自尊无畏,到强化意志的自主性与坚毅性,再到否定必然之理(包括因果律)对自我(自心)的制约,这就是章太炎走向唯意志论的逻辑行程①。

综观前述,谭嗣同、梁启超、章太炎在理论上不同程度地表现出唯意志论的倾向,而这种倾向又与王学的影响有着难分难解的联系。如果我们进而把谭、梁、章的意志主义观点联系起来作一总体上的考察,那就可以发现,三者尽管在侧重面与表现形式上各不相同,但同时又存在着一个共同特点,即:他们主要从心力(自心)与外力的关系上强调以前者抗御后者,而不是在意志与理智的关系上,将二者截然加以对立。在突出心力作用的同时,谭、梁、章诸氏并不绝对地排斥理性的活动②。如谭嗣同曾说:"因念人之所以灵者,以心也。"③这种与"灵"相联系的心,显然含有理智之意。梁启超也认为:"见之不审,则其气先馁,馁则进取之精神萎地矣。"④在此处,意志的坚毅与理智审察并不表现为一种不相容的关系。章太炎亦对叔本华"以世界之成立,由于意欲盲动,而知识为之仆隶"之说提出质疑,认为叔本华"持论固高,则又苦无证据"⑤,这里所表现的,是反对以意欲贬抑理智的立场。从理论渊源上看,王阳明在突出意志作用的同时,本来即注意到了理智的制约。泰州学派则从意志与必然之理和意志与理智的

---

① 章太炎曾认为,在依自不依他这一点上,王学与禅宗,特别是法相宗彼此相通。这既可以看作是对王学作意志主义的引申,又可以视为以唯意志论解释禅宗与法相宗的思想。

② 顺便指出,在谭、梁、章诸氏那里,心力这一范畴本身即有多重含义:它主要是指专一、自主与坚毅等统一的意志,但同时又兼有理智及情感等意,故突出心力并非必然意味着贬抑理性。

③ 《谭嗣同全集》,第 460 页。

④ 梁启超:《新民说》,《饮冰室合集·专集》第 3 册,第 27 页。

⑤ 章太炎:《俱分进化论》,《章太炎全集》(四),第 386 页。

关系上,对王氏注重意志作用的思想作了片面的发展,这种片面发展集中体现于"造命却由我"与"意为心之主宰"这两个命题之上,前者具有否定宿命论传统的意义,后者表现出非理性主义的倾向。中国近代客观上面临相互联系的双重任务:通过变革专制制度而使中国走上独立自强的道路;通过理性启蒙以冲击传统的思想网罗。如果说,政治变革(改良派的变法维新与革命派的革命)所遇到的强大阻力使维新志士与革命派不能不更多地强调以心力抵御外力,从而引出了与泰州王学的"造命却由我"论相近的结论,那么,理性启蒙的历史使命,却使他们难以接受"意为心之主宰"的非理性主义命题,而更多地倾向于肯定理智制约作用的原始王学。在这里,历史对传统思想的影响再次起了某种选择的作用。

### 二、梁漱溟:意欲高于理智

五四以后,对意志主义作系统发挥的,是梁漱溟。梁氏在将王阳明的良知与柏格森的直觉加以沟通的同时,又对泰州王学的思想作了引申。他曾说:"惟晚明泰州王氏父子心斋先生、东厓先生为最合我意。"[1]与谭、梁、章诸氏着重从心力(自心)与外力的关系上突出了泰州学派的"造命由我论"不同,梁漱溟从意欲与理智的关系上发展了泰州王学贬抑理智的倾向。

泰州学派将自我(人格化的意志)提到至上的地位:在王艮"天地万物依于己"、"宇宙在我,万化生身"的论断中,作为意志化身的己(我)实际上已被视为万物之源。王氏的上述思想在梁漱溟那里留下了明显的印记。按梁氏的看法,"尽宇宙是一生活,只是生活,初无宇宙。"[2]

---

[1]  梁漱溟:《哲学》,第138页。
[2]  同上书,第48页。

而生活也就是意欲:"生活就是没尽的意欲。"①这种以主体意欲为宇宙的看法,与泰州王学"宇宙在我"之说大致一脉相承。不过,与泰州王学将意志人格化为自我(己)不同,梁氏直接赋予意志(意欲)以本体的性质,从而使意志主义倾向更为明了。对意志(意欲)的直接凸出,与叔本华的影响有着理论上的联系,关于这一点,梁氏并不讳言:"此所谓意欲,与叔本华所谓意欲略相近。"②从一定意义上说,正是将泰州王学与叔本华的生存意志说糅为一体,使梁氏的意志主义获得了更为典型的形式。

从宇宙即生活,而生活即意欲的观点出发,梁漱溟进而将意欲视为主体行为的依据:"大家要晓得,人的动作不是知识要他动作的,是欲望与情感要他往前动作的。"③"知识并不能变更我们的行为,行为是出于情意的。"④在这些议论中,不难看到泰州王学的影子。泰州学派以己(人格化的意志)与物(宇宙)之辨作为解决意志与行为之关系的逻辑起点。正是基于"以万物依于己"、"宇宙在我"的命题,他们将"唯意而出"作为行为的基本准则。梁氏强调行为应当接受意欲的驱使,基本上沿袭了泰州王学的上述思想。从理论上看,以意欲为行为的原动力而排斥知识的制约,首先意味着意欲(意志)与理智的分离;而意欲在理智之外所发动的行为,则必然表现为一种非理性的冲动。在这里,意志与理智的割裂,构成了理智与行为彼此隔绝的前提;而行为的盲目性,则是这种双重分离的直接结果。

意志与理智的关系,在道德领域中即表现为"理性"与理智的关

① 梁漱溟:《哲学》,第24页。
② 同上。
③ 梁漱溟:《究元决疑论》,《漱溟卅前文录》,第130页。
④ 梁漱溟:《宗教问题讲演》,《漱溟卅前文录》,第148页。

系。关于"理性"，梁漱溟首先作了如下的特殊界说："所谓理性，要无外父慈子孝的伦理情谊，和好善改过的人生向上。"①"好善改过的人生向上"，不外是主体的道德意向。作为一种意向，理性具有自作主张的功能："理智之用无穷，而独不作主张，主张底是理性。"②所谓主张，也就是自主的选择或决定。不难看出，这种与情相联系，而又以自主的意向为内容的"理性"，实质上便是作为实践理性的意志。关于这一点，梁氏在另一处作了更明确的阐述："理性之所为提出，要在以代表人心之情意方面"③，"理性表见于感情、意志、要求之上"④。作为情意的代表，"理性"是否受制于理智？梁氏的回答是否定的。在他看来，"理性"的特点在于不作计较，它"不是为了什么生活问题分析、计算、假设、推理"⑤。这样，梁氏即把意志的自作主张，与分析推理的理智活动视为相互排斥的两极。这种看法与泰州王学以意志的"自裁自化"否定"见闻才识之能"如出一辙。它同时又是行为出于情志欲望而非出于知识之说的引申。如果说，在行为本于情志欲望说中，意志与理智的分离还是作为一种逻辑前提蕴含于结论中，那么，在"理性"（道德领域中的意志）不假分析推理的论断中，这种分离即更为明朗化了。

梁漱溟并未满足于上述推论。根据他的看法，"理性"（意志）不仅非理智所能制约，而且反过来构成了后者之体："世俗但见人类理智之优越，辄认以为人类特征之所在，而不知理性为体，理智为用，体

① 梁漱溟：《乡村建设理论》，邹平：乡村书店，1937 年，第 44 页。
② 梁漱溟：《中国文化要义》，第 138 页。
③ 梁漱溟：《人心与人生》，上海：学林出版社，1984 年，第 83 页。
④ 同上书，第 165 页。
⑤ 梁漱溟：《中国文化要义》，第 138 页。

者本也,用者末也。"①乍然视之,以体与用规定"理性"与理智的关系,似乎含有扬弃二者的分离之意,但略加审察即可看到,这里的体与用主要与本末相对应:意志("理性")支配理智,理智从属于意志,因而它在本质上不仅仍然是在理智的制约之外讲意志的作用,而且将这一倾向进一步强化了。正是基于"理性(意志)为本、理智为末"的观点,梁氏提出了以好好恶恶为自觉之说:"云何为自觉自律? 好好恶恶而心中了了,是曰自觉;基于自觉而行吾所好,别无所为,是曰自律。"②好好恶恶表现为一种意向活动;以好好恶恶为自觉,也就意味着将自觉这种理智品格消融于意向活动之中。当梁氏以"行吾所好"为自律时,这一含义已表现得相当明显。从肯定理智对意志的制约,到以意向消融自觉,正是在这种推绎过程中,意志主义原则渐次展开了。

梁漱溟的以上论点可以看作是对王学的进一步发挥。从梁氏的如下评述中,我们不难窥见此点:"王学讲良知,尚力行。良知则无所取于后天知识,力行则反冷静。良知之知,千变万化总不出乎好恶;力行之行,唯指此好恶之贯彻实践,亦不及其他。"③此处之王学,主要是指泰州王学,而将力行等同于好恶之贯彻实践,则是对泰州王学以意欲为依归的概括。梁氏强调"行吾所好",确实在某种程度上复活了泰州王学"猖于情识"的倾向。不过,在梁漱溟那里,以意向消融自觉,同时又渗入了叔本华的思想。梁氏说:"以前的见解都以为人的生活尽是有意识的,尽由知的作用来作主的……人的生活那里都是有意识的,他同动物一般也是出于本能,冲动;知的作用那里能作主,

---

① 梁漱溟:《人心与人生》,第89页。
② 梁漱溟:《中国文化要义》,第332页。
③ 同上书,第314页。

他不过是工具而居于从属。"①本能冲动亦即盲目的意欲冲动,以知识为本能冲动之工具,无非是叔本华"理智对意志而言处于工具地位"之说的引申。正是对理智的这种贬抑,使梁氏的意志主义较之泰州王学更推进了一步。

前文曾屡次指出,王学发展至泰州学派而表现出明显的唯意志论倾向,后者既有以"造命却由我"否定传统宿命论的一面,又有以意志宰制理智的非理性主义的一面。正如谭、梁、章通过强调以心力抗御外力而将泰州王学反宿命论这一面进一步发展为以意志力量否定专制主义一样,梁漱溟通过对泰州王学与叔本华意志主义的会通而将前者的非理性主义系统化了。从理论的内在联系来看,离开必然之理(外部规律)的制约而片面强调主体的意志,客观上包含着在意志与理智的关系上以前者排斥后者的可能。在泰州王学那里,从"造命却由我"到"意为心之主宰",即表现为这样一种合乎规律的进展。就这一意义而言,从谭、梁、章的心力说过渡到梁漱溟的意欲高于理智论,有其逻辑的必然性。当然,这种逻辑的演变又以近代社会的深刻变迁为其历史背景。

从认识史的发展这一角度来看,中国传统哲学在总体上对意志的考察较为薄弱,这一特点影响到理想人格的培养,便表现为对自愿原则的相对忽视。梁漱溟继谭嗣同、梁启超、章太炎等之后,对意志这一环节作了更系统的分析,这对于从理论上进一步解决理想人格培养过程中自觉与自愿的关系,无疑具有不可忽视的意义:它在引发人们注重意志的自由选择功能的同时,又促使人们对意志与理智、自愿与自觉等关系重新加以审察。后来熊十力对二者关系的较好解决,在一定意义上可以视为这种重新审察的积极成果。

---

① 梁漱溟:《哲学》,第169—170页。

## 第四节　致良知与知行合一说的余波

如前所述,王阳明在肯定主体意志作用的同时,又强调意志必须受制于理智。在王氏看来,后者虽然天赋于主体,但它只有通过后天的致知工夫才能由本然之知转化为自觉之知,而这种致知活动具体便展开为知行统一的过程。到了近代,新的历史条件又使知行关系再次成为哲学争论的中心问题之一,而王阳明的知行说则从一个侧面为近代哲学家解决知行之辨提供了传统思想资源。一般说来,近代的改良派注重知,以为变法维新必须以开民智为前提。在这种见解中,我们多少可以看到王阳明“知—行—知”这一总公式中的前两个环节(知—行)的痕迹。与此不同,革命派将行放在突出地位,强调“革命开民智”,这种看法当然首先与辛亥革命前夜的社会特点相联系,但它同时又在某些方面吸取了王阳明由行而达到自觉之知的思想。不过,从总体上看,王阳明的致良知与知行合一说对五四以前的知行之辨的影响还不很显著,在五四以后熊十力的性修不二说与贺麟的知行合一新论中,它则得到了较为系统的引申与阐发。

### 一、从知与致的合一到性修不二

王阳明所说的知,在广义上包括性(道德意识),而知与行的关系,则相应地展开为先天的道德本体与后天的修持工夫的关系。后者对熊十力的性修不二说产生了不可忽视的影响。

王阳明强调先天之知与后天之致的统一,以为天赋良知只有通过后天的致知工夫才能为主体所自觉把握。熊十力在考察道德本体与工夫的关系时,基本上接受了王阳明的这一思路。在他看来,人固然具有天赋之性,但这种本性只有通过后天的修学才能显现:“欲了本心,当重修学。盖人生本来之性,必须后起净法始得显现。"①这里虽然用了唯识宗的术语,但其中表述的思想却有别于唯识宗:它强调的是天事(天赋之性)与人事(后天修习)的统一。后者的进一步概括即是"性修不二":"天人合德,性修不二故,学之所以成也"②,这一看法大致是对王阳明致良知说的发挥。

不过,在肯定王阳明即工夫即本体论的同时,熊氏又吸取了王夫之性日生而日成说中的某些思想,提出了"天无人不成"之说:"后起净习,则人力也,虽有天性而不尽人力,则天性不得显发,而何以成其为天耶?"③所谓成其天性,也就是使先天的潜能展开为现实。在这里,后天的工夫(人力)不仅仅是达到先天的德性之知的手段,而且构成了先天的本性得以实现(获得现实形态)的必要条件。换言之,主体达到本然之知与本性由天赋的可能转化为现实,表现为同一过程的两个方面。正是从这一观点出发,熊十力对王阳明的天赋良知说提出了异议:"良知一词,似偏重天事。明智则特显人能。易曰:圣人成能,这个意义非常重要。人只要自成其为人之能,不可说天性具足,只壹意拨除障蔽就够了。""成能才是成性,这成的意义就是创,而所谓天性者,恰是由人创出来。"④王阳明认为,先天的良知之所以一开始未能为主体所把握,主要在于为私欲所蔽,故致知工夫往往表现为通过去蔽而明见良知。这种看法虽然也在一定意义上把致良知视为从本然到自觉的过程,但其前提则是以返归天性排斥成性。熊十力把性修不二理解为天性与成性的统一,强调由先天的潜能转化为现实的人性,是一个通过主体的工夫而不断"成"、"创"的过程,这就不仅多

---

① 《新论》,第 151 页。
② 同上书,第 154 页。
③ 同上书,第 153 页。
④ 《十力语要》卷四。

少对王阳明天赋良知说作了某种限制,而且赋予后天的工夫以向上进取的性质,并相应地进一步高扬了主体在德性培养中的能动作用。

成性作为一个不断创进的过程,离不开意志的作用:"必有真实志愿,方能把握其身心,充实其生活。"①意志的力量首先表现在克服染习而净习创生:"夫染虽障本,而亦是引发本来之因。由有染故,觉不自在。不自在故,希欲改造,遂有净习创生。由净习故,得以引发本来而克成性……苟不安于昏愚,夫何忧乎弱丧。故学者首贵立志,终于成能。"②一般说来,理学家总是把染习视为消极的因素,以为它对本来固具之性完全起了否定的作用。正是基于这一观点,他们主要把工夫归结为减欲去障的过程。熊十力的以上论述则从创性的观点出发,将染习视为引发本来而成性的动力,而变染习为动力的条件,则是确立真实志愿。在这里,熊氏实际上将向上创进的成性过程与意志的制约结合起来,从而在吸取王阳明关于"志不立,则学不成"之说的同时,又赋予意志作用以新的意义。

渗透于成性过程的意志作用,是不是表现为一种盲目的冲动?熊十力的看法是否定的。他说:"晚世哲学家有言盲目的意志者,有言生之冲动者,此皆内观习心而见为如是。"③"言盲目意志者",即指叔本华,"言生之冲动者",则指柏格森,叔本华表现建立了意志主义的体系,柏格森虽未将意志作为第一原理,但他把生命之流视为出于创造需要的冲动,同样表现出某种意志主义的倾向。二者的共同特征即是停留于习心(非理性的本能、意欲等)而否定理智的规范。熊十力虽然受到柏格森关于生命之流坠落为物之说的影响,但对柏格

---

① 《十力语要》卷一。
② 《新论》,第 154 页。
③ 《十力语要》卷二。

森将生命冲动与理智对立起来的观点却颇不以为然。在他看来,意志必须发自自觉的深渊:"志愿是从自觉自了的深渊里出发的。"①所谓从自觉自了的深渊出发,亦即以理性认识为依据。基于这一观点,熊氏一再强调:"反理智与废思辨之主张,吾所极不取。"②这种看法尽管在理论上并没有提供多少新的东西,但对于纠近代的意志主义思潮之偏,特别是克服梁漱溟的唯意志论与直觉主义,却有其不可低估的意义。从成性的角度来看,肯定志愿应当出于明觉,也就意味着将克服染习而向上创进的过程理解为一个意志力量与理性制约相统一的过程。后者明显地渊源于王学。它既是对王阳明的致知过程论的阐发,又是王氏关于自觉与自愿相统一的原则之引申。

然而,在发挥王学的某些合理因素的同时,熊十力并未完全摆脱王学的消极影响。当熊氏在总体上对性修不二的过程作解释时,后者即开始显露出来:"故有生之日,皆创新之日,不容一息休歇而无创,守故而无新。使有一息而无创无新,即此一息已不生矣。然虽极其创新之能事,亦只发挥其所本有,完成其所本有,要非可于本有者有所增也。夫本有不待增,此乃自明理,无可疑者。故谓之复初耳。人之生也,宜成人能,以显其所本有。"③在这里,一方面,先天之性与后天成性的统一表现为一个不断创新的过程,这种把成性视为日新过程的看法,显然较之王阳明以去欲除障为工夫内容的思想前进了一步;但另一方面,创新又只是显其本有而无所增益。所谓显其本有,也就是向固有之天性回复,这一点,熊氏在另一处讲得更为明了:"哲学家如欲证实真理,只有返诸自家固有之明觉。"④这种观点本质

---

① 《十力语要》卷一。
② 《十力语要》卷三。
③ 《新论》,第105—106页。
④ 《十力语要》卷二。

上并没有超出复性说。事实上,先验论最终总是不可避免地将导向复性说,当熊十力以天性为成性与创性的前提时,同时也就隐下了复性说的契机:把创新理解为"发挥其所本有",无非是上述前提的逻辑归宿。与王阳明一样,熊十力未能理解,德性的培养,归根到底以社会实践为基础,而社会实践本质上是一个在广度与深度上不断发展的历史过程,这就决定了主体意识从自发到自觉的进展,也必然表现为一个上升的前进运动。在先验论的前提下,熊十力的性修不二说终于未能达到真正具有辩证性质的过程论。

二、贺麟的知行合一新论

与熊十力主要限于性与修的关系不同,贺麟从更一般的意义上,对王阳明的知行观作了引述。贺氏曾试图将新黑格尔主义与陆王心学糅为一体,以建立"新心学",但在理论上并没有构成完整的体系。他的思想中值得注意之点,是对知行关系的考察。贺麟的知行说以知行合一为主要论旨,其内容明显地渗透着王学的影响。

贺麟首先认为,知与行各有隐显之分:"我现在只提出'显'与'隐'(explicit and implicit)两个概念——从心理学借用的自然的标准,来判别知与行的等级。譬如,我们以最显的生理动作,如动手动足的行为为显行。以最不显著或隐晦的生理动作,如静坐沉思的行为为隐行……同样,我们以最显著的意识活动,如沉思、推理,研究学问为显知,以最不显著或最隐晦的意识活动,如本能的意识,下意识的活动等为隐知。"[①]以隐与显规定知与行的等级,当然并不确当:显隐主要表现为一种量的差别,而知与行不仅分别包含程度上的区别,

① 贺麟:《知行合一新论》,《近代唯心论简释》,上海:独立出版社,1944年,第54页。

而且涉及质的差异。不过,就其肯定知与行各自具有不同的等级而言,又显然不同于以为知与行永远处于同一水平的静态看法。后者在理论上导源于王阳明关于从本然之知到自觉之知的转化展开为一个过程的思想。贺氏本人曾以比较与溯源的形式,提到了这一关系:"又自然的知行合一论(按:贺氏将其知行合一新论称为自然的知行合一论),认知行是有等级的差别,阳明之意似亦认为有等级的差别,至少可分为至低与至高两级。"①当然,引申并不等于重复。在王阳明那里,本然与明觉之分,基本上带有思辨的性质,而贺氏对知与行的以上规定,则以生理学及心理学为依据。尽管将行与生理活动简单地加以沟通并不科学,但把知行学说与作为科学分支的生理学与心理学联系起来,却多少使前者带有近代的特点。

在王阳明那里,本然之知与明觉之知的区分在逻辑上构成了知行统一论的前提:从本然之知到明觉之知的转化,是通过行而实现的,它在总体上表现为一个知(本然之知)—行—知(明觉之知)的统一过程。这种逻辑关系在贺麟的知行说中同样留下了印记。正是从知行各有等级之分的观点出发,贺氏肯定了知与行的合一:"知有高下,行亦有高下,最高级之知与最高级之行合一,最低级之知与最低级之行合一,这是自然的知行合一论大旨。"②质言之,一定等级的知,总是与一定等级的行相合,知与行的统一展开于不同的等级。在这里,一方面,知构成了知与行统一的决定性因素:有何种知,则有何种行,这种看法大致沿袭了王阳明以知为知行合一之出发点的知行合一论。另一方面,认为低级之知与高级之知分别和低级之行与高级

① 贺麟:《知行合一新论》,《近代唯心论简释》,第 75 页。
② 贺麟:《知行问题的讨论与发挥》,《当代中国哲学》,重庆:胜利出版公司,1945 年,第 125 页。

之行合一,又多少含有知行统一表现为一个从低级到高级的上升过程之意,后者与王阳明的看法显然有所不同:它在一定程度上以上升的观念扬弃了王阳明的复性说。在这一点上,贺氏无疑较之熊十力前进了一步。

按贺麟的看法,知与行的上述关系,可以分别从个体与社会两个方面加以考察。就个体而言,"任何个人的知与行都是合一的"①。这种合一,首先表现为显行与隐知的统一。行作为一个明白可见的过程而出现,知则隐于其中。如下意识的行,即属于这样一种合一体:"下意识的行为……亦不得说是毫无知觉。一个麻木无知觉的人,下意识中,亦不能产生任何行为,且下意识之反映,亦系意识作用积久所构成。"②换言之,知与行的统一,不仅仅表现在显意识对行的规范上,而且存在于潜意识(下意识)对行的制约关系中,而潜意识归根到底又是自觉的理性意识的积淀。这种看法可以视为王阳明"知是行之主意"论的发挥。事实上,贺氏也一再肯定:"'知是行的主意'一语,尤其是讨论'知识'问题的不朽的名言。"③不难看到,贺氏以为知不仅以显意识的形式,而且以潜意识的形式制约行,较之王阳明笼统地肯定知为行之主意,在理论上又深入了一层。尽管以显行隐知来说明知行的统一本身并不确切,但在梁漱溟将主体的深层意识归结为意欲,并以意欲冲动来解释主体行为的历史条件下,贺氏的上述看法似乎又有高扬理性的积极意义。如果我们看一下贺氏的如下论述,便可以更清楚地了解这一点:"不知而行的行为,即使不是妄动、盲动、蠢动、暴动的行为,也必是被动的行为,受外界刺激的反射行

---

① 贺麟:《知行问题的讨论与发挥》,《当代中国哲学》,第128页。

② 同上书,第112页。

③ 贺麟:《知行合一新论》,《近代唯心论简释》,第78页。

为。简言之,不知而行的行为必然是没有价值的,不学无术的行为,不值得提倡鼓励的行为。"①在这里,肯定知与行的统一,与突出理性制约而反对盲动,表现为同一论题的两个方面。

与个人的知行合一相联系的,是社会的知行合一。关于后者,贺氏写道:"所谓社会的知行合一说,就一人群一社会所举办之大事业言,知行合一……再就每一时代,每一社会之知识水准与行为水准言,亦永远谐和一致。原始时代初民社会,就知言,混沌未开;就行言,朴野不文。中古时代之宗教思想与其社会人士之出世的宗教的行为一致,近代社会中近代化的行为,与近代化的知见思想合一。"②毋庸讳言,知在此处仍被置于主导的、决定的方面:每一时代的行,均由该时代的知所规定,用贺氏的话来说,即是"依此种知行合一体而观,则知的方面为主,行的方面为从"③。这种看法显然仍带有王阳明始于知而又终于知之论的痕迹。但从另一个角度看,知与行又毕竟超出了个体的心性修养而与社会的大事业联系起来。这里所表现出来的视野,无疑远较王阳明为开阔。更值得注意的是,贺氏肯定不同时代具有不同的知识水平与行为水平,这或多或少在知主行从的前提下,触及了知行统一的历史性。后者固然与王阳明、王门后学中的工夫派以及黄宗羲关于类的致知活动展开为一个历史过程的思想有前后相承之处,但其中同时又内在地渗透着进化的观念,因而在理论上多少将知与行的统一论推进了一步。

然而,如果我们对贺麟的知行合一新论作进一步的分析,则不难发现,贺氏所谓知行合一,往往同时是指知与行的彼此相应:一定等

① 贺麟:《知行问题的讨论与发挥》,《当代中国哲学》,第 112 页。
② 同上书,第 127—128 页。
③ 同上书,第 128 页。

级的知与一定等级的行相应；推而广之，一定时代的知与该时代的行相应。在知与行的这种合一中，知并未构成行的内在环节，行也没有成为达到知的真实基础。对知行统一的这种理解，逻辑地包含着导向知行并列论的契机。事实上，贺麟最终引出的结论正是如此。在他看来，"知行合一又是知行平行的意思"①，而平行则意味着否认知与行的彼此过渡、转化。贺氏的这一归宿表明，从王学出发，并不能对知行关系作出真正合理的解决。

从以上的简略考察中，我们可以看到，王学与中国近代哲学的关系呈现出二重性：一方面，它对产生或接受某些近代的观念、思想，客观上具有一定的引发或触媒作用，而它所包含的若干积极因素，也在这一过程中逐渐融合于其间；另一方面，王阳明的心学偏向又作为沉重的历史负担而对中国近代哲学的演进产生了毋庸讳言的消极影响。这种二重性在一定意义上可以看作是王学本身固有的二重性在近代的进一步展开，它同时又为我们今天理解王学提供了历史的背景。

---

① 贺麟：《知行合一新论》，《近代唯心论简释》，第 57 页。

# 附录一

# 心 · 理 · 物

人自身的存在与对象世界的存在具体呈现为何种关系？历史上的哲学家们对此作了不同的考察。宋明时期，随着心物之辩的展开，上述问题进一步成为关注的中心之一。相对于程朱一系的理学突出理的超验之维，王阳明的心学更多地强调了心与理、心与物的联系，所谓"无内外"（内外统一）便是对这种联系的概括。心学的这一看法固然仍未完全摆脱思辨的趋向，但其中又包含着对人的存在与对象世界之在的某种沟通。

## 一、心与理

内外统一之外，首先是指理。对本体原无内外的论证，在逻辑上开始于心理关系的分析。

根据王阳明的看法,内外统一在心与理的关系上主要表现为"心即理"。心即理的思想本来出自南宋的陆九渊,但在陆氏那里,这一命题往往兼有心包含、统摄理之意。换言之,陆九渊常常从理具于心这一意义上断言心即理。与陆九渊有所不同,王阳明着重从心与理的相互依存、转化上,肯定了二者的同一性。

　　王阳明认为,心与理为一的根源之一,在于心本身来自理:"心也者,吾所得于天之理也。"①所谓心得于天之理,意即理天赋于主体而转化为心。王阳明所说的心,大致包括两方面的涵义。其一,指"所以视听言动者":"心者,身之主宰。目虽视,而所以视者,心也;耳虽听,而所以听者,心也;口与四肢虽言动,而所以言动者,心也。"②这种不同于感知(视听)而又决定感知活动的心,近于一般所谓理性思维;其二,指以诚为本体的道德意识。与心相对的理,其含义亦有二。一为实理:"天地感而万物化生,实理流行也。"这种内在于事物相互作用过程的理,近于一般的存在法则;二指在事亲事君中表现出来的道德律(道德规范):"是理也,发之于亲,则为孝,发之于君,则为忠,发之于朋友,则为信。"③在王阳明看来,理向心的转化具有双重性。就理而言,它主要表现为理的内化。与理的双义性相应,这种内化也具有两种形式:一方面,一般的存在法则通过天赋于主体而内化为"心之条理"。所谓"心之条理",主要与思维的逻辑相联系。这样,理内化为心,便意味着存在规律与思维逻辑的合一。另一方面,理的内化又是指道德律内化为主体的道德意识。就心而言,由理向心的转化则表现为心的泛化。王阳明认为,理内化为心,从另一个角度看即心

---

①　《答徐成之》,《王文成公全书》卷二十一。以下引该书,简称《全书》。
②　《传习录下》,《全书》卷三。
③　《五经臆说十三条》,《全书》卷二十六;《书诸阳卷》,《全书》卷八。

以理为内容,因而无物理也就不复有吾心。心一旦以理为内容,就意味着被泛化,这种泛化主要表现为心超越个体的意识而获得了普遍性、公共性的品格。王阳明说:"心也……通人物,达四海,塞天地,亘古今,无有乎弗具,无有乎弗同。"①这里的同,是指心在内容上的普遍性。总起来,理的内化与心的泛化构成了同一过程的两个方面,正是通过这种二重化的过程,理获得了内在的形式("吾心"),心则被赋予普遍、公共的内容;理不离心,心依存于理,二者不可分割。

以理天赋于主体而化为心论证心即理,无疑是一种抽象的思辨。所谓理的内化,不外是将必然之理(一般的存在法则)与当然之则(道德律)形而上化为先验的理性;而心的泛化,则无非是把心夸大为与理为一的普遍本体。就这两点而言,以心为"得于天之理",显然是一种先验论的看法。不过,从认识发展的逻辑行程来看,王阳明以理的内化与心的泛化来论证心即理,同时包含着一些值得注意的见解。首先,王氏在先验论的前提下,涉及了思维的逻辑与存在法则的关联。在他看来,"心之条理"(包括思维的逻辑)并不是实理(存在的法则)之外的现象,而是实理本身的内化,因而二者是同一的。心与理的这种同一,是承认世界可知的基本依据,王阳明肯定此心与此理同,相应地对世界的可知性作了比较明确的回答。其次,王阳明把道德意识视为理(道德律)的内化,而道德意识从广义上说包括道德意志,从而,论域也相应地指向了意志与道德律的关系。按照王阳明的看法,道德律(当然之则)并不是作为外在的强制而支配主体的行为,而是通过转化为主体的道德意识而起作用,与此相应,道德行为既要以一定的道德律为依据,同时又必须出于主体的内在意愿。较之程朱,王氏的这一看法无疑有其见地。程朱作为正统理学的代表,片面

---

① 《稽山书院尊经阁记》,《全书》卷七。

强调以外在的天理规范人的行为,基本上忽视了自愿的原则。朱熹说:"君臣父子夫妇长幼朋友之常,是皆必有当然之则,而自不容己,所谓理也。"①所谓"自不容己",含有必然的强制之意,把当然之则归结为自不容己的天理,或多或少将道德律等同于外在的强制。王阳明要求把作为当然之则的理内化为主体的内在道德意识,则似乎表现了把道德意志与道德律(道德规范)统一起来的倾向,这种看法对正统派理学家忽视自愿原则具有某种纠偏作用。

如果说,认为理天赋于主体而内化为心,主要从理对心的规定、制约上论证了心即理,那么,王阳明的如下论述则进而从理对心的依存性这一角度肯定了心与理的统一:"此心在物则为理,如此心在事父,则为孝,在事君,则为忠之类。"②这里的事父、事君亦即人的活动,"孝""忠"等是指表现为当然之则的理,心则是天理的内化。质言之,由理内化而来之心,通过人的活动,反过来又外化为理,理作为心的外化,在内容上与心为一。王阳明在作这一番论证时似乎忽视了,理作为当然之则(道德律)表现为社会规范,后者同样具有现实的内容,这种现实性首先在于:它体现了一定历史时期确定的社会关系,因而不以主体的主观意志为转移。进而言之,理作为必然法则,往往更是直接表现了事物或过程的普遍联系。王阳明把理归结为人心之所发,显然未能注意到这一点。但是,应当指出的是,王阳明将心外化为理的过程与人的活动联系起来,认为心只有在应接事物的过程中才表现为理,这多少以思辨的形式注意到了理只有通过人的践履活动才能显露并揭示出来。如果我们联系王阳明的格物致知说及知行观,便可以更清楚地看到这一点:"天下岂有不行而学者邪? 岂有不

---

① 朱熹:《大学或问下》。
② 《传习录下》,《全书》卷三。

行而遂可谓之穷理邪？……是故知不行之不可以为学,则知不行之不可以为穷理矣。"①通过行以穷理,与心在事亲事君的践履中发而为理的看法有着逻辑的联系。正是基于上述见解,王阳明在《象山文集序》中,对佛老遗人伦物事而求吾心提出了批评:"佛老之空虚,遗弃其人伦物事之常以求明其所谓吾心者,而不知物理即吾心,不可得而遗也。"所谓"遗弃人伦物事之常",也就是指抛弃伦常规范,离开事亲事君等践履活动,"物理即吾心",则是强调物理即心之外化。在王氏看来,物理作为吾心的外化,与心是同一的,因而明吾心的过程,同时也就应当是在践履活动中穷物理的过程。佛老之错误,即在于远离伦常活动而仅仅静态地反省吾心。在这方面,王阳明多少提供了一些对后人具有启发意义的见解。

要而言之,一方面,理通过天赋于主体而内化为心,另一方面,心又通过人的活动而外化为理,心外无理,理外无心;心与理无内外之分:"心之体,性也,性即理也,天下宁有心外之性,宁有性外之理乎？宁有理外之心乎？"②不难看到,在心为本体的前提下,通过对心与理的统一性之分析,王阳明初步地阐发了"本体原无内外"论。

二、心与物

心与理的关系,在逻辑上从属于心物之辩。后者构成了广义的内外关系;对内外统一(本体原无内外)论的进一步论证,展开于心物关系。

从心为本体的观点出发,王阳明首先强调物对心的依赖性:

---

① 《传习录中》,《全书》卷二。
② 《书诸阳伯卷》,《全书》卷八。

意之所用,必有其物,物即事也。如意用于事亲,即事亲为一物;意用于治民,即治民为一物;意用于读书,即读书为一物;意用于听讼,即听讼为一物;凡意之所用,无有无物者,有是意即有是物,无是意即无是物矣。①

王氏在这里从意义世界形成的角度,对心、意、物的关系作了如下规定:心(理性思维)的活动表现为意,而物则是意作用的结果。换言之,意义世界中的物归根到底以心为源。这种心之所发即为物的观点,与心在物即为理之说一脉相通:理为心之外化的命题稍作引申,便可得出物为心之外化的结论,后者同时将其心学进一步系统化了。

人们往往把王阳明意之所用即为物这一观点与贝克莱存在即被感知论加以类比,认为二者并无不同。诚然,二者在某些方面确有相通之处;但如果由此作进一步的分析,便不难发现王阳明与贝克莱的思想又存在重要差异。贝克莱的特点首先在于把对象等同于感觉:"对象和感觉原是一种东西,因此是不能互相抽象而彼此分离的。"②贝克莱据此引出了外部存在依存于感知活动的结论。与贝克莱以感觉作为第一原理不同,王阳明把心理解为理的内化,因而他所说的心主要不是指感觉,而更多地是指广义的道德意识。这样,严格说来,我们很难把王阳明的心学归入感觉论的哲学系统。事实上,不妨说,王氏的心学在某些方面倒是带有理性主义的色彩:王阳明在认识论上主张以天赋良知为出发点,在方法论上注重综合,都不同于感觉论而接近于理性主义。与以上区别相关,贝克莱主要是由强调被感知

---

① 《传习录中》,《全书》卷二。
② [英]乔治·贝克莱:《人类知识原理》,关文运译,北京:商务印书馆,1973 年,第 22 页。

者（对象）不能独立于感知而否定了外部对象的客观实在性，王阳明则更多地着眼于意义关系，其所谓物，乃是已进入意义世界的存在，而意义世界的形成，又离不开人的意向活动与实际践履。如果说，贝克莱基本上把意识与对象的关系归结为感知与被感知的关系，那么，王阳明则把心物关系与知行关系联系起来，在人自身的存在中来追问与沉思终极的存在。尽管王氏的思路亦有内在的问题，但他不限于感知的范围，而力图联系知行关系来解决心物之辩，这与纯粹的形而上学玄思，似乎又多少有所区别。此外，贝克莱在将对象归结为自我之感知的同时，又认为这种感知本身是由自我以外的"别的精神"引起的："名为自然作品的那些事物，就是我们所感知的观念和感觉的最大部分，都不是因人的意志所产生的，也不是依靠于它的。因此，必须有别的精神才能把它们产生出来。"①这样，贝克莱便在自我的感觉之外又设置了一种至上的精神实体，以此作为感知的终极原因。与此相异，王阳明强调"吾心"本身具有作用于"事"（人的活动）之能动性，心对事的制约无须借助于超验的实体，从而在逻辑上否认了在心之上还有至上的存在物。

与突出心的自主性相应，王阳明提出了心外无理，心外无物的观点："意之所在便是物，如意在于事亲，即事亲便是一物，意在于事君，即事君便是一物……所以某说，无心外之理，无心外之物。"②一些研究者往往据此将心外无物视为王阳明对心物关系的基本看法，这种观点似乎未能真正把握问题的实质。综观王阳明对心物之辩上的整个论述，我们即可以看到，心外无物无非是意（心）之所在即是物的另一种表述：它实质上是通过否定心之外还存在超验的实体来进一步

---

① ［英］乔治·贝克莱：《人类知识原理》，第 88 页。
② 《传习录上》，《全书》卷一。

论证心为万物之体,而心为万物之体,则仅仅是王氏心物关系论的一个方面。在强调意(心)之所在即为物的同时,王阳明又肯定心对物具有依存性——后者构成了王阳明心物关系论的另一面。

根据王阳明的看法,心对物的依存性,首先表现在"照物"上:"圣人之心如明镜,只是一个,明则随感而应,无物不照。……只怕镜不明,不怕物来不能照,讲求事变,亦是照时事。"①这里,心与物的相关性被规定为镜与物的关系:物至心前,心则照物。在逻辑上,被照者不以映照为转移,而映照则以被映照者的存在为前提。就这一意义而言,肯定心能照物,意味着承认心受制于物。基于这一观点,王阳明进而把心照物的过程与心由静到动的过程联系起来。在《传习录下》中,王氏曾说:"人之本体常常是寂然不动的,常常是感而遂通的。"所谓感,也就是事物的作用。质言之,心本身只有通过物的作用才能由静而动(产生思维活动),而由物的作用而引起的思维活动的产物,即是意:"凡应物起念处,皆谓之意。"这种把意理解为"应物"之结果的观点,从一个方面突出了心的受动性。

如果说,意之所在即是物主要从人的活动离不开心的规范、调节这一侧面论证了物依存于心,那么,以心照物说及应物起念论则从思维活动的发生上,肯定了外部对象对心的制约性,把二者综合起来,便可看到,王阳明实质上对心物关系作了双重规定:一方面,以心为万物之体,与之相应的是有意(心)即有物,无意(心)即无物;另一方面,又确认心除了规范人的活动之外,还具有照物的作用,后者意味着从认识论上肯定物的存在为心作用的前提。概言之,在不同的意义上肯定心与物之相互依存,构成了王阳明心物关系论的一个显著特点。如果联系这一特点来考察王阳明的心外无物论,则不难发现,

---

① 《传习录上》,《全书》卷一。

后者实质上导源于前者。这一点,在王阳明关于心与花关系的一番议论中表现得十分清楚:

> 你未看此花时,此花与汝心同归于寂,你来看此花时,则此花颜色一时明白起来,便知此花不在你的心外。①

从结论上看,这段论述似乎旨在论证心外无物,但就整段内容而言,这一结论本身却又是以肯定心物相互依存为前提的:一方面,花之存在及鲜艳与否取决于主体之意识是否作用于花,另一方面,心又以感知(看)为基础,而感知则是对象作用的结果:"目无体,以万物之色为体。"②心与物相互依存:"同归于寂"即突出地表述了这一关系。从逻辑上说,由此不仅可以引出"心外无物"这一命题,而且同时应当作出离物无心的论断。因此,王阳明由"同归于寂"仅仅得出心外无物(花)的结论,显然与其整个前提不对称。事实上,王阳明似乎也意识到了这一点,当他从格物致知正心的角度进一步概括心物关系时,即提出了"无内外彼此之分"的观点:

> 故格物者,格其心之物也,格其意之物也,格其知之物也,正心者,正其物之心也,诚意者,诚其物之意也,致知者,致其物之知也,此岂有内外彼此之分哉。③

物为心之用,故物即心之物;但同时心又受制于物,故心(知)又为物

---

① 《传习录下》,《全书》卷三。
② 同上。
③ 《传习录中》,《全书》卷二。

之心(知);心与物、格物与致知彼此统一,不可分割。在这里,王氏从心物关系上,进一步对本体原无内外的原则作了论证。

### 三、心无内外

从心物关系的二重规定出发,王阳明在《传习录下》中进而提出了心物同体说:"虽天地也与我同体的,鬼神也与我同体的……充天塞地,中间只有这个灵明,人只为形体自间隔了。我的灵明便是天地鬼神的主宰,天没我的灵明,谁去仰他的高,地没有我的灵明,谁去俯他的深,鬼神没有我的灵明,谁去辨他吉凶灾祥。天地鬼神万物离却我的灵明便没有天地鬼神万物了,我的灵明离却天地鬼神万物,亦没有我的灵明,如此便是一气流通的,如何与他间隔得。"贵言之,天地万物以我的灵明为条件,而离开了天地万物,我的灵明亦不复存在。从形式上看,这里似乎仍把心物关系二重化了,但事实上其内容已发生了变化:心决定物与物制约心不再具有彼此并立甚至对立这一面,而完全表现为一气流通、心物同体。在王氏看来,这种心物同体首先表现在无一物能超出心体:"良知之虚,便是天之太虚,良知之无,便是太虚之无形。日月风雷,山川民物,凡有貌象形色,皆在太虚中发用流行,未尝作得障碍,圣人只是顺着良知之发用,天地万物俱在我良知的发用流行中,何尝又有一物超于良知之外,作得障碍。"[1]良知即心:"良知者,心之本体。"[2]太虚在此则有空间之意。万物均在无形的太虚中运动,而良知(心)又与太虚为一,故无一物能外在于太虚即意味着万物皆在心体之中。这样,心物一体,也就意味着万物统一于心(良知):"人的良知就是草木瓦石的良知,若草木瓦石无人的

---

① 《传习录下》,《全书》卷三。
② 《传习录中》,《全书》卷二。

良知,不可以为草木瓦石矣,岂惟草木瓦石为然,天地无人的良知,亦不可以为天地矣。"①

心(良知)作为万物统一的基础,并非超越于天地之外:"盖天地万物与人原是一体,其发窍之最精处,是人心一点灵明。"②所谓"发窍之最精处",是指统一体本身中最精微的现象。依此,则心并不是外在的主宰,而是作为统一体之最精微者而内在于万物之中。正是基于这一看法,王氏在肯定良知为造化之精灵的同时,又强调良知与物无对:"良知是造化的精灵,这些精灵生天生地,成鬼成帝,皆从此出,真是与物无对。"③一方面,万物之流行发用皆在良知之中,故可把良知视为造化之精灵,但另一方面,良知并不是作为外在的一方与万物相对,而是内在于万物并与之融合("无对")。无对即一,由良知与物无对,王阳明逻辑地得出了良知即一的结论:"夫良知一也,以其妙用而言谓之神,以其流行而言谓之气,以其凝聚而言谓之精。"④这里的一,与普罗提诺(新柏拉图主义者)之太一不同,普氏以为太一先于万物,而万物则由太一流溢(emanation)而成,这实质上赋予太一以超验的性质。作为心(良知)之规定的一,则含有统一体之意:良知为一,是指良知(心)与气、神、精融为一体。这一点,王氏在《大学问》中作了更明确的阐述:"盖身心意知物者,其工夫所用之条理,虽亦各有其所,而其实只是一物。"这样,王氏便对心为本体与心物一体这两个命题作了某种综合。

如果说,对心物关系的双重规定在肯定心物相互依存的同时,又带有心物对立的痕迹,那么,心物一体说则通过突出心物的统一性与

---

① 《传习录下》,《全书》卷三。
② 同上。
③ 同上。
④ 《传习录中》,《全书》卷二。

本体的内在性而扬弃了这种对立,从而将本体原无内外的总原则进一步展开了。可以说,心物一体论,便是本体原无内外说的具体化。这种强调内外统一,心物一体的观点,在某些方面接近于泛神论(Pantheism)。泛神论本身有不同的派别:一般说来,在具有实在论倾向的泛神论中,神不过是外在的形式,真正的实体是自然。如布鲁诺、斯宾诺莎的泛神论即具有这一特点;神秘主义的泛神论则从神出发,把自然视为神的化身,如马勒伯朗士的泛神论即属于这一类型。这两种形态的泛神论尽管性质不同,但在理论上却有如下共同特点:其一,与正统有神论将神与物二重化相对立,泛神论者肯定神与万物及万物之间具有统一性,亦即突出了统一性的原则;其二,与正统有神论把神置于万物之上相对立,泛神论者强调神内在于万物之中,与万物同在。王阳明的本体原无内外说虽然抛开了神的形式,但在承认心的内在性及心与万物的一体性上,与后一种形式的泛神论无疑有相似之处,因而可以视之为准泛神论(quasi-pantheism)。

表现为内外统一的准泛神论,在一定意义上构成了王阳明心学体系的理论前提,并渗透于王学的各个方面,就致知说而言,正是从本体原无内外的观点出发,王氏引出了学无内外的结论:"夫理无内外,性无内外,故学无内外。"①此处之"内",含有先天之意,"外",则是指后天工夫。一方面,与心为本体相应,王氏强调良知的天赋性;另一方面,根据心内在于万物这一看法,王阳明又主张"于酬酢变化,语默动静之间而求尽其条理节目"②,亦即注重后天的践履及认识活动在致知中的作用,二者之统一,便表现为"学无内外"。在必然之理与意志自由这一伦理学的重要问题上,王氏在肯定道德行为必须出

① 《传习录中》,《全书》卷二。
② 《博约说》,《全书》卷七。

于主体的内在意愿的同时,又认为这种意愿应受必然之理的制约。这种看法与其准泛神论思想亦存在着逻辑的联系。一般说来,泛神论者往往把统一性与必然性关联起来,强调统一体本身构成了一张必然联系之网,其中每一对象都直接或间接地受这种必然性的制约。王阳明同样也肯定了必然之理贯穿于心物统一体之中,这种思想制约着注重意志作用的观点,并使后者区别于唯意志论。

如果我们由对王学的横向探讨转向对理学演变过程的纵向考察,便不难发现,内外统一的准泛神论,在一定意义上构成了对朱学与陆学的扬弃。朱熹强调理的至上性,作为至上者,理具有超时空的性质:"且如万一山河大地陷了,毕竟理却只在这里。"理便被归结为超验的本体。由此,朱氏在理气观上陷入了自相抵牾的窘境:一方面,肯定理是生物之本,气为生物之具(质料),二者统一于具体事物;另一方面,由突出理的超验性,又认为理与气有先后之分,"然理,形而上者,气,形而下者,自形而上下言,岂无先后?"①尽管朱熹作了种种的疏解,但二重视域所蕴含的理论张力,却始终未能扬弃。陆九渊虽然否定了理的至上性,但同时却又强调心的涵盖性与主宰性,并在某些方面趋向于消解万理及万物:"天下之理无穷,……然其会归,总在于此。"②这种观点如进一步发展,便不可避免地将导致唯我论。事实上,在陆氏弟子杨简那里,这种倾向已经表现得十分明显。杨简说:"天地,我之天地,变化,我之变化。""天者,吾性中之象,地者,吾性中之形,故曰在天成象,在地成形,皆我之所为也。"③这种以自我为主宰的观点,可以看作是陆学的逻辑结论。针对朱陆之弊,王阳明以

---

①　《朱子语类》卷一。

②　《语录》,《象山全集》卷三十四。

③　《家记·己易》,《慈湖遗书》卷七。

本体的内在性否定了理的超验性,从而在某种程度上化解了朱熹体系的内在张力;同时又以心与万物的统一性(内外一体)扬弃了心的主宰性,从而避免了向唯我论的转化。可以说,王氏以本体原无内外的准泛神论,对朱学与陆学作了某种综合。刘宗周曾认为王阳明"范围朱陆而进退之",这一评语应当说是有见地的。

(原载《吉林社会科学》1987 年第 10、11 期)

# 附录二

# 王阳明心学的多重向度

王阳明的心学现在似乎逐渐成为显学。这种现象有其积极的方面,它表明作为传统思想重要形态的心学正在受到愈来愈多的关注,这既彰显了王阳明心学本身的价值,也意味着它对社会可能产生多方面的影响。

关于王阳明的心学,至少涉及两个方面。一是从学理的层面对王阳明思想加以探讨,另一是注重王阳明心学的社会传播。研究体现了学术的进路,传播则更多地关乎王阳明心学对社会的影响,这两者在关注方式上具有不同侧重。

从理论研究这一方面看,首先需要对阳明学本身的深层意义作进一步的考察。阳明学的一些主要的概念、命题一般都耳熟能详,但这并不意味着这些概念、命题之后所隐藏的深层理论意义也已完全被把握。历史上一些哲学家的思想——特别是像王阳明这样具有创造性特点的思想家的思想，往往隐含着比较深厚、有待进一步阐释的内涵，与之相联系，今天对阳明思想在学理层面的研究，依然需要进一步深化和推进。

具体而言，王阳明心学的研究趋向大致可以概括为两个方面：一是从历史角度考察王阳明的思想，对其文献的形成、流传以及思想的产生与发展作历史性梳理和考查。二是从理论层面对其思想进行新的解读，并进一步揭示王阳明哲学思想在解决当代思想和社会问题方面可能提供怎样的启示。时下的研究往往侧重于使用分析哲学、现象学等研究方法对王阳明哲学加以论析，但理解王阳明哲学思想的重要之点似乎并不在于刻意地运用某种所谓新方法，而在于考察其具有内在生命力的思想意蕴以及可能提供的理论资源。

事实上，王阳明所提出的那些核心概念，如良知、致良知、本体、工夫、知行合一、万物一体等等，都包含深层的思想意涵，这些意涵值得我们进一步探究。以"本体"这一概念而言，其最一般的含义包括两方面：其一为"性相近，习相远"意义上的"性"，即人之后天发展的最原初的可能性；其二为人的内在精神结构或意识结构，这种意识结构本身又为工夫的展开提供了出发点。作为工夫的根据和出发点，后一意义上的本体既从"如何"的层面为工夫提供了引导，又从"应当"的层面为工夫提供了动力；前者表现为本体中的规范意识，后者则展现为本体中的责任意识。本体中的规范意识关乎工夫"如何"展开，即"如何做"；本体中的责任意识则涉及应当选择"何种"工夫，即"应当做什么"，后一关切往往又进一步转化行为的动机，推动行为的发生。与责任意识相涉的动机、理由，既关乎外在理由（普遍原则），也关乎内在理由（普遍原则的内化）。现代西方哲学在行动理由方面区分所谓内在主义和外在主义，在"本体"的层面上，行动的内在之维和外在之维则呈现相互融合的形态,它表明,心学的"本体"概念在今天看来依然有其重要的意义。

从更宽泛的视域看,王阳明思想的特点展开于不同方面。在形上之维,心学的特点不在于提供一种思辨的宇宙论系统,而是侧重于意义世界的建构,亦即以意义世界及其形成过程为指向。这意味着对世界理解的注重之点,开始由"外部世界存在与否",转向"这一世界对人而言具有怎样的意义"。对人来说,被人所理解的世界才是对人有意义的世界,在人的"知"和"行"领域以外的世界往往表现为本然之物或思辨的对象。从心物关系看,王阳明关注的是进入人的意识领域这一广义上的意义世界。这种意义世界不同于形而上的超验世界:它不是超然于人的存在,而是首先形成并展开于主体的意识活动之中,并与人自身的存在息息相关。王阳明将存在的考察限定于意义世界,与程朱从宇宙论的角度及理气的逻辑关系上对存在作思辨的构造,确乎表现了不同的思路。

作为一个过程,意义世界的形成并不是一种凭空的构造。在程朱理学中,宇宙的生成与演化往往表现为理的逻辑在先或太极—阴阳—五行—万物之类的单向决定。相对于此,意义世界的建构则展示了不同的特点。王阳明在谈到山中之花时,曾认为:"你未看此花时,此花与汝心同归于寂。"①这里的"同归于寂"很值得注意。就意义世界的建构而言,心固然为作用的主体,而意义世界则是其作用的结果,但心体本身的意向活动亦离不开对象;无心体对象诚然无从进入意义世界,但无对象,心体的作用也无从展开:当二者未相遇时,便只能同归于寂。事实上,化本然的存在为意义世界中的存在,改变的主要是对象的存在方式,而这种改变,本身亦要以对象某种意义上的

---

① 《传习录下》,《全书》卷三。

"自在"为前提。从这一角度看,心体的作用对外部世界也具有某种依存性。

如何在日用常行中为善去恶,这是王阳明心学所关心的问题之一。在王阳明那里,这一问题的进一步追问,便引向了格外在之物与诚自我之意的关系。程朱以穷理(把握天下之理)为入手处,其中多少蕴含着知识优先的思路。相形之下,王阳明关注的首先是如何诚自我之意。在解释格物致知时,王阳明便对程朱提出了批评。格物致知本来是早期儒家的经典《大学》提出的,宋明时期,哲学家们对此作了种种的解释和发挥。朱熹往往把格物理解为格外在之物,在王阳明看来,天下之物无穷无尽,如何去格?即使格了天下之物,又怎样反过来"诚得自家意"①? 所谓诚自家意,也就是成就德性,与之相对的格天下之物,则更多地表现为成就知识;成就德性旨在履行当然之则,成就知识则以把握事实为目标。按王阳明的理解,成就知识与成就德性是两个不同的序列,知识的积累并不能担保德性的完成,所谓"纵格得草木来,如何反来诚得自家意",便以反问的形式突出了二者的逻辑距离。在此,问题的关键不在于如何穷尽天下之理,而是如何由成就知识到成就德性(诚自己之意)。

对王阳明而言,从知善到行善的前提是化知识为德性,而这一过程同时意味着通过身体力行的道德实践使良知由知识层面的理性成为自我的真实存在。作为实有诸己的德性,良知构成了主体真正的自我,这种表现为本真之我的良知已超越了知善知恶的理性分辨,而与人的存在融为一体。它不仅包含对当然的明觉,而且具有行当然的意向;知善,则同时好之如好好色,知恶,则恶之如恶恶臭,行善止恶皆自不容已。所以如此,是因为好善恶恶"皆是发于真心"。在真

---

① 《传习录下》,《全书》卷三。

实的德性中,知善与行善已成为同一个我的相关方面。

今天,在道德行为的理解上,同样不能仅注重外在的道德规范,也不能仅强调对道德行为的理性认知,而是需要同时关注人的内在德性。德性除了包含理性认识,如对规范的理解、对人与人关系的理解、对善的理解等等,还兼涉人的意愿,即人如何选择实施某种道德行为或接受某种道德理想,同时,也关乎人在情感上对道德行为的自然接受。在这方面,王阳明的心学显然提供了值得注意的思路。

在知行关系上,王阳明的心学注重知行合一。这一视域中知与行的合一并不表现为静态的同一,而是展开为一个动态的转化过程。它以先天良知的预设为出发点,通过后天的实际践履(行),最后指向明觉形态的良知。作为出发点的良知虽然具有先天的普遍必然性,但却尚未取得现实的理性意识的形式,作为终点的明觉之知固然仍以良知为内容,但这种良知已扬弃了自在性而获得了自觉的品格。知行合一的如上过程可以简要地概括为:知(本然形态的良知)—行(实际践履)—知(明觉形态的良知)。

王阳明常以主意与工夫来概括知与行的关系:"知是行的主意,行是知的功夫;知是行之始,行是知之成。若会得时,只说一个知,已自有行在,只说一个行,已自有知在。"[1]行要以知来范导(行以知为主意),知则需通过行而获得自我实现(知以行为工夫),二者相互依存,无法分离:行在其展开中已包含了知的规范,知的存在则已蕴含了走向行的要求,知与行在此表现为一种逻辑上的统一。

王阳明所论的知行合一,同时涉及知的推行问题。在践行过程中体认良知,是领悟于内;在践行中推行良知,则是作用于外,后者蕴含着实现社会人伦理性化的要求。用王阳明的话来说,也就是"致吾

---

[1] 《传习录上》,《全书》卷一。

心良知之天理于事事物物,则事事物物皆得其理矣"①。此所谓事事物物,主要指人伦秩序,在事亲从兄等道德实践中,一方面,主体对良知越来越获得一种亲切感与认同感,良知亦相应地不断由本然之知化为主体的自觉意识;另一方面,良知通过践行而逐渐外化(对象化)于人伦关系,道德秩序由此而趋于理性化并变得合乎道德理想(事事物物皆得其理)。道德理性的自觉与道德理想的实现统一于致知过程,而这一过程又展开为知与行的互动。

从人的存在看,王阳明的心学表现为对个体意识、个体自主性和个体独立性等等的关注,心学之基于心体,也与之相关。但同时,不能忽视心学的另一重要特点,即言心而又及理:它注重心,但并没有忽视理,所谓心即理,便体现了心与理的以上统一,作为心学核心概念的良知,本身亦表现为心与理的融合。这一思维趋向与程朱有所不同:程朱注重理,但常常遗忘心,注重理而遗忘心的逻辑结果之一,便是强调普遍规范的外在强制,而个体的意愿及个体的自主性,则不免被忽视。以此为背景,可以进一步理解王阳明心学的重要意义。

由于解释者的视角和兴趣不同,心学的研究常常指向不同领域。当然,理解王阳明的哲学思想需要一种开放的视野。这种开放的视野不仅体现于"史思结合",即在历史背景和文献的基础上进行创造性的理论思考,实现历史与理论的统一,而且落实于"学无中西",即摒弃中西哲学截然分界的立场,以更开阔的视野将西方哲学相关领域的哲学思考纳入考察的背景。

在学术研究方面,当阳明学逐渐成为显学之时,需要更为关注对阳明心学的具体分析。一般而言,在某种学术成为显学之后,对其内容往往容易流于普遍的赞扬或抽象的肯定,甚至会引向某种意义上

---

① 《传习录中》,《全书》卷二。

的理论"翻案"。以往一段时间中,王阳明心学曾受到种种批判,现在重新肯定王阳明的思想,则容易走向另外一个极端,即:说好则一切皆好。从思想史的研究来看,"翻案"往往具有表层、肤浅的性质,真正有意义的研究,在于分析思想史中的相关概念、命题在哲学史以及世界哲学视域中的独特意蕴。

前面提及,心学在今天涉及两个方面,即理论研究与社会传播。前面所谈较多地与理论研究相关,从传播这个层面说,通俗化可能是一个必要的途径。但在通俗化的同时,需要避免庸俗化,避免类似戏说这一类的进路,因为这样无助于大众对王阳明心学的真切了解。简要而言,庸俗化的实质在于迎合世俗趋向,通俗化则旨在推进时代精神的提升。如何找到一种比较合适的方式,让阳明思想的内在精神和现代社会的历史需要结合起来,使之成为既在一般层面能够加以理解,又具有正面引导意义的思想资源,这是值得进一步思考的问题。

(本文系作者于 2016 年 11 月在绍兴王阳明研究院成立大会上的发言记录)

# 后　记

　　在"文化热"方兴未艾的时下,以一代思潮为论题,似乎略有不适时宜之嫌。不过,若按之本义,则文化本身无疑涵盖思潮,而思潮的研究也相应地为文化研究的题中应有之义。况且,纷涌而至的宏观之论固然开一时之风气,但在久闻熟睹之后,却也渐渐令人难以完全满足,倘能就文化的某一领域作一点较为切实的探掘,则或可给徘徊于宏观之域的文化热别开他径。作者所以避开阔而乏当的大题目,多少也是基于如上的考虑。

　　王学又称阳明学或阳明心学。在海外(包括日本、欧美等),它是个常论不衰的热题,但在大陆,却久受冷遇。近年虽间可看到一些有关王学的论著,但却较少将其作为一代思潮而系统论之。这种状况,或可视为传统文化研究中的一种脱节。如所周知,王学在其崛起之后,对嘉靖以后的文化变迁乃至近代思想曾产生了深刻的影响:从晚明社会意识的演进,到明清之际思想的震荡,再到近代新旧观念的嬗变,王学都作为一个内在的制约因素而渗入其间。欲置王学于一边而阐明晚明以来中国思想的进程,恐怕是很难如愿的。当然,按照解释学的观点,任何时代都不可能一劳永逸地终结对传统思想的解释;每一时代都将按各自的文化理论背景,对以往的文本(传统思想的载体之一)等提出新的释义。作者对王学所作的,也不外是这样一种相对意义上的诠释,其意仅在于为理解明中叶以后至近代的思想演进,提供一个可供参照的理论线索。

本书是我在导师冯契教授的指导下完成的博士论文,前后三历寒暑,二易其稿。在撰著过程中,从选题拟纲到成文定稿,冯先生都耳提面命,多所赐示,并特别注重从研究方法上加以规导。先生曾说,著述一部学术著作,不仅当解决具体的论题,而且同时应展示一种科学方法。初闻此言,似不甚了然,书成之后再思之,始有所领悟:师门数年,我的收益确实不仅仅在于完成了一个课题的研究,而且更在于领受了科学研究方法上深层面的训练。如果本书能多少体现这一点,则庶几未辱师门之教。

自 1978 年初作为"文革"后第一批学子考入大学,从而结束多年的装卸工生活,到 1988 年 1 月通过博士学位论文的答辩,从而最终告别学生时代,我差不多度过了整整十年的寒窗生涯。其间虽远未达到董仲舒那种"三年不窥园"的境界,但独坐苦思,孤灯命笔却也是习以为常之事。作为人世间的凡夫,当然也难免时有寂寥之感,而此时聊以自慰者,则唯有志于道之"孔颜之乐"耳。也许是由于心理上的"惯性",也许是出于某种惰性,我似乎一直是沿着既经选定的路前行,而很少旁择——过去如此,将来恐怕也是如此。

丁祯彦老师在成书过程中曾多所示教,在此谨深致谢忱。

杨国荣

1988 年 4 月

# 2009 年版后记

　　《王学通论——从王阳明到熊十力》是我的博士论文,完成于 1987 年 9 月,1988 年 1 月初通过论文答辩,随即被上海三联书店索去。但不久学术著作的出版便处于低谷,本书也直到 1990 年 12 月才面世。从完稿到出版,前后历时三年多。

　　本书出版后,韩国的阳明学会会长宋和璟教授与副会长郑仁在教授分别将其译为韩文,于 1994 年在韩国出版了二种韩文译本;海外的学术出版机构亦在稍后出版繁体字版。然而,由于上海三联书店初版仅印二千册,简体字本早已难以见到。近年来,学界的一些同仁每每建议重印此书,但因专注于另一些问题的研究,无暇他顾,遂使重印一事拖延至今。

　　1995 年从牛津大学访学归来后,我曾一度回到王阳明的哲学,并于 1997 年出版了《心学之思》。在该书的后记中,我指出了前后两书的如下差异:"作为博士论文的《王学通论》,主要着重于思潮的历史考察,本书(《心学之思》)则更多地以心学意蕴的理论阐释为内容。二者都力图体现历史与逻辑的统一,但在历史与逻辑的各自侧重上,则又有所不同。"尽管《王学通论》对王学演进过程的梳理完成于十余年前,但从历史的角度看,它也许仍有其特定的意义。当然,作为 16 年以前的著作,《王学通论》同样不可避免地留下了那个历史阶段的印记,不少提法,现在看来已不能令人满意。

此次重印,除了补正若干讹误、脱漏及校改某些文字外,对内容未作改动。书后增列稍早于本书而作的一文,作为附录。

岁月易逝,距初入先师冯契先生之门,倏忽间已有 20 余年。重览旧著,当年受业于先生门下的情景,又历历在目。本书的再度付梓,也是对先生的一种纪念。

杨国荣
2003 年 4 月初拟
2009 年 3 月修改

# 2021 年版后记

　　此次再版,除了增加一篇附录、将文中夹注改为页下注,并对若干引文作了校核之外,大致延续了 2009 年版的内容,没有作其他实质性的改动。

杨国荣

2021 年 2 月